Josef Quadflieg
Die Geschichte des Christentums

Josef Quadflieg

Die Geschichte
des Christentums

Patmos

Ich habe meinem Freund Heinz Stommel, Erkelenz, für die sachkundige und kritische Begleitung des Manuskripts herzlich zu danken.

Josef Quadflieg

Bibliografische Information Der Deutschen Bibliothek
Die Deutsche Bibliothek verzeichnet diese Publikation in der Deutschen Nationalbibliografie; detaillierte bibliografische Daten sind im Internet über http://dnb.ddb.de abrufbar.

Umschlaggestaltung: Hauptmann&Kampa, Basel
Satz: KompetenzCenter, Düsseldorf
Druck und Bindung: Druckerei Theiss GmbH, A-9431 St. Stefan
ISBN 3-491-79713-6
www.patmos.de

Inhalt

Aus der Frühzeit des Christentums

Wenn man auf der Autobahn A1 von Köln auf Luxemburg zufährt, kommt man an ein Schild, das auf die berühmteste Sehenswürdigkeit der kurz vor der Grenze gelegenen Stadt Trier aufmerksam macht: auf die »Porta Nigra«, das Schwarze Tor. Hier biegen die Reisebusse ab, die Touristen strömen in die Stadt, um sich die Porta Nigra oder eines der vielen anderen eindrucksvollen Bauwerke aus der Römerzeit anzu-

Die Palastaula des Kaisers Konstantin, der hier von 313 bis 324 seinen Regierungssitz hatte. Seit 1913 ist das Bauwerk die Kirche der evangelischen Christengemeinde von Trier.

schauen: das Amphitheater, das damals auf den Rängen Platz für 20 000 Zuschauer bot; die riesigen Thermen, die man für die Mitglieder des kaiserlichen Hofes zum Baden angelegt hatte; zwei Drehkräne am Moselufer, mit denen man Getreide auf die Lastschiffe verlud, um damit die Soldaten zu versorgen, die weitab in den vorgeschobenen Lagern und Kastellen stationiert waren; und schließlich die 2000 Jahre alte steinerne Brücke, die das Umland mit der Stadt verband.

Drei große Bauwerke erinnern in Trier an die Frühzeit des Christentums in Deutschland: Am Westrand der Stadt ist es die Matthias-Basilika. Jahr für Jahr kommen von weit her in Prozessionen und Wallfahrten Pilger, um am Grab des Apostels Matthias, das man dort verehrt, zu beten. Mitten in der Stadt ist es die Palast-Aula von Konstantin dem Großen, der um 300 in Trier als Kaiser des Weströmischen Reichs residierte und der nach den Zeiten der römischen Verfolgungen den Christen die Freiheit gab. Die Palastaula, aus Zehntausenden von schmucklosen flachen Ziegeln erbaut, ist heute Kirche der Trierer evangelischen Christengemeinde. Das Haus aber, das man das Herz der Stadt Trier und des Bistums Trier nennen könnte, ist der Dom, die älteste Bischofskirche Deutschlands. Die Geschichte des Doms reicht ebenfalls in die Zeit der Römer zurück.

Die älteste Bischofskirche Deutschlands: Der Trierer Dom

Den Baubeginn des Doms setzt man auf das Jahr 326 an. Es war die Zeit, da der römische Kaiser Konstantin der Große seinen Regierungssitz in Trier hatte. In dem weitläufigen Gelände seiner Residenz wohnte auch seine Mutter, die Kaiserin Helena. Sie war eine fromme gläubige Christin. Eine Legende erzählt, dass sie eine Wallfahrt nach Jerusalem gemacht und auf dem Berge Golgota das Kreuz des Jesus von Nazaret habe ausgraben

Der romanische Westbau des Trierer Doms. Heute kann man an einigen anderen Stellen des Doms noch erkennen, wo das Haus der Helena war.

lassen. Von ihrer Jerusalemfahrt habe sie kostbare Reliquien und Andenken nach Trier mitgebracht: Teile des Kreuzes, die Gebeine des Apostels Matthias und das Gewand des Herrn, das die Trierer von Alters her ein wenig salopp den Heiligen Rock nennen.

Kaiserin Helena schenkte der frühen Trierer Christengemeinde einen Teil ihres Palastes, den Teil, den man »Haus der Helena« nennt. Es hatte einen Prunksaal mit einer in leuchtenden Farben figürlich ausgemalten Decke.

Das Haus der Helena wurde von den Christen als Kirche benutzt. Als Konstantin den Auftrag gab, mit den Bauarbeiten des Doms zu beginnen, wurde das Haus der Helena in den Kern des Dombaus einbezogen. Die Mauern wurden verändert und teilweise abgerissen; die prachtvolle Decke wurde heruntergeschlagen und von den Bauarbeitern mit Erde und Steintrümmern zugeschüttet. Der Dombau ging unterdessen zügig voran und wuchs in die Länge und Breite und Höhe. Das Haus aber war im Gewirr der Fundamente des Doms verschwunden und geriet in Vergessenheit. Erst in unserer Zeit, fast tausendsiebenhundert Jahre nach Konstantins Tod, fand man bei Grabungen die Reste des Deckenputzes: 50 000 Bruchstücke, manche so groß wie ein Handteller, manche so winzig wie das Auge eines Sperlings. In mühseliger Arbeit reinigten Restauratoren die Puzzle-Teile, ergänzten behutsam und mit Sachkenntnis Verlorengegangenes und setzten das sechzig Quadratmeter große Deckengemälde aus dem Helena-Haus wieder zusammen. Heute kann man es im Museum am Dom in seiner alten Schönheit bewundern.

Das Christentum hatte bereits zu Lebzeiten der Apostel, vor allem aber in der ersten und zweiten Generation danach, fast überall im Römischen Weltreich Fuß gefasst. In Nordafrika und in weiten Gebieten des östlichen Mittelmeers, aber auch in Vorderasien und sogar am Rand des Schwarzen Meeres gab es Städte und Dörfer, in welche die Botschaft von Jesus Christus gekommen war. Später, etwa vom Jahre 150 an, kam die Ausbreitung des Christentums dann auch im westlichen Teil des Reiches in Gang: Christliche Kaufleute und christliche Handwerker, Soldaten und Sklaven, wagemutige Einzelne und ganze christliche Familien zogen das Rhônetal hinauf und ließen sich in den von Rom eroberten und verwalteten Ländern Gallien und Germanien nieder. Von Grabsteinen, die Archäologen aus dieser Zeit ans Tageslicht gebracht haben, kann man ablesen, in welchen Berufen damals Christen tätig waren. Neben gebildeten Rechtsanwälten und Bibliothekaren, Finanzbeamten und Ärzten findet man die Namen und Berufsbezeichnungen einfacher Männer und Frauen aus allen Ständen und Schichten: Gerber und Schmiede, Maler, Steinmetzen und Elfenbeinschnitzer, Konditoren und Drogisten, Friseure und Gärtner, Obstbauern und Winzer, Marktfrauen und Schneiderinnen, Tuchverkäufer und Seidenhändler, und Garderobefrauen aus den Bädern und Theatern. Städte mit besonders hohem Anteil an Christinnen und Christen waren in Gallien Lyon, Marseille, Vienne und Arles; in Germanien Trier, Köln, Mainz, auch Regensburg, Augsburg und Xanten. Der Kirchenlehrer Origines, 185 in Griechenland geboren, berichtet, dass sich die christliche Botschaft nicht nur beiläufig und zufällig von Freund zu Freund, von Familie zu Nachbarfamilie, bei Gesprächen auf dem Markt und in den Kaufläden, in den Sklavenkellern und in den Heerlagern der Soldaten, in den Bädern und auf den Sportplätzen verbreitete; Origines weiß auch von Männern, die das Missionieren zu ihrem Beruf gemacht hatten. Sie zogen, so erzählt er, »von Stadt zu Stadt, von Dorf zu Dorf, von Flecken zu Flecken, um dem Herrn neue Gläubige zu gewinnen«.

Schon sehr früh, im Jahre 314, noch vor dem Baubeginn des Trierer Doms, konnte Kaiser Konstantin nach Arles in Südfrankreich eine Synode einberufen, eine große Christenversammlung, an der zahlreiche Bischöfe teilnahmen. Zu dieser Zeit gab es in Gallien und Germanien bereits an die 200 Bistümer – die allerdings damals gewöhnlich sehr klein waren und die man mit dem, was man heute unter einem Bistum oder einer Diözese versteht, nicht ohne weiteres vergleichen kann. Aus dem, was an Unterlagen von der Synode von 314 erhalten ist, kann man entnehmen, dass auch germanische Bischöfe in Arles dabei gewesen sind. Zwei sind auf der Teilnehmerliste noch gut zu entziffern: An 24. Stelle Maternus, Bischof von Köln, und an 8. Stelle Agritius, der zur Konstantinszeit Bischof von Trier war.

Die Geschichte der Christen beginnt mit dem Juden Jesus

Wenn man die Geschichte der Christen erzählen will, muss man zurückgehen und bei den Juden beginnen, denn bei den Juden liegen die Anfänge und die Wurzeln des Christentums: in ihrem Land, in ihrem Volk und in ihrer Religion.

Die Familie des Jesus, dessen Name am Beginn der Christengeschichte steht, lebte in Nazaret, einem wenig bekannten Ort im Ländchen Galiläa, das damals Teil einer Provinz im Weltreich der Römer war. Sein Name, mit dem er in seiner aramäischen Muttersprache gerufen wurde, war Jehoschua oder Joschua, zu Deutsch »Der Herr ist mein Heil«. Er war beschnittener Jude. Sein Vater Josef und später auch Jesus selbst übte einen Beruf im Baugewerbe aus (gewöhnlich sagt man: Josef und sein Sohn Jesus waren Zimmermann). Seine Mutter hieß Mirjam, Maria. Die Eltern wie auch seine Schwestern und Brüder (von denen einige in den neutestamentlichen Schriften mit Namen genannt werden: Jakob, Joses, Simon, Judas), und alle seine Freundinnen und Freunde gehörten dem Volk und der Glaubensgemeinschaft der Juden an.

Als Jesus ungefähr dreißig Jahre alt geworden war, ging er aus seiner Familie und aus seinem Heimatort fort, zusammen mit einigen, die er um sich gesammelt hatte und die man Jüngerinnen und Jünger nennt; die ihm am nächsten standen, führen gewöhnlich den Titel »Apostel«, das heißt so viel wie Boten, die man aussendet. Mit ihnen zog er durch Galiläa und begann, auf seinen Wanderungen das Volk zu lehren. Wie alle Knaben in Israel hatte er viele Jahre lang in der Synagogenschule lesen gelernt, und zwar in der Hebräischen Bibel. Sabbat für Sabbat hatte er seit seinem zwölften Lebensjahr in den Lese-Gottesdiensten die Lehren der Väter gehört, an denen sein Alltagsleben ausrichtete. Bald verstand er, in der Synagoge selber vorzulesen, und schließlich gab er sich daran, draußen auf den Straßen und Plätzen seinen Zuhörern die Tora, das jüdische Gesetz nahe zu bringen und ihnen die Weisungen der Propheten zu erklären. Die

Leute gewannen ihn lieb und staunten über seine Weisheit. Manche nannten ihn »Rabbi«, Lehrer.

Die Männer und Frauen, die ihm zuhörten und folgten, lehrte er, das Gesetz des Mose gewissenhaft und treu zu beachten: »Kein Buchstabe des Gesetzes darf verändert werden!«, rief er ihnen zu – aber er sagte auch: »Der Mensch ist nicht für das Gesetz da, sondern das Gesetz ist für den Menschen da. Wenn es zum Beispiel in einem der Gesetze heißt, es sei verboten, am Sabbat zu arbeiten, so müsst ihr dennoch ohne Rücksicht auf das Gesetz alles stehen und liegen lassen, wenn ihr einen Menschen trefft, der in Not ist und dem sofort und an Ort und Stelle geholfen werden muss.« Sein Reden und Lehren lief auf das alte Hauptgebot hinaus,

das alle kannten: »Du sollst den Herrn, deinen Gott lieben aus deinem ganzen Herzen, aus deiner ganzen Seele und mit all deiner Kraft!« Er verband diesen Satz mit der fast genau so alten Forderung aus der Tora: »Liebe deinen Nächsten wie dich selbst!«

In der Domitilla-Katakombe, einer der zahlreichen unterirdischen Grabanlagen des alten Rom, findet man gut erhaltene Reste einer Deckenmalerei aus etwa dem Jahre 350, das Jesus als Lehrer im Kreis seiner Jünger zeigt.

Alle Einzelgesetze, Einzelvorschriften und Einzelgebote (es gab deren bei den Juden 613), so lehrte er, sind in den beiden Liebessätzen zusammengefasst.

Viele hörten auf ihn und folgten ihm nach, besonders die Armen und Geringgeschätzten im Land, die Leidenden und Kranken und die von der damaligen römischen Besatzungsmacht Unterdrückten. Einige hofften, Jesus werde womöglich einen Aufstand organisieren und das Land von den Römern befreien, die das freiheitsliebende Volk der Juden mit unerträglichen Steuerlasten erdrückten. Sie fragten ihn: »Wirst du das Königreich unseres Vaters David wieder aufrichten?« Doch Jesus wollte kein politisches Reich errichten, wie es einst David getan hatte, der Jerusalem zur Hauptstadt gemacht und dessen Sohn Salomo das Land Juda zu Ansehen und Bedeutung geführt hatte. Erst recht wollte er keine Gewalt anwenden, um durchzusetzen, was er lehrte. »Denkt um!«, rief er ihnen zu: »Das Reich Gottes, das ich verkünde, ist nahe. Es ist ein Reich der Gerechtigkeit, der Liebe und des Friedens. Freut euch, ihr Armen! Euch gehört das Reich Gottes! Freut euch, ihr Trauernden, ihr Hungernden und nach Gerechtigkeit Dürstenden, ihr Verfolgten und Beschimpften, ihr werdet Trost finden! Freut euch, ihr Friedensstifter! Wenn ihr nicht nur eure Freunde, sondern auch eure Feinde liebt und ihnen verzeiht, wenn ihr nicht Böses mit Bösem vergeltet, wenn ihr auf eure Verfolger nicht flucht, sondern für sie betet, dann wird euch, den Friedfertigen, das Land gehören!«

Mit seiner Botschaft vom Reich Gottes machte Jesus sich nicht nur Freunde, sondern auch Feinde. Seine Feinde waren ein paar eifersüchtige, einflussreiche Gesetzeslehrer, die ihm vorwarfen, die Tora zu freizügig zu handhaben; zu seinen Feinden aber gehörten auch die römischen Machthaber, die einen möglichen Unruhestifter in ihm witterten, weil so viele Leute mit ihm gingen. So wurde Jesus in der Nacht gefangen genommen, vor Gericht gestellt, zum Tode verurteilt und auf Veranlassung des Statthalters Pontius Pilatus zwischen zwei Verbrechern nach den Bräuchen des römischen Strafvollzugs an ein Kreuz gehängt, wo er von allen verlassen qualvoll starb. Doch seine Jünger fanden sich nicht damit ab, dass Jesus endgültig tot wäre und dass alles, war er gelehrt und getan hatte, zu Ende und erledigt sei. Sie gingen auf die Straße und erklärten, Gott selbst habe das ungerechte Urteil des Pilatus aufgehoben und Jesus zum Leben erweckt. Manche sagten sogar, der am Kreuz geschändete Jesus werde schon bald wiederkommen, in Macht und Herrlichkeit.

Berichte von der Ausbreitung des Christentums im ersten Jahrhundert

Der Tag der Hinrichtung des Jesus fiel in die jüdische Osterwoche. Die Stadt Jerusalem war voll von Wallfahrern aus allen Gegenden im Mittelmeerraum, in denen Juden lebten. Kurz darauf war Pfingsten, das alte Erntedankfest: Wieder waren Tausende von Pilgern in der Stadt. Sie wohnten über die Feiertage in Herbergen oder bei ihren Verwandten. So wird ihnen nicht entgangen sein, was man sich in der Stadt von den Ereignissen um den Tod des Jesus erzählte. Wer war dieser jüdische Rabbi Jesus? Was hatte er gewollt? Was hatte er gelehrt? Warum war er auf Widerstand gestoßen? Warum musste er sterben? Die Pilger kehrten zurück, woher sie gekommen waren: nach Kleinasien und Syrien, nach Griechenland und Afrika, und manche von ihnen werden die Kunde von dem, was sie in Jerusalem erfahren hatten, in den letzten Winkel ihrer Heimatländer getragen haben. Auch die Jüngerinnen und Jünger kehrten nach den Festtagen in ihre Dörfer am See Gennesaret in Galiläa zurück und verbreiteten bei ihren Verwandten und Bekannten die Nachricht vom Tod des Jesus und, wie sie es formulierten, von seiner Auferweckung durch Gott. Einige Jünger aber blieben in Jerusalem. Sie trafen sich regelmäßig am Sabbat mit ihren jüdischen Glaubensgenossen in der Synagoge, wo sie Gelegenheit hatten, über das Für und Wider der Botschaft und über das Schicksal des Jesus von Nazaret zu diskutieren. Wieder andere Jünger wanderten in den dreißiger Jahren von Jerusalem weg über die Provinzgrenzen hinaus und brachten die Botschaft ihres Meisters und Lehrers Jesus hinaus in ferne Länder. Reste von Vermutungen über solche »Missionswanderungen« haben sich in Legenden niedergeschlagen, in denen es zum Beispiel heißt, der Apostel Philippus habe die Kunde in die Türkei gebracht, Natanael nach Armenien, Simon und Judas Thaddäus seien bis in den Iran, Matthias sei bis nach Äthiopien vorgedrungen, und Thomas habe sogar in Indien Menschen zur Annahme der Botschaft vom nahe gekommenen Reich Gottes bewogen.

Verlässlicher als solche eher märchenhaft anmutenden Legenden sind indessen die Nachrichten in der so genannten Apostelgeschichte, die der Evangelist Lukas – wahrscheinlich um das Jahr 75 – verfasst hat. Zwar kann man auch die Apostelgeschichte des Lukas nicht wie einen historischen Bericht lesen, der Tatsache an Tatsache reiht; sie ist vielmehr die Zeugnis-Schrift eines begeisterten Jesus-Anhängers, der Wahrscheinliches mit Sicherem, Mögliches mit Faktischem, Gedeutetes mit Geschehenem vermischt. Dennoch vermittelt die Apostelgeschichte einen anschaulichen Eindruck von den Ereignissen zwischen den Jahren 30 und 60. In der Apostelgeschichte liest man über die erste christliche Gemeinde der Jünger, die nach dem Tod des Jesus in Jerusalem verblieben waren, bewegende Sätze: »Sie waren ein Herz und eine Seele«, heißt es von ihnen, »und sie hatten alles gemeinsam. Sie verkauften ihren Besitz und teilten alles mit allen, je nachdem einer bedürftig war. Täglich weilten sie einmütig im

Tempel, brachen reihum in ihren Häusern das Brot und aßen und tranken in Fröhlichkeit und Schlichtheit des Herzens. Sie priesen Gott und waren beim ganzen Volk beliebt.«

Den umfangreicheren Teil seiner Apostelgeschichte widmet Lukas jedoch den Überlieferungen über die erste Ausbreitung des christlichen Glaubens. Nicht nur in der Stadt Jerusalem schlossen sich innerhalb weniger Tage viele Juden der Gruppe der Jünger an, die – so sagte man damals – den »neuen Weg« gingen: 3000, schreibt er gut meinend und hoch gegriffen an einer Stelle, weitere 5000 an einer anderen. Ein junger Diakon mit Namen Philippus habe im Landesteil Samaria gepredigt und, so erzählt Lukas eindrucksvoll, einen hohen königlichen Beamten auf seiner Heimreise in das afrikanische Äthiopien am Straßenrand getauft. Petrus habe in der an der Mittelmeerküste gelegenen Stadt Lydda »alle Bewohner zum Herrn bekehrt« und gleich darauf in der römischen Militärmetropole Caesarea einen Hauptmann mit Namen Cornelius samt seiner ganzen Familie auf den Namen des Herrn Jesus Christus getauft – was ihm, weil Cornelius ein Römer, ein Heide war, Ärger bei den Juden eintrug. Nach solchen Einzelbegebenheiten geht Lukas dann in 16 langen Kapiteln ausführlich und mit Herz zu der Missionstätigkeit des Paulus über. In drei ausgedehnten Reisen, so erzählt Lukas, hat er zahlreiche christliche Gemeinden in kleinasiatischen und europäischen Ländern am Rand des östlichen Mittelmeers ins Leben gerufen.

Aus dem Rabbi Jesus wird der Sohn Gottes...

An viele Gemeinden, die auf das Wirken des Paulus zurückgehen oder die von anderen gegründet und später von Paulus auf seinen Reisen besucht wurden, hat er nach seiner Rückkehr mahnende und ermunternde, belehrende und erinnernde Briefe geschrieben. Die beiden ersten verfasste er wohl im Jahre 51, also zwanzig Jahre nach Jesu Tod: die Briefe an die Gemeinde von Thessalonich in Griechenland. Schon aus diesen aller ersten Briefen kann sich ein gutes Bild davon machen, was die frühen Christen glaubten und worüber Paulus mit ihnen korrespondieren konnte: dass Jesus von Nazaret am Kreuz gestorben sei und von Gott auferweckt wurde und: dass er schon bald wiederkommen werde in Macht und Herrlichkeit, um denen das Heil im Reiche Gottes zu bringen, die an ihn geglaubt haben. Über die Person des Jesus – über seine Geburt und die Umstände seines Todes, über sein Wirken und die Art und Weise seines Lehrens, über die Leute, mit denen er zu tun hatte, über betrübliche oder erfreuliche Ereignisse in seinem dreißigjährigen Leben – darüber steht allerdings in den Paulusbriefen und auch in anderen Schriften, von denen im Neuen Testament insgesamt 21 gesammelt worden sind, nichts.

In den Jahren 70 bis etwa 100 entstanden weitere schriftliche Zeugnisse, die dem Neuen Testament zugerechnet werden: die vier Evangelien des Matthäus, Markus, Lukas und Johannes (sowie die bereits erwähnte Apostelgeschichte). Sind die Apostelbriefe voll von Theologie und manchmal in formelhafter, manchmal in feierlich-hymnischer Form abgefasst, so sind die Evangelien weitgehend in erzählerischem Stil geschrieben. Lediglich das späte Johannesevangelium geht durchgängig über die volkstümliche Sprache hinaus und bewegt sich in der Denk- und Sprachwelt der gebildeten Griechen der Antike. Aus den Evangelien erfahren wir viele aufschlussreiche Einzelheiten über das Leben des Jesus von Nazaret im Volk und Land Israel. Alles was wir über die Lehre und die Botschaft Jesu vom Reich Gottes wissen, wissen wir aus den Evangelien. Die Evangelisten sind zwar nicht mit Jesus gegangen, sie waren nicht Augenzeugen von dem, was er getan und nicht Ohrenzeugen von dem, was er gesagt hat; doch haben sie getreulich und nach bestem Vermögen gesammelt und gesichtet, aufgeschrieben und gekürzt oder erweitert, was sich die Jesus-Jünger über ihn erzählten oder was sie hier und da vielleicht sogar schon schriftlich vorfanden. So legten die Evangelisten schließlich nicht vier Jesusbiografien vor, sondern gaben vielmehr vier bekenntnishafte Schriften heraus, mit denen sie für ihren Meister Jesus um Sympathie, um Glauben und um Nachfolge warben.

Aus den Briefen, der Apostelgeschichte und den Evangelien, die auf die Überlieferungen zurückgehen, welche in den frühen Gemeinden kursierten, kann man gut heraushören, wie die Christen der ersten Generation schon bald Jesus eingeschätzt haben. In ihren Gesprächen und ihrem öffentlichen Reden und Predigen legten sie ihm ehrfurchtsvolle Titel zu: Herr und Herrscher, Lehrer und Meister, Retter und Prophet. Sie nannten ihn nicht mehr nur einfach Jesus von Nazaret, sondern sagten: »Jesus, der Christus«, Jesus, der Messias, der Gesalbte Gottes. Um sein besonders nahes Verhältnis zu Gott auszudrücken, legten sie ihm gelegentlich den Titel »Sohn Gottes« bei – ähnlich wie sie in ihrer Hebräischen Bibel ihren glorreichen König David als Sohn Gottes bezeichneten, indem sie Gott in einem Psalmengebet das Wort in den Mund legten: »Ich habe mit David, meinem Knecht, meinen Bund geschlossen, ich mache ihn zu meinem erstgeborenen Sohn. Er wird zu mir sprechen: Mein Vater bist du!« Nachdem Jesus nicht mehr auf Erden lebte, sprachen sie voll Begeisterung manchmal von ihm als von dem Heiligen, von dem Erhöhten, der »zur Rechten Gottes sitzt« und vor dem sogar die Engel ihre Knie beugen müssten.

Wenn Juden solche Worte hörten, waren sie begreiflicherweise verärgert und empört. Jesus den von allen Juden erwarteten Messias zu nennen, hielten sie für eine ungeheuerliche, herausfordernde Frechheit. Bevor der Messias komme, so lehrten die Väter von alters her, müssten zuerst die Propheten Mose und Elija erscheinen, um das Kommen des Messias anzukündigen, und das werde wohl erst am Ende der Zeiten geschehen, wenn überall auf Erden Friede herrsche. Wie konnten die Jünger es wagen, diesen Jesus, der zwischen zwei Verbrechern unrühmlich am Kreuz geendet hat, auch nur in die Nähe des glorreichen Königs David zu rücken! Wie konnten sie das Wort Messias, das Wort Christus, das Wort Gesalbter in den Mund nehmen, wenn sie vom Rabbi Jesus sprachen – wussten sie doch aus ihren Heiligen Schriften, dass, wer tot »am Holze hängt«, nicht ein von Gott Geliebter oder gar Gesalbter, sondern ein von Gott Verfluchter ist!

Doch die Jünger redeten weiter auf ihre Weise von Jesus und ließen sich durch keinen Einwand beirren. Im Gegenteil: Von Jahr zu Jahr vergrößerten sie ihre Anstrengungen, bei ihren jüdischen Mitbürgern zu missionieren und Anhänger für Jesus und seine Botschaft zu gewinnen.

Ihre Missionserfolge waren trotz der starken Vorbehalte der Juden unvorstellbar groß. In der Apostelgeschichte erzählt Lukas davon so, dass schon ganz im Anfang, nicht einmal zwei Monate nach Jesu Tod, große Scharen sich »retten« ließen, die Taufe empfingen und sich um Aufnahme in die christliche Gemeinde bewarben. Die Missionsprediger, allen voran Petrus und Paulus, Stefanus und Philippus und ihre Helfer, gingen mit allen rednerischen Mitteln vor: Mal redeten sie ihre Zuhörer freundlich mit »Liebe Väter!« und »Liebe Brüder!« an, manchmal schalten sie die Juden mit harten Worten. »Jesus von Nazaret, einen Mann, den Gott zum Messias gemacht hat, habt ihr umgebracht, habt ihr gekreuzigt!«, so konnte man in einer Predigt des Petrus hören; der Diakon Stefanus nannte sie in einer Diskussion »Halsstarrige und Unbeschnittene an Herz und Ohren!«, und Paulus gab ihnen die alleinige Schuld am ungerechten Todesurteil gegen Jesus: »Den Herrn und Gerechten«, rief er den Juden in den Synagogen zu, »habt ihr ausgeliefert und vor Pilatus verleumdet, als dieser schon beschlossen hatte, ihn frei zu lassen!«

Aus dem Vorwurf: »Ihr habt Jesus umgebracht!« wurde später das aufreizende, verhängnisvolle Schlagwort: »Die Juden sind Gottesmörder!«.

Fast überall, wo in den folgenden Jahrhunderten Christen und Juden aufeinander trafen, diente die Rede von den Gottesmördern dazu, Hass gegen die Juden zu schüren. Nicht, dass erst die Christen den Judenhass und den Antisemitismus »erfunden« hätten; schon lange vor Christus sind Juden inmitten der heidnischen Völker mit ihren vielen Göttern und Göttinnen wegen ihres Glaubens an den einen und einzigen Gott beargwöhnt und wegen ihrer Lebensweise verspottet und angefeindet worden: Ihre eigene Schrift und Sprache, ihre Opferbräuche und ihr penibles Festhalten am Sabbatgebot, ihre Speisevorschriften und Gebetsrituale, ihre

Die Steinfiguren »Ecclesia« und »Synagoge« vom Straßburger Münster verkörpern die triumphierende, gekrönte christliche Kirche und das verblendete, uneinsichtige Judentum.

seltsamen Reinheits- und Unreinheitsgesetze hatten von je her für Außenstehende etwas absondernd Geheimnisvolles. Schon immer konnte das Unverständnis der Leute von jetzt auf gleich umschlagen in Intoleranz, Unterdrückung und Verfolgung, vor allem, wenn es hasserfüllte Agitatoren gab, die das Volk aufputschten. Doch sollte man meinen, dass sich Christen, die ihren Namen und ihren Glauben von dem Juden Jesus herleiten, den Juden gegenüber liebevoll hätten verhalten müssen – glauben sie doch beide, Juden wie Christen, an ein und denselben Gott, haben sie sich doch beide, Juden wie Christen, auf das Hauptgebot der Gottes- und Nächstenliebe verpflichtet.

Paulus bringt das Evangelium zu den Heiden

Den mutigen und entscheidenden ersten Schritt zur Ausbreitung des Christentums über die Grenzen des Judenlands hinweg hat Paulus getan, den man gelegentlich den Völkerapostel nennt. Paulus, ein Zelttuchmacher, war Jude und stammte aus Tarsus in Kleinasien, der Hauptstadt der römischen Doppelprovinz Zilizien-Syrien. Er besaß die römische Staatsbürgerschaft. Zu Beginn seines Wirkens dürfte er 25 bis 30 Jahre alt gewesen sein. Nach anfänglicher erbitterter Gegnerschaft wandte er sich in Damaskus dem Glauben an Jesus Christus zu und ließ sich taufen. Von da an setzte er alles daran, überall, wohin er mit seinen Mitarbeitern Silas und Johannes-Markus, Barnabas und Lukas, Timotheus und Aristarch kam, Juden zu »bekehren«, zu taufen und zu Christen zu machen. Er bereiste Landschaften und Städte in Kleinasien, Griechenland und Italien, wo viele Juden in der Zerstreuung, der so genannten Diaspora, lebten. Gemeinden, die auf diese Weise zustande kamen, nannte man »juden-christliche Gemeinden«. Die Judenchristen besuchten nach ihrer Hinwendung zum Christentum weiterhin am Sabbat und an den anderen Gebetstagen ihre Gottesdienste in der Synagoge, lebten treu nach der geschriebenen Tora und der mündlichen Oberlieferung ihrer Väter. Schon bald hielten sie aber auch am ersten Tag der Woche, den man später Sonntag nannte, das eucharistische Abendmahl, in welchem sie sowohl aus ihren heiligen Schriften lasen und Psalmen sangen, als auch in Lobgesängen den Tod und die Auferstehung »des Herrn« priesen.

Paulus, weit vorausblickend, erkannte, dass die Botschaft von Jesus Christus nicht allein vor Juden verkündigt werden durfte, sondern dass sie offen sein musste auch für die Nicht-Juden, die damals so genannten Heiden, wenn sie Fuß fassen sollte in den Städten und Regionen des weiten römischen Reiches. Zwar sprach er auf seinen Missionsreisen immer noch zuerst die Juden in ihren Synagogen an, doch wandte er sich, verstärkt und ausdrücklich, stets auch an die Heiden. Bei der Heidenmission hatten Paulus und seine Mitarbeiter allerdings mit einer Schwierigkeit zu kämpfen, die es bei ihrem Umgang mit den Juden nicht gab: Während die Juden sich zu dem einen und einzigen Gott Jahwe bekannten – zu demselben Gott, den Jesus seinen Vater nannte, dem Gott, an den Paulus und Petrus und alle anderen Jüngerinnen und Jünger glaubten, dem Gott, neben dem es keine anderen Götter gab – verehrten die Heiden eine schier unübersehbare Zahl von Göttern und Göttinnen. Der Monotheismus, der Ein-Gott-Glaube, war ihnen fremd.

Darüber, dass Paulus sich direkt an die griechischen und römischen Heiden wandte, kam es an vielen Orten zu heftigen Auseinandersetzungen mit den strenggläubigen Juden, die nicht selten gewaltsam und blutig ausgingen. Mehrere Male wurde Paulus vertrieben, eingekerkert und geschlagen. Die konservativen Juden betrachteten das Christ-Sein in erster Linie als eine Sonderform von Jude-Sein; darum forderten sie: Jeder Mann, der Christ werden wollte, müsse als ersten Schritt zum Christ-Werden zunächst Jude werden, müsse die Gesetze des Mose erlernen und erfüllen und sich zum Zeichen der Zugehörigkeit zur jüdischen Glaubensgemeinschaft beschneiden lassen. Paulus begab sich nach Jerusalem und legte im Jahre 49 auf dem so genannten Apostelkonzil die brennende Frage zur Entscheidung vor. Petrus – der schon früh als führende Autorität unter den Christen galt – verkündete nach eingehender Beratung mit einigen führenden Aposteln, dass den heidnischen Neubekehrten »kein untragbares Joch auf den Nacken gelegt werden« dürfe. Wenn sie getauft werden wollten, brauchten sie sich nicht vorher beschneiden zu lassen. Gott mache, so begründete er seine Entscheidung, »keinerlei Unterschied zwischen den gläubigen Juden und den gläubigen Heiden«.

Judenchristen und Heidenchristen

Die zu Christus Bekehrten, die vorher nicht Juden gewesen waren, nannte man Heiden-Christen. Die Heidenchristen hielten den eucharistischen Sonntagsgottesdienst in derselben Weise wie die Judenchristen. Sie brachten nicht etwa heidnische Gebete und Riten ein, sondern die Gemeindevorsteher lasen aus den jüdischen Büchern des Mose und der Propheten vor, stimmten zum Lobe des alleinigen Gottes Psalmen an und schärften in der Predigt ihren Zuhörern die altehrwürdigen Gebote der Gottes- und der Nächstenliebe ein. Zu den jüdischen Lesungen und Gebeten kamen dann mehr und mehr auch neutestamentliche Texte hinzu: Lesungen aus den Briefen der Apostel, später aus den Büchern der Evangelisten, sowie dann auch Glaubensbekenntnisse, Christus-Rufe und andere christliche Messgebete. Früh fing man schon damit an, im Gottesdienst eine Kollekte zu halten, eine Sammlung, die fürsorglich den Armen zu Gute kam, den Witwen und Waisen, den Kranken, Gefangenen und den Fremden in der Gemeinde. Auch vom heiligen Brot, das die Gläubigen beim Abendmahl empfingen, wurde von Helfern zu denen in der Gemeinde gebracht, die wegen

Krankheit und Schwachheit nicht an der Eucharistiefeier teilnehmen konnten.

Die Unterscheidung zwischen Judenchristen und Heidenchristen hob sich im Lauf der Zeit von selbst auf. Was jedoch blieb, war die Rivalität zwischen den Juden, die die christliche Botschaft nicht annahmen und den Inhalten und Formen ihres Väterglaubens treu blieben – und den Christen, die in falschem Selbstverständnis mehr und mehr ihre Wurzeln vergaßen oder verleugneten und in folgenreicher Überheblichkeit die Juden links liegen ließen oder aber verspotteten und hassten, unterdrückten

Kopf einer 4 m hohen Statue Konstantins des Großen. Dieser Kopf befindet sich im Kapitolinischen Museum zu Rom.

und verfolgten und ihnen im Laufe der Geschichte viel Leid zufügten und Böses antaten.

Auf seiner letzten Reise kam Paulus nach Rom. Dort existierte bereits eine christliche Gemeinde, deren Mitglieder ihm vor den Toren der Stadt entgegenkamen und freundlich begrüßten. Er blieb zwei Jahre in Rom, wo er, wie er es immer getan hatte, zuerst den Juden, dann den Heiden die Botschaft von Jesus Christus verkündigte. Zu der römischen Gemeinde gehörte auch Petrus; er war ihr Vorsteher.

Das Christentum wird zur Staatsreligion erklärt

Bald gab es einen herben Rückschlag: Während in vielen Gebieten des Römischen Weltreichs christliche Gemeinden aufblühten, kam es in der Hauptstadt Rom für die Christen zur Katastrophe: Kaiser Nero, ein gewissenloser und machtbesessener Mann, hasste die Christen und machte sie beim Volk zu Sündenböcken für alles Übel, das über die Stadt kam. Als eines Tages die Armenviertel von Rom abbrannten – manche sagen, Nero selbst habe sie in seinem Wahn angezündet, um Grundstücke für seine

Prachtbauten zu gewinnen – gab er den Christen die Schuld und entfesselte eine Verfolgung, der auch Petrus und Paulus zum Opfer fielen. Petrus wurde ans Kreuz gehängt; Paulus durfte als römischer Bürger nicht gekreuzigt werden und wurde mit dem Schwert hingerichtet. Die anderen Christen wurden bis auf die wenigen, die entkommen konnten, ausgerottet. Auch spätere Kaiser, die auf Nero folgten, vor allem der grausame Diokletian, unterdrückten die Anhänger der christlichen Lehre bald in diesen, bald in jenen Teilen des Reichs, weil sie den jeweils amtierenden Kaiser zwar als ihren weltlichen Herrn, nicht aber als Gott anerkannten, wie es die römische Staatsreligion von ihnen forderte. Die Zahl der Eingekerkerten, Gefolterten, zur Zwangsarbeit in Bergwerke Verschleppten, Gemarterten und Ermordeten, war unvorstellbar groß; dennoch wuchs die Zahl der für den Glauben neu Gewonnenen wunderbarerweise von Jahr zu Jahr. Von den 50 Millionen Einwohnern des Römerreichs waren 10 Millionen Männer und Frauen Christen geworden. Vor allem in Nordafrika, in Spanien und in Frankreich gab es in den damaligen Großstädten noch vor Ende des zweiten Jahrhunderts bedeutende Christengemeinden, denen Bischöfe vorstanden, zum Beispiel in Tarragona und Saragossa, in Lyon und Arles, in Alexandrien und Karthago – und eben auch in Trier, wo der erste namentlich bekannte Bischof Eucharius hieß. Trier hatte damals 60 000 Einwohner.

Schließlich kam dann Kaiser Konstantin auf den Thron. Er war den Christen wohl gesonnen, obschon er selber kein Christ war und sich erst kurz vor seinem Tod taufen ließ. (»Es ist klüger«, sagte er, »mit den Christen zu regieren als gegen sie!«) Die Verfolgungen kamen zum Stillstand; im Jahre 313 erließ er eine Verfügung, durch die allen Bewohnern seines Reiches offiziell erlaubt wurde, ihre Religion frei auszuüben – auch den Christen und auch den Juden, die vorher vielerorts ähnlich wie die Christen unterdrückt und verfolgt worden waren. Die Verfügung wurde später nach dem Ort der entsprechenden Verhandlungen allgemein und etwas vereinfacht »Mailänder Toleranz-Edikt« genannt.

Im Mailänder Toleranz-Edikt wurde unter anderem angeordnet, dass den Christen zurückerstattet werden musste, was man ihnen in den Verfolgungszeiten weggenommen hatte: Land und Häuser, Weiden und Äcker, Werkstätten und Höfe – vor allem aber die Kirchen, die sie errichtet und die Häuser, die sie für ihre Gottesdienste umgebaut und erweitert hatten. Christen, die in ihrer Gemeinde erstmals eine Kirche zu erbauen beabsichtigten, ließ der Kaiser reichlich Geld zukommen. Nicht lange danach, im Jahre 380, wurde das Christentum sogar zur »Staatsreligion« erklärt: Nur wer Christ war, durfte eine gehobene Stellung in der Gesellschaft annehmen und ein öffentliches Amt im Staat bekleiden. Viele Bewohner des Reiches nahmen zu dieser Zeit den christlichen Glauben an, um in den Genuss der Vorzüge zu gelangen, die den Christen gewährt wurden. Die Bischöfe steuerten energisch gegen diesen schlimmen Trend: Nur diejenigen wurden in die christlichen Gemeinden aufgenommen, die aus innerer Überzeugung und aus ehrlichem Herzen Christen werden wollten. Sie mussten radikal mit ihrem alten Götterglauben brechen und feierlich geloben, ihr Leben ganz am Evangelium Jesu Christi zu orientieren. Erst wenn sie sich einem strengen Katechumenat, einer Lern- und Probezeit unterzogen hatten,

Pantokrator (d. h. »Allherrscher«) in der Kuppel des griechischen Klosters Daphni aus dem 11. Jahrhundert.

wurden sie zur Taufe zugelassen. Dennoch war es nicht gut, dass seit dem Toleranzedikt das Christentum von Jahr zu Jahr mehr die führende Rolle im Staat übernahm: Die Kirche wurde ein »Reich von dieser Welt« – genau das, was Jesus nicht gewollt hatte. In welche Richtung das von Kaiser Konstantin als Reichs- und Staatsreligion geförderte Christentum sich zu entwickeln begann, kann man zum Beispiel an manchen Bildern ablesen, die in jenen Zeiten entstanden: An die Stelle der frühen bildlichen Darstellungen, auf denen zum Beispiel Jesus als der Gute Hirt zu sehen war, traten nun in den frühen Kirchenbauten des 4. Jahrhunderts »Fresken« (= Wandgemälde) und »Mosaiken« (= aus farbigen Steinchen zusammengefügte Bilder), die Jesus als den Pantokrator, das heißt als den thronenden königlichen Herrscher über die Welt darstellten.

Bonifatius: Germanien wird christlich

Die Weser hat zwei Quellflüsse: die Fulda und die Werra. Die Fulda, der größere der beiden, entspringt auf der Wasserkuppe, dem höchsten Berg der Rhön, dort, wo bei günstigem Wetter die Segelflugzeuge aufsteigen und landen. Von der Rhön aus fließt sie, bevor sie sich mit der Werra vereinigt, durch die Stadt, die so heißt wie der Fluss: durch Fulda.

Fulda ist keine allbekannte Industriestadt wie Stuttgart, keine Börsenmetropole wie Frankfurt, kein klassisches Kulturzentrum wie Weimar, wo Goethe und Schiller lebten, keine Großstadt wie Hamburg und München, wie Hannover und Köln. Und doch: Wenn man jedes Jahr im August, und sei es nur für wenige Augenblicke, im Fernsehen die deutschen katholischen Bischöfe mit ihren prunkvollen Gewändern, mit ihren Bischofsstäben in der Hand und der hohen Mitra auf dem Kopf durch den Dom von Fulda schreiten sieht, erinnern sich vielleicht manche an den Namen Bonifatius, dass Bonifatius Apostel der Deutschen genannt wird und im Dom zu Fulda begraben liegt.

Das Bonifatiusgrab ist eigenartig gestaltet: Man sieht, wie Bonifatius im Bischofsgewand den Deckel seines Sargs abzuheben scheint, um herauszusteigen – herauszusteigen ins Heute, als wolle er die Christen mahnen, inmitten einer oftmals unchristlichen Welt die Botschaft des Evangeliums nicht sterben zu lassen, sondern weiterzusagen und lebendig zu halten.

Germanien zur Zeit der Römerherrschaft

Im Altertum, zu den Zeiten des Kaisers Konstantin, erstreckte sich das Römische Imperium – wenn man von Süden, von den Alpen her kam – bis an die Donau; vom Westen her gesehen endete es an den Ufern des Rheins. Die römischen Reichsgebiete, die in diesen Teilen des heutigen Deutschland lagen, waren hoch zivilisiert. Sie hatten das, was man eine gut funktionierende Infrastruktur nennen würde: ein ausgebautes Netz von Pflasterstraßen mit Wegweisern und Rasthöfen, mit Schmieden für die Hufe der Pferde und Reparaturwerkstätten für die Karren und Wagen, mit hölzernen und steinernen Brücken. Kilometerlange Wasserleitungen versorgten über Tunnelkanäle und Aquädukte die städtischen Badeanstalten, in denen das von den Bergen hergeleitete glasklare Quellwasser mit unterirdischen Heizungssystemen auf angenehme Badetemperaturen gebracht wurde. In den Garnisonsstädten fehlte es den Soldaten an nichts, nicht an Exerzier- und Wettkampfplätzen, aber auch nicht an Freilichttheatern für die Stücke der großen Dichter und an Arenen für Tierkämpfe mit Löwen und Panthern. In den Verwaltungszentren sorgten Beamte für die Überwachung und Verpflegung der Truppen in den unterworfenen Gebieten. Überall standen Tempel und Denkmäler; in den schönsten Gegenden hatten die Reichen ihre Landsitze und Villen erbaut, deren Überreste – rekonstruiert – uns noch jetzt einen Eindruck von ihrer damaligen Größe und Schönheit vermitteln.

Ganz anders sah es aus in den übrigen Teilen dessen, was wir heute Deutschland nennen und was im Altertum die übergreifende Bezeichnung »Germanien« trug. Seit die Legionen der eroberungsfreudigen Römer im Jahre 9 im Teutoburger Wald von germanischen Stämmen unter Hermann dem Cherusker vernichtet worden waren, wagten sie nicht mehr über den Rhein zu setzen. Auch die Donau überquerten sie nicht, auch nicht den Limes, den nach Norden und Osten errichteten Grenzwall: hinter Rhein, Donau und Limes begann vielmehr für sie das geheimnisvolle, dunkle Land, in dem es keine festen Straßen und keine Städte gab, überhaupt, wie sie glaubten: keine Kultur und keine Zivilisation. Dort wohnten die Friesen und Hessen, die Sachsen und Thüringer, die Wenden und Sorben, die Markomannen und Tschechen, ungebildete »Wilde«, von den Römern Barbaren genannt, das heißt so viel wie fremdländische Stotterer; dort wohnten auf den trostlosen Heideflächen die Nicht-Städter, die Heide-Bewohner (von denen sich das deutsche Wort »Heiden« für Nicht-an-Gott-Glaubende herleitet).

440 - Papst - ab 476 kein Röm. Reich mehr

Kaum ein halbes Jahrhundert nach dem Tod des Kaisers Konstantin ging es dann mit der Macht und Größe Roms Schritt für Schritt dem Ende zu. Starke germanische Stämme waren in der Völkerwanderung aus ihren Heimatländern aufgebrochen; sie durchstreiften in Eroberungszügen den Balkan und Italien, nahmen Teile von Spanien und Nordafrika in Besitz und drangen bei ihren kriegerischen Wanderungen in Rom ein. Zweimal verwüsteten und plünderten sie die Stadt. Schließlich, vom Jahre 476 an, gab es im Abendland kein Römisches Reich und keinen römischen Kaiser mehr. Nur der Ostteil des Reiches existierte weiter. Auch das Chris-

Der Frankenkönig Chlodwig wird in Reims von Erzbischof Remigius getauft. Bild aus einer Lebensbeschreibung von 1250.

tentum blieb von der Teilung zwischen Ost und West nicht unberührt: Die Christen im Abendland fühlten sich an den Bischof von Rom gebunden (der seit etwa dem Jahre 440 den Titel »Papst« führte); die Christen im Morgenland hingegen erkannten den Papst nicht als Oberhaupt an, sondern orientierten sich nach Konstantinopel und nach den örtlichen Patriarchensitzen.

Nachdem der Westteil des Römischen Reiches in der Völkerwanderung untergegangen war, kam es dort unter den Führern der verschiedenen Stämme zu heftigen Rivalitätskämpfen. Chlodwig, der Fürst der Franken (= der »Freien«), erwies sich als der Stärkste. Er bezwang die Herzöge fast aller Nachbargebiete, einigte und festigte die Unterworfenen und machte das Franken-Reich zur vorherrschenden Macht im ganzen mittleren Europa. Der heutige Name Frankreich erinnert noch an den Kern seines damaligen großen Reiches. Chlodwig nahm den christlichen Glauben an und ließ sich taufen. Wie es damals üblich war, folgten Chlodwigs Untertanen seinem Beispiel und empfingen die Taufe, so dass binnen kurzem das ganze Reich christlich wurde, wie ihr Fürst. Doch ihr Glaube war eher oberflächlich und schwach: Der Ritus und die lateinische Sprache im »römischen« Gottesdienst war ihnen fremd und auch die Forderungen des Evangeliums, nicht nach Macht zu streben und die Feinde zu lieben, konnten sie nur schwer begreifen. So blieben denn viele heimlich bei ihren heidnischen Opferbräuchen, bei ihren alten liebgewonnenen Göttinnen und Göttern und bei ihrem alten Glauben. Erst ungefähr 200 Jahre nach Chlodwigs Tod machten sich Missionare daran, die Menschen in den »barbarischen« Teilen des Frankenreichs systematisch im christlichen Glauben zu unterweisen und zu einem Leben nach dem Evangelium anzuhalten. Der bedeutendste unter ihnen war Bonifatius.

Bonifatius als Wandermissionar bei den Friesen

Bonifatius, der mit seinem Taufnamen Winfried hieß, wurde 673 in England geboren und verbrachte seine Jugendzeit als Schüler und Theologiestudent in der Benediktinerabtei Nursling, die in der Grafschaft Essex in der Nähe von London lag. Er wurde Lehrer und leitete später als Mönch und Priester die Klosterschule seiner Abtei. Eines Tages begegnete er einer Schar von »Wandermönchen«, Missionaren, die aus Irland und Schottland kamen und, anstatt in einem festen Kloster ihren gesicherten Wohnsitz zu nehmen, durchs Land zogen, um überall, wohin sie kamen, das Evangelium zu predigen. Er schloss sich ihnen an und setzte mit ihnen über von den britischen Inseln auf das europäische Festland, um bei den Friesen zu wirken, einem Frankenvolk, dessen Wohngebiete an den Mündungsarmen von Rhein, Maas und Schelde lagen, sowie an der Ems im norddeutschen Tiefland und in den Niederungen und Küstenstrichen, die an die Nordsee heranreichen.

Zur Zeit des Bonifatius war Friesland zweigeteilt. Der südliche, mehr im Landesinneren gelegen, gehörte fest zum Frankenreich; die dort lebenden Friesen wurden Stadt-Friesen genannt, weil sie von der Städtekultur der früheren römischen Besatzungszeit geprägt waren. Sie waren Christen. Die in den nördlichen, zum Meer hin gelegenen Teilen wohnenden Land-Friesen dagegen waren heidnisch geblieben. Sie galten als ein stolzes, tüchtiges Volk von Seefahrern, Kaufleuten und Viehbauern. Bonifatius machte es sich zur Aufgabe, in den schwierigeren, nördlichen Teilen von Friesland das Evangelium zu verkünden. Weil er und seine Wandermönche aber keine festen Orte hatten, an die sie sich hätten zurückziehen, ihre Erfahrungen hätten austauschen und ihre Arbeit immer wieder neu hätten koordinieren können, hatten sie wenig Glück und immer nur kurz befristete, vorübergehende Erfolge. Die Friesen in den einzelnen Gehöften, in den Dörfern und Nordseehäfen hörten ihnen zwar neugierig zu, nicht wenige ließen sich taufen; doch kaum waren die Missionare von einer Stelle zur anderen weitergezogen, vergaßen oder verwarfen sie wieder alles, was sie gehört hatten. Wenn sie noch kurz vorher irgendwo eine Kirche oder Kapelle gebaut hatten, rissen sie sie schon bald wieder ab, trieben die Priester, die Bonifatius eingesetzt hatte, fort und gingen ihren alten heidnischen Gewohnheiten nach. Die Wandermönche mussten einsehen, dass sie mit ihrer mangelhaften Methode, die Friesen bald hier, bald dort in Einzelaktionen zu missionieren, nicht vorankamen. Nach nur wenigen Jahren zogen sie sich enttäuscht zurück, und Bonifatius ging vorerst heim nach Essex, von wo er gekommen war.

Als Bonifatius 45 Jahre alt geworden war, begab er sich nach Rom, um mit dem Papst über die Missionsarbeit in Friesland und den anderen Gebieten des Frankenreichs zu beraten. Der Papst und seine Mitarbeiter hatten aber keine Vorstellung davon, wie es im Land der »Barbaren« aussah; in ihrem Denken und Planen hatten sie immer nur politisch gut organisierte Länder vor Augen, und große Städte, die sie aus den Zeiten des Römischen Weltreichs kannten, wie Mailand und Konstantinopel, Alexandria und Lyon, Köln und Trier. Die Beratungen und Verhandlungen zogen sich über ein halbes Jahr hin. Schließlich erhielt Bonifatius dann doch eine Urkunde, in der er als vom Papst ernannter Missionar bestätigt wurde. In der Urkunde war allerdings kein bestimmtes Land genannt, wo er als Missionar wirken sollte; sie enthielt nur ganz allgemein den »Auftrag zur Glaubenspredigt an die Heiden«. Bonifatius sollte selbst bestimmen können, wie und wann, mit wem und in welchen Gebieten er seine Missionstätigkeit ausüben wollte. Gestärkt und mit neuem Mut reiste er von Rom zurück ins Frankenreich.

Im Jahre 721 machte sich Bonifatius auf nach Osten, in die Wohngebiete der Hessen und Thüringer. In der fränkischen Grenzfestung Amanaburch (nahe beim heutigen Marburg an der Lahn) machte er Halt und richtete sich eine Mönchszelle ein. Schon bald entwickelte sich aus der kleinen Zelle das große Kloster Amöneburg. Aus England, Irland und Schottland rief Bonifatius Benediktinermönche nach Amöneburg, die ihn bei seiner Missionsarbeit unterstützen sollten. Man nennt sie, nach ihren Herkunftsländern, die iro-schottischen Missionare.

Bonifatius und seine Mönche gingen vom Kloster Amöneburg aus mit großem Eifer ans Werk. Sie predigten, so weit sie wandern konnten, in Hessen und Thüringen und bekehrten viele. »Bonifatius«, so heißt es in seiner ältesten Biografie, »taufte in kurzer Zeit viele Tausende von Heiden«. Doch dann musste er ansehen, was er schon damals mit Betrübnis bei den

Friesen gesehen hatte: Die Massentaufen waren wie ein Strohfeuer; sobald die Missionare weitergezogen oder vorübergehend in ihr Kloster nach Amöneburg heimgekehrt waren, fielen die meisten Neubekehrten wieder in ihren alten heidnischen Glauben zurück. In dem weitläufigen Gebiet mit den vielen verschiedenartigen Stämmen und Völkerschaften fehlte es an Ordnung und Organisation, an einer Organisation, wie sie etwa in den linksrheinischen, ehemals römischen Provinzen des Frankenreichs mit seinen Bischöfen und Bistümern und mit seinen vielen zentral gelegenen Klöstern vorbildlich funktionierte. Bonifatius zögerte nicht: Er reiste ein zweites Mal nach Rom und berichtete dem Papst über seine Erfahrungen und Erfolge, aber auch über seine Enttäuschungen und Misserfolge bei der Frankenmission.

Unter dem Schutz des fränkischen Regenten Karl Martell

Nachdem der Papst sich ausführlich über alles hatte unterrichten lassen, was für die Missionsarbeit in den fränkischen Gebieten von Bedeutung war, tat er Dreierlei: Er ernannte Bonifatius zum Bischof – und zwar nicht für eine bestimmte Stadt, sondern zum Missionsbischof für das ganze Land zwischen Rhein und Oder. Dann, zweitens, übergab er ihm ein Regelbuch, in dem alles schriftlich niedergelegt war, was Bonifatius als Missionsbischof zu beachten und zu befolgen hatte: Wie »das ihm untergebene Volk in den allgemeinen bischöflichen Lehren und Anordnungen zu unterweisen« sei, damit das Frankenreich ein geordnetes und fest mit dem Papst in Rom verbundenes christliches Volk werde. Schließlich, drittens, gab er Bonifatius ein Empfehlungsschreiben mit, das er, zurück im Frankenreich, Karl Martell überreichen sollte. Karl Martell war zu dieser Zeit der mächtigste Mann im Frankenreich; er übte die Königsmacht aus. Karl Martell empfing die Grüße des Papstes mit Freuden und nahm Bonifatius freundlich auf. Er stellte ihm einen Schutzbrief aus: Überall, wo Bonifatius den Schutzbrief vorwies, musste man ihm alle Hilfe zukommen lassen, vom militärischen Schutz angefangen bis hin zur Sorge für Wagen und Reittiere, sowie für die Unterkünfte und die Verpflegung für ihn und seine Missionare. So konnte Bonifatius ungehindert und sorgenfrei seine Missionsarbeit tun; Karl Martell seinerseits war froh, dass er in Bonifatius einen Mann hatte, der in den Provinzen des großen Frankenreichs für Ergebenheit und Gehorsam gegenüber dem Königshaus sorgte.

Mit dem Regelbuch das Papstes und dem Schutzbrief des fränkischen Königsstellvertreters in der Hand begab sich Bonifatius auf Missionsreisen in die Länder Hessen und Thüringen. Eines Tages machte er Rast in dem nahe beim heutigen Kassel gelegenen Ort Geismar. Auf dem Dorfplatz stand eine Eiche, die von den Hessen zu Ehren eines ihrer höchsten Götter Donar-Eiche genannt wurde. Um den Dorfbewohnern zu zeigen, wie ohnmächtig ihre Götter seien, legte Bonifatius vor ihrer aller Augen die Axt an den Stamm der Eiche und fällte sie. Die Vorstellung, dass es einen Gott gäbe, der stärker war als ihre Götter, machte auf die Leute einen tiefen Eindruck. Viele von denen, die dabei gewesen waren oder denen man von der Tat des Missionars erzählte, kamen und halfen Bonifatius und seinen Mönchen, aus dem Holz der Donareiche in Fritzlar bei Kassel eine kleine Kirche zu errichten, aus der später – ausgebaut, vergrößert und umgestaltet – der Dom zu Fritzlar wurde.

Im Jahre 744 gründete Bonifatius am Schnittpunkt alter Heer- und Handelsstraßen das Kloster Fulda, für das er mit seinen Mönchen in einer unbewohnten Waldregion ein fast undurchdringliches Waldstück rodete und urbar machte. Fulda blieb das ganze spätere Mittelalter hindurch das wichtigste Kloster und eines der bedeutendsten Kulturzentren Deutschlands. In der Klosterbibliothek sammelte man im Lauf der Zeit mehr als 2000 handschriftlich verfasste Bücher; der Abt von Fulda war lange Zeit der »Primas« aller Äbte in ganz Franken. Heute ist das ehemalige Kloster Priesterseminar des Bistums Fulda. Der Dom aus dem 9. Jahrhundert erinnert noch eindrucksvoll an die einstige Bedeutung von Fulda.

Helferinnen und Helfer bei der Missionsarbeit

Vom Kloster Fulda aus setzte Bonifatius die Christianisierung Deutschlands vor allem in Thüringen und in den links der Donau gelegenen Teilen Bayerns fort. Er entschloss sich, erstmals auch Frauen mit der Glaubensverkündigung zu beauftragen. Von den britischen Inseln rief er 30 Ordensfrauen herüber auf das europäische Festland und übertrug ihnen wichtige Aufgaben: Lioba, Walburga und Thekla sind die bekanntesten unter ihnen. Lioba war eine – dreißig Jahre jüngere – Verwandte von Bonifatius. Er machte sie zur Leiterin des Klosters Tauberbischofsheim, das er zehn Jahre zuvor mit seinen Mitarbeitern gegründet hatte. Von Tauberbischofsheim aus kümmerte sich Lioba um die christliche Erziehung und um eine umfassende Bildung von Mädchen und jungen Frauen, von denen

viele zu Äbtissin Lioba ins Kloster gingen und benediktinische Ordensfrauen wurden. – Walburga, zunächst mit Lioba ebenfalls im Kloster
Tauberbischofsheim tätig, gründete das Frauenkloster zu Heidenheim und
wurde dort Äbtissin. Sie ging als Wandermissionarin lehrend und den Armen und Kranken helfend durch die Dörfer und Gehöfte des Altmühltals,
bis in die Nähe von Eichstätt. – Auch Thekla wirkte zuerst bei Lioba im
Kloster Tauberbischofsheim; dann zog sie das Tauber- und Maintal aufwärts, wo sie schließlich Äbtissin der Klöster Kitzingen und Ochsenfurt
wurde und als angesehene Lehrerin den Kindern sowohl der einfachen als

Lioba, 15. Jh. Als Äbtissin hält sie einen Hirtenstab.

auch der vornehmen fränkischen Familien das
Evangelium verkündete, zugleich aber immer
auch, wie die anderen von Bonifatius berufenen
Schwestern, bis an die Grenze ihrer Kräfte in der
Armen- und Krankenpflege arbeitete.

Neben den Ordensfrauen haben sich viele
Ordensmänner – sämtlich aus dem Kreis der iro-
schottischen Benediktiner – um die Christianisierung der Bewohner des Frankenreichs große
Verdienste erworben. An Wallfahrtsorten stehen
ihre Denkmäler, in Dorfkirchen und Domen ruft
man ihre Namen an: St. Kolumban und St. Gal-
lus (die schon einige Zeit vor Bonifatius bis hinunter in die Schweiz missionierten); Fridolin
von Säckingen, sowie Willibald, der in der Gegend
um Eichstätt wirkte, und Lullus, der als Bischof von Mainz der Nachfolger
des Bonifatius wurde.

In manchen Gebieten, in denen Bonifatius missioniert hatte, vor allem
in den Ländern, die ehedem unter römischer Herrschaft gewesen waren
und deren Bewohner als zivilisiert galten, die aber nicht selten sittenlos und
menschenunwürdig in den Tag hineinlebten, bot die christliche Kirche
einen erbarmungswürdigen Anblick. Den Christen in jenen fränkischen
Gebieten fehlte es zwar nicht an äußerer Ordnung und übersichtlicher
Organisation; aber sie wurden vielfach von unwürdigen Bischöfen und
schlechten Priestern geleitet, die nicht vom Papst, sondern von Karl Martell und seinen höfischen Freunden ausgewählt und eingesetzt worden wa-

ren. Bischof wurde, wer sich als gehorsamer Diener Karls auswies, dadurch, dass er dem königlichen Hof viel Geld schenkte oder große Ländereien, Weinberge und Wälder vermachte. Bischöfe, die Karl nicht passten, wurden abgesetzt und aus ihren Kirchen und Wohnungen vertrieben. Er nahm ihnen ihren Besitz weg, sogar Klöster, Schulen und Abteien, die in ihren Bistümern lagen, und verschenkte das auf diese räuberische Weise gewonnene Gut an seine Freunde. In einem erschütternden Brief an den Papst schrieb Bonifatius, unter anderem: »Viele Bischofssitze in den Städten der Franken sind an habgierige Männer vergeben worden, die nicht einmal zu Priestern geweiht, geschweige denn nach kirchlichem Recht zu Bischöfen ernannt worden sind. An anderen Orten residieren zwar rechtmäßige Bischöfe; sie denken aber an nichts anderes als daran, sich persönlich zu bereichern, mit verlotterten Adligen bis in den frühen Morgen Ess- und Trinkgelage abzuhalten und mit schamlosen Frauen Unzucht zu treiben. Die meisten von ihnen sind Ehebrecher, Säufer, Raufbolde; sie gehen auf die Jagd, ziehen in ihren teuren Rüstungen zu Felde und vergießen mit eigner Hand Menschenblut von Christen und Heiden.« Bonifatius konnte gegen die schlimmen Verhältnisse nichts ausrichten. Ein drittes und letztes Mal nahm er die beschwerliche Reise über die Alpen auf sich und trat vor den Papst, um ihm zu berichten und seinen Rat einzuholen.

Bonifatius wird Stellvertreter des Papstes in Germanien

Noch immer waren die damaligen Päpste, deren Vorfahren in den weltoffenen Städten des Römerreichs gelebt hatten und die selber allesamt in Italien geboren waren, an den Problemen der christlichen Kirche im kalten Norden Europas nicht recht von Herzen interessiert. So dauerte der dritte Aufenthalt des Bonifatius in Rom ein ganzes Jahr, denn es gab viel zu beraten, zu beschließen, zu formulieren und schriftlich festzuhalten. Der Papst stattete am Ende des Romjahres Bonifatius mit weitgehenden Vollmachten aus, damit er sich gegen das Schlechte und die Schlechten in der fränkischen Kirche besser durchsetzen könnte. Er erhob ihn zum Erz-Bischof und legte ihm zum Zeichen seines hohen erzbischöflichen Amtes eine schmale, mit Kreuzen bestickte Stola um die Schultern, das »Pallium«, das noch heute der Papst Erzbischöfen persönlich verleiht, nachdem er es vorher für einige Augenblicke zeichenhaft auf das Grab des Apostels Petrus gelegt hat. Von da an mussten alle Bischöfe dem Erzbischof Bonifatius gehorchen, der als Einziger das Pallium trug und der Legat (der Stellvertreter des Papstes) im gesamten Gebiet des Frankenreiches war. Bonifatius erhielt das Recht, Bischöfe zu ernennen, Bistümer zu gründen, alte Bistumsgrenzen neu zu ordnen und, wo es nötig war, Bischöfe, die er für die Ausübung des Bischofsamtes nicht für fähig hielt, abzusetzen. Sogleich nach seiner Rückkehr aus Rom begann er mit den Organisationsarbeiten, die bisher nur unzureichend geleistet worden waren. Er gründete in Bayern die Bistümer Passau und Eichstätt, Regensburg, Salzburg und (München-)Freising; in Hessen das damalige Bistum Buraburg/Fritzlar; in Thüringen das Bistum Erfurt und im Maingebiet das Bistum Würzburg. Dann wandte er sich den Bistümern links des Rheins zu, über die er dem Papst so Beunruhigendes hatte berichten müssen.

Das große Reformwerk

Zu dieser Zeit starb Karl Martell, der in früheren Jahren ein verlässlicher Bundesgenosse des Bonifatius gewesen, zuletzt aber ein unberechenbarer, auf weltliche Macht erpichter Mann geworden war. Karls Sohn war Pippin, der Erzbischof Bonifatius bei seiner Organisationsarbeit in den fränkischen Bistümern großzügig unterstützte. Noch zu Lebzeiten des Bonifatius wurde Pippin zum König des Frankenreichs gewählt und in der Stadt Soissons, unweit von Reims gelegen, als erster König in der europäischen Geschichte »von der Kirche gesalbt« und gekrönt. Mit der christlichen Königskrönung Pippins des Jüngeren im Jahre 751 (so sagen jedenfalls viele Geschichtswissenschaftler) hat das Mittelalter begonnen. Von diesem Zeitpunkt an spricht man vom »Christlichen Abendland«. Die Kirche begann, Einfluss auf die weltlichen Reiche zu nehmen und Macht über deren Kaiser und Könige auszuüben. König Pippin war der Vater des späteren Frankenkaisers Karls des Großen, der die begonnene Verbindung von kirchlicher und weltlicher Macht stärkte und ausbaute. Im Lauf der darauffolgenden Jahrhunderte hat sich die Verquickung der Interessen und Gewalten manchmal segensreich, oft aber auch schädlich ausgewirkt, je nachdem, wie sie jeweils vom Papst auf der einen und vom Kaiser auf der anderen Seite verstanden und gehandhabt wurde.

Mit Pippins Hilfe hielt Bonifatius – der inzwischen seinen Amtssitz in Mainz am Rhein aufgeschlagen hatte – an vielen Orten des Reiches regionale und überregionale Synoden ab, Kirchenversammlungen, welche er, als er schon weit über siebzig Jahre alt war, noch selbst leitete.

Er verpflichtete die ihm unterstellten Bischöfe, an den Synoden teilzunehmen und jeweils nach Jahresfrist ihre Diözesanpriester und Ordensleute mit den Synodenaussagen bekannt zu machen, die den christlichen Glauben betrafen. Dann mussten sie Bonifatius berichten, ob sie sämtliche Synodenbeschlüsse zur Erneuerung des christlichen Lebens in die Wege geleitet und vorangetrieben harten. Alle Übel aus der Zeit, da die fränkische Kirche von den Launen Karl Martells abhing und unter den Ausschweifungen seiner Genossen wie in einer schleichenden Krankheit dahinvegetierte, wurden auf den Synoden freimütig angesprochen. Den Priestern

Der 80 Jahre alte Bonifatius wird von Friesen getötet. Bild aus einem Fuldaer Messbuch aus dem Jahr 975.

wurde »das Jagen und Durchstreifen der Wälder mit Hunden sowie das Züchten von Habichten und Jagdfalken untersagt«, wie man in einem von Bonifatius handschriftlich verfassten Protokoll nachlesen kann. Es wurde beschlossen, dass »jedes Jahr zur Fastenzeit jeder Priester seinem Bischof Rechenschaft über seine Amtsführung ablegen müsse«, und darüber, wie es mit dem Glauben und der Taufe in seiner Gemeinde stehe. »Wir beschlossen«, heißt es ferner, »dass jeder Bischof jährlich seine Diözese gewissenhaft bereisen, das Volk befestigen und bekehren und alte heidnische Gewohnheiten unterdrücken soll, als da sind: Zauberei, Losdeuterei, Wahrsagerei, Amulettkult, Beschwörungen und alle andere Gräuel des Heidentums. Wir untersagen«, so steht wörtlich in dem Synodenprotokoll, »den Priestern, in Prunkgewändern oder Kriegsmänteln einherzugehen oder Waffen zu tragen.« Bonifatius wachte mit großer Strenge darüber, dass alle seine Reformvorschläge aufgegriffen und alle seine Vorschriften bis ins Kleinste beachtet wurden. So wandelte sich von Jahr zu Jahr mehr der vordem kläglich Zustand der christlichen Kirche in den Bistümern im Frankenreich allmählich zum Besseren.

In seinem achtzigsten Lebensjahr fuhr Erzbischof Bonifatius noch einmal von Mainz aus rheinabwärts zu den Friesen. Am Pfingstfest des Jahres 754 spendete er in einer Gemeinde in der Nähe des holländischen Nordseehafens Dokkum 52 jungen Männern und Frauen, die er kurz zuvor zum

Christentum bekehrt und getauft hatte, die Firmung. Da kamen fanatische Friesen aus dem Hinterhalt und schlugen Bonifatius tot. In der Domschatzkammer zu Fulda kann man seine Bibel sehen, von oben bis unten gespalten, die er – wie es in alten Berichten heißt – schützend über sich gehalten hat, um den Schwerthieb des Mörders abzuwehren.

Mönche in Afrika und in Europa

Ohne die Benediktinermönche hätte sich das Christentum im Westen und in der Mitte Europas nicht so zügig und so verlässlich ausgebreitet. Es waren Benediktiner die nach dem Untergang des Weströmischen Reiches die christliche Botschaft von Italien über die Alpen trugen, geradewegs nach Frankreich und weiter nach Spanien, oder auf dem Umweg über die Britischen Inseln nach Dänemark und Deutschland,

in die Niederlande, nach Belgien und nach Luxemburg (wie die seinerzeit fränkisch-friesisch-germanischen Gebiete mit ihren derzeitigen Namen heißen). Heute gibt es, über die

Die Benediktiner-Abtei Maria Laach in der Vulkan-Eifel.

ganze Erde verbreitet, zahlreiche Orden und ordensähnliche Gesellschaften und Genossenschaften. Damals aber, in den Zeiten des Bonifatius, gab es in Europa nur diese eine einzige Mönchs-Gemeinschaft: den Orden des Benedikt von Nursia.

Eines der eindrucksvollsten und schönsten Benediktinerklöster in Deutschland ist, in Rheinland-Pfalz gelegen, die Abtei Maria Laach. Sie wurde um 1100 am Ufer des Laacher Sees in der »Vulkaneifel« gegründet. Die Benediktiner machten das Gebiet urbar und wegsam, so dass sie von der Landwirtschaft, vom Holzverkauf aus den Wäldern, vom Weidevieh und der Fischerei leben konnten, ohne auf andere angewiesen zu sein. Die Klosterkirche, bis heute der Mittelpunkt des Gottesdienst- und Gebetslebens der Mönche, ist als eins der wichtigsten Zeugnisse der romanischen Baukunst weltbekannt. Weil das Kloster ganz in der Nähe der linksrheinischen Autobahn und der Autobahn nach Trier und Luxemburg und Metz liegt, machen Leute, die sich für die Geschichte des Christentums oder einfach auch nur für berühmte Bauwerke interessieren, gern den lohnenswerten Abstecher nach Maria Laach.

Mönche in nicht-christlichen Religionen

Mönche und Klöster gab es und gibt es – außer bei den Juden – in allen großen Religionen. So sieht man zum Beispiel in Fernsehsendungen aus Ländern des asiatischen Kontinents oft buddhistische Mönche, Männer, die in ihren leuchtend-orangefarbenen Gewändern bettelnd durch das Land ziehen und – ähnlich wie es die christlichen Mönche tun – ihr Leben in Ehelosigkeit, Armut und ordnungstiftendem Gehorsam verbringen. Vor allem in Indien, dem Heimatland des Buddha, ist die Zahl der Mönche groß. Das kommt wohl daher, dass in den zweieinhalb Jahrtausende alten Lehrschriften des Buddhismus steht, nur ein Mönch könne Heil und Erlösung erlangen. Um von allem irdischen Leid erlöst zu werden und das Heil zu erlangen, das in wunschlosem Glück und in ewiger Ruhe und Ausgeglichenheit besteht (= »Nirwana«), bemühen sich die buddhistischen Mönche, auf Erden Mitleid mit allen Geschöpfen zu haben, die leiden, sowie Toleranz und Wohlwollen gegenüber allen Menschen zu üben. Sie beten und meditieren viel und lesen täglich in ihren heiligen Schriften. Die ersten Mönchs-Orden in Indien entstanden schon kurz nach dem Tod des Buddha im Jahre 443 vor Christus.

Auch in der Religion der Hindu sowie bei den japanischen Zen-Buddhisten und den Taoisten auf dem ostasiatischen Festland gibt es klosterartige Wohn- und Lebensgemeinschaften. – Im Islam sind es indessen nicht die großen Massen der Mönche, sondern eher einige wenige Auserwählte, die »Sufi« und die »Derwische«, die als Mönche die Welt verachten, um so die völlige Vereinigung mit dem erhabenen Gott zu erreichen.

Die Anfänge des christlichen Mönchtums in der oberägyptischen Wüste

Wenige Jahre bevor Kaiser Konstantin der Unterdrückung der Christen im Römischen Reich ein Ende setzen konnte, flammten die Verfolgungen noch einmal auf: Kaiser Decius wütete in seiner kurzen Regierungszeit gegen die Christen vor allem in Nordafrika. Seine Soldaten trieben sie gnadenlos den Richtern und Henkern in die Arme, wo ihr Leben oft in Gefangenschaft, Folter und Märtyrertod endete. Tausende ließen ihre Hütten und Häuser im Stich und flohen ins Landesinnere. Sie folgten den Wegen, die an den Ufern des Nil entlang nach Süden führten, und hielten auf ihrer Flucht nicht eher inne, bis sie die Stadt Theben (heute: Luxor) erreicht hatten, die in Oberägypten lag, fast 800 km von ihren alten Wohnsitzen im Norden entfernt. Von Theben aus verstreuten sie sich in der Wüste Thebaïs, wo sie vor ihren Verfolgern sicher waren. Manche kehrten dann später in ihre Heimat zurück, andere blieben in der Thebaïs. Sie hatten die Einsamkeit lieb gewonnen, waren von ihren Familien weggegangen und hatten sich an verschiedenen abgelegenen Orten als Eremiten niedergelassen. Dort wollten sie durch ein einfaches Leben in Gebet und Arbeit Gott ehren und ihm für ihre Errettung aus der Todesgefahr danken.

Antonius der Einsiedler

Der erste Mönch, von dem uns eine ausführliche Lebensbeschreibung überliefert ist, war Antonius der Einsiedler. Antonius stammte aus Mittelägypten, dorther, wo das Niltal so fruchtbar ist, dass die Bauern dreimal im Jahr ernten können. Seine Eltern waren reich und wünschten sich, dass ihr einziger Sohn Antonius ihre großen Besitztümer erben sollte. Als jedoch die Eltern starben – der Sohn war nicht einmal zwanzig Jahre alt – kam alles anders: Antonius verkaufte den Besitz, schenkte den erlösten Gewinn an Arme und ging zu den Eremiten, die er als Knabe bei seinen Ausritten durch die nahegelegenen Randgebirge der Wüste kennen gelernt hatte. Die Einsiedler nahmen ihn auf, lehrten ihn beten und Psalmen singen, meditieren und die Bibel lesen. Sie lehrten ihn aber darüber hinaus etwas, was er vordem als Kind reicher Eltern nie gelernt hatte: graben und hacken, mit Ochsen pflügen und mit dem Esel das Dreschbrett ziehen, sie lehrten ihn, wie man mit dem Kamel das Schöpfrad antreibt, wie man das kostbare Nilwasser über Kanäle auf die Felder leitet, wie man Körner mahlt und aus dem Mehl Brot backt.

Nach einiger Zeit verließ Antonius seine Freunde und begab sich weit von ihnen weg in die öde libysche Wüste, wo er nie einen Menschen und nur selten ein Tier zu Gesicht bekam, wo kein Baum und kaum ein Strauch wuchs. Dort richtete er sich im gebirgigen Gelände eine leere Felsengrabkammer zum Wohnen her. Er machte ein kleines Stück Land urbar, grub eine Zisterne und leitete das Regenwasser, das er auffing, über das Feld. Das Wenige, das er zum Leben brauchte, säte und pflanzte er in der Nähe an. Als Wüsten-Eremit betete und arbeitete er viel, oft die Nacht hindurch, und dachte über Gott und über sein früheres Leben nach, das er geistlos und sinnlos vertan hatte. Dann, nach zehn Jahren, kehrte er zu seiner kleinen Eremitenfamilie zurück, weißhaarig und knochendürr, aber auch reif und weise geworden.

Zwanzig Jahre blieb Antonius nun bei ihnen. Durch alles, was er als Einsiedler in der Wüste gelernt und erfahren hatte, war er ihnen überlegen und voraus. Sie baten ihn, ihr Lehrmeister zu sein und ihr Oberer zu werden. Die Weisheit, Milde und Güte des Antonius hatte sich herumgesprochen, und andere Eremiten, die in der Nähe wohnten und von ihm gehört hatten, kamen von weit her und wollten mit Antonius in der Mönchskolonie leben. Antonius aber mochte nicht inmitten vieler Menschen sein. Heimlich schloss er sich einer vorbeiziehenden Karawane an und floh mit ihnen. Sie durchquerten die Wüste, bis sie an die Küste des Roten Meeres kamen. An den Hügeln von Kolzim verabschiedete er sich von den Händlern und baute sich an einem Hang eine Zelle. Den Ort, an dem diese seine Zelle stand, zeigt man noch heute frommen Pilgern, die nach Ägypten reisen. Es war Antonius allerdings nicht lange vergönnt, allein zu bleiben: Die Mönche, bei denen er vorher gelebt hatte, ruhten nicht, bis sie sein Versteck gefunden hatten. Da ließ er sich erweichen: Sie durften bei ihm bleiben, jeder Mönch musste aber eine eigene Hütte bauen, in der er ganz mit sich allein war, alleine aß und alleine schlief. Nur zum Beten und Psalmensingen und um hin und wieder eine Predigt ihres großen Lehrmeisters zu hören oder um sich vom ihm Weisungen zu Meditation und Betrachtung geben zu lassen, durften sie zusammenkommen. Noch als Antonius mehr als hundert Jahre alt geworden war, ging er von Zeit zu Zeit von Kolzim fort und besuchte andere kleine Mönchskolonien in der Umgebung, um seine »Söhne und Brüder« im Glauben zu unterweisen, mit ihnen zu beten und sie, wie ein guter Vater, in ihrem freiwillig auferlegten harten Leben in der Einsamkeit zu ermuntern und zu stärken.

Antonius hat keinen Orden gegründet und kein Kloster gebaut. Aber er hat eine Bewegung ausgelöst, von der viele Hundert Männer erfasst worden sind, die sich an seinem Beispiel orientierten: Sie achteten »die Welt« gering, Gott aber achteten sie umso höher. Heute können wir kaum noch verstehen, dass jemand, um Gott zu lieben, die Welt verachten müsse. Die Mönche und Einsiedler in Ägypten indessen glaubten, der weise, gute und ewige Gott auf der einen und die törichte, laute und vergängliche Welt auf der anderen Seite, das seien Gegensätze, die sich nicht miteinander vereinbaren ließen. An fünf Orten im Morgenland gab es bald nach

Eines der ältesten Klöster, das von christlichen Mönchen im Abendland bewohnt wurde, ist das berühmte Katharinen-Kloster auf dem Berg Sinai. Es wurde 527 vom römischen Kaiser Justinian erbaut.

dem Tod des Antonius klosterartige Wohnkolonien, in denen Mönchsgemeinschaften nach den Vorstellungen des Antonius lebten; auch im Abendland gab es deren drei: in Rom, in Mailand und in Trier.

Pachomius gründet Männer- und Frauenklöster

Der zweite große ägyptische Eremit war Pachomius. Anders als Antonius, der von reichen Eltern stammte, war Pachomius ein einfacher Bauer. Er wurde als heranwachsender junger Mann gezwungen, als fremdländischer Sklave für die Römer Kriegsdienst zu tun. Nach seiner Rückkehr in sein Heimatdorf Sné in Oberägypten schloss er sich den Einsiedlermönchen in der Thebaïs an. In den Festungen und Feldlagern der römischen Heere hatte Pachomius gesehen, dass das Zusammenleben vieler Männer nur funktioniert, wenn ein tüchtiger Kommandant an der Spitze steht und alle ihm Untergebenen zu widerspruchslosem Gehorsam verpflichtet werden, und: dass die Versorgung der Truppe nur gewährleistet ist, wenn die Kasernen von geschulten Fachleuten verwaltet werden und die Küchen und Vorratslager, die Pferdeställe und Werkstätten nach gut durchdachten Plänen organisiert sind.

Pachomius machte sich daran, die in der Wüste verstreut lebenden Einsiedler nach dem Vorbild des römischen Heeres zu ordnen und zu einem überschaubaren und lenkbaren Mönchswesen umzugestalten. Mit Freunden und Helfern erbaute er auf der Nil-Insel Tabennisi in fünf Jahren Arbeit eine weitläufige Klosteranlage und umgab sie mit einer hohen Mauer: das erste echte Kloster in der Geschichte der Christen. Zunächst blieben noch viele Mönche in der Wüste der Thebaïs Eremiten und lebten allein; nach und nach aber machten sich immer größere Scharen auf den Weg, setzten über zur Insel Tabennesi und baten um Aufnahme. Pachomius musste im Lauf der folgenden Jahre in der näheren und weiteren Umgebung neue Klöster hinzubauen, in denen von da an viele ehemalige Einsiedler in Gemeinschaften lebten. Der erste Abt des Klosters von Tabennisi war Pachomius selbst; für die anderen Klöster setzte er jeweils sorgsam ausgewählte fromme Männer als Äbte ein. Schließlich baute er zwei Frauenklöster, denn auch viele Frauen aus dem Niltal und den Dörfern der libyschen Wüste baten darum, als Nonne ähnlich wie die Mönche in Lebens- und Gebetsgemeinschaften in Klöstern leben zu dürfen.

Vom Leben der morgenländischen Mönche

Wer in eines der Klöster des Pachomius eintrat, wurde mit Namen, Lebensalter, Beruf und Herkunft in die Mitgliederliste eingetragen. Dann aber musste er seinen Namen ablegen und erhielt stattdessen eine Nummer (ein Verfahren, das Pachomius sich bei der römischen Armee abgeschaut hatte). Von da an durfte er seinen Namen nicht mehr nennen und durfte mit niemandem mehr über sein bisheriges Leben sprechen.

Jeder musste sich eine Mönchskutte nähen, alle sollten gleich aussehen, jeder sollte genau so viel wert sein wie der andere. Pachomius verlangte, dass alle Mönche lesen lernten, um die biblischen Schriftrollen studieren zu können, die in der Klosterbibliothek aufbewahrt wurden. Manche lernten auch den Umgang mit Papyrus oder Pergament, mit Pinsel oder Federkiel; sie schrieben die heiligen Texte immer wieder ab, damit sie in die Hände möglichst vieler gelangten. Die Namenslisten der Mönche sind verloren gegangen, so dass man heute nicht mehr genau sagen kann, wie groß die Klöster des Pachomius gewesen sind. Manche Historiker sprechen von Klosteranlagen, die 1000 Mönche beherbergt haben sollen, doch steht die runde Zahl 1000 wohl eher symbolisch für »sehr viele«. Je 24, so heißt es, bildeten eine Gruppe, die von einem Vorsteher geleitet wurde.

Die Mönche begannen den Tag mit einem gemeinsamen Gebet in der Gruppe und schlossen ihn mit einem gemeinsamen Abendgebet ab. Im Laufe der Zeit entwickelte sich bei den Orden das gemeinsame Beten weiter, bis es später in der Regel des Benedikt zu einem festen Gefüge von neun Gebeten im Drei-Stunden-Rhythmus wurde, der bis heute in fast allen Klöstern gültig geblieben ist: die Matutin (das »Morgengebet« um Mitternacht); die Laudes (das »Gotteslob noch vor dem Sonnenaufgang«); gegen 6 Uhr die Prim (das »Tages-Erstgebet«); dann, nach den lateinischen Stundenzahlen benannt, die Terz, die Sext und die Non; schließlich bei Sonnenuntergang die Vesper (das »Abendgebet« oder »Gebet zum Abendessen«, gewöhnlich gegen 18 Uhr) und zuletzt die Komplet (das »Tagesabschluss-« oder »Nacht-Gebet«, um 21 Uhr).

Die pachomianischen Mönche lebten nach eigenen Gesetzen, versorgten sich selbst und waren nicht auf fremde Hilfe angewiesen. Früh am Morgen gingen sie an die Arbeit. Je nach Lage des Klosters und je nach den Fähigkeiten der Einzelnen waren sie entweder als Handwerker beschäftigt oder in der Landwirtschaft, im Gemüse- und Weinbau sowie auf den klostereigenen Obst- und Olivenplantagen tätig; einige flochten Körbe aus geschälten Weidenruten oder Matten aus Schilf und Kokosfaser. Andere drehten Seile, in den Frauenklöstern webten die Nonnen Zeltbahnen aus Schafswolle und braunem Ziegenhaar, auch Manteltücher und Teppiche, in schönen farbigen Mustern. Jeden Abend inspizierte der Gruppenvorsteher die Tagesarbeit der ihm unterstellten Leute; in bestimmten Zeitabständen lieferte er, was sie geerntet oder angefertigt hatten, in der Klosterverwaltung beim Ökonom ab. Der Ökonom sorgte dafür, dass die Produkte auf Eselskarren und auf dem Rücken von Kamelen oder auf den Nil-Barken mit ihren hohen, spitzen Segeln auf die weit entfernt liegenden Märkte gebracht und dort günstig getauscht oder verkauft wurden.

Die Ordensregel des Pachomius

Pachomius von Tabennesi verfasste für seine Mönche eine Ordensregel. An erster Stelle der Regel standen Gehorsam und eine fast soldatisch anmutende Disziplin – Tugenden, ohne die das geordnete Zusammenleben der Mönche nicht denkbar gewesen wäre. Jeder musste seinen Willen dem Willen des Abtes unterordnen. Das Wort Abt leitet sich von dem griechischen Wort »abbas« her und ist eine liebenswürdig-kindliche Bezeichnung für »Vater«, etwa: Papa, Väterchen. Dass der Ordens-Obere sich

Abt nennen ließ, weist darauf hin, dass er sich nicht als herrischer Befehls-haber und allgegenwärtiger willkürlicher Aufseher verstanden wissen woll-te, sondern als ein gütiger Vater.

Gleich hinter der Forderung nach Gehorsam kam das Gebot der Ar-beitsamkeit und des Fleißes. Doch nicht nur die Aktivität und die damit verbundene Produktivität zum Wohle der Gemeinschaft waren in der Ordensregel festgeschrieben, sondern auch die so genannten leisen Tugen-den. Dazu gehörte vor allem das all-abendliche Nachdenken über sich selbst, und das Streben nach Gut-Sein bis hin zur Vollkommenheit. Dazu gehörte auch die Meditation darüber, dass sie alle Sorgen um Nahrung, Kleidung und Wohnung zurückstellen sollten, weil der Mensch mehr als »der Sperling auf dem Dach« in den Armen Gottes geborgen und wohl behütet ist.

Auch für das Gebetsleben und den Gottesdienst gab es Anweisungen in der Ordensregel. Das persönliche Beten wurde mit Nachdruck empfohlen, das gemeinsame Beten war Vorschrift. Dabei sollten die Gebete vor Son-nenaufgang und nach Sonnenuntergang so laut gesprochen und die zuge-hörigen Psalmen so laut gesungen werden, dass es weit hinein in die Wüste schallte. Die Regel sah vor, dass die Mönche zwar sehr wohl in der Bibel le-sen mussten; keiner aber durfte darüber hinaus wissenschaftlich arbeiten: Jeder sollte sich davor hüten, sich geistig höher als den anderen zu dünken. Pachomius war kein Priester, sondern Laie, und er duldete nicht, dass einer seiner Mönche das Priesteramt anstrebte. Für die Eucharistiefeier und die Beichte wurden jeweils Priester aus benachbarten Orten als Gäste eingela-den. – Ob und wie weit auch die Nonnen die Ordensregel kennen und be-folgen mussten, ist nicht überliefert.

Die ersten abendländischen Mönche: Martin von Tours

Unabhängig von den ägyptischen Wüsten-Einsiedlern des Antonius und den klösterlich organisierten Mönchs-Kolonien des Pachomius im Morgenland, gab es etwa zur selben Zeit auch schon im Abendland erste Spuren von Mönchtum. Das erste geschichtlich bezeugte große Kloster stand in Marmoutier (bei Tours in Fankreich); ein kleiners war ihm im Jah-re 361 in Ligugé vorausgegangen. Gründer der Klöster von Ligugé und Marmoutier war St. Martin, der durch die Legende von der Mantelteilung bekannt geworden ist.

Martin war der Sohn eines hohen römischen Offiziers und wurde 317 in Ungarn geboren. Als junger Mann war er Soldat im römischen Heer unter Konstantius, einem Sohn des Kaisers Konstantin des Großen. Als Martin Christ geworden war und sich hatte taufen lassen, verließ er die Armee, weil er die Friedensbotschaft des Evangeliums mit den Zielen des menschenverachtenden Kriegsdienstes für unvereinbar hielt. Mit einer Schar gleichgesinnter junger Männer zog er sich in die Einsamkeit zurück; in Ligugé bauten sie sich eine Zellenkolonie, eine Art kleine Klosteranlage. Die Abendstunden verbrachten sie mit gemeinsamem Beten und stillen

Der »Bassenheimer Reiter«, ein Sandstein-Relief aus dem 13. Jahrhundert, steht in der Pfarrkirche von Bassenheim (nahe bei Maria Laach). St. Martin war der Gründer des ersten Mönchs-Klosters im Abendland.

Betrachtungen; den Tag über jedoch gingen sie hinaus in die Dörfer der Umgebung, um Armen und Einsamen, Unterdrückten und Kranken zu helfen. Die dankbaren Leute fanden sich, als ihr Bischof gestorben war, in der Kirche von Tours ein und wählten durch »Akklamation«, das heißt durch Zuruf und Handheben Martin zu ihrem neuen Bischof.

Bischof Martin baute mit seinen Gefährten im nahe gelegenen Marmoutier ein großes Kloster mit 40 Zellen; in einem der Zellen wohnte er selbst, denn er verabscheute die Pracht und den Aufwand des Bischofspalastes von Tours.

Anders als die mehr in sich gekehrten Mönche im Orient, hatten die Mönche des Martin sich von Anfang an zur Aufgabe gemacht, draußen, außerhalb der Klostermauern, den Menschen zu dienen, die Hilfe brauchten. Wie schon in Ligugé geschehen, so zogen sie auch von Marmoutier aus über Land, missionierten unter den Heiden und taten Gutes, wo immer sie konnten. Diese Art von Mönchtum, nämlich die persönliche Frömmigkeit im Kloster mit dem tätigen Einsatz für die Menschen draußen in der Welt zu verbinden, wurde zum Vorbild für die meisten der späteren abendländischen Mönchsorden.

Bischof Martin kam auf seinen Missionierungs-Reisen bis nach Chartres an der Loire und Paris an der Seine. Zweimal ging er nach Trier an den kaiserlichen Hof zum damaligen Kaiser Maximus. Dort – so wird in einer

43

seiner Lebensbeschreibungen erzählt – weigerte er sich so lange, an der Festtagstafel neben dem Kaiserpaar Platz zu nehmen, bis Maximus ihm versprach, in seinem Reich für mehr Gerechtigkeit zu sorgen. Die Mönchsbewegung von Bischof Martin breitete sich schon zu seinen Lebzeiten aus; viele größere und kleinere Klöster wurden von ihm oder seinen Freunden gegründet. Als er auf einer seiner Seelsorgereisen im Alter von achtzig Jahren starb, kamen, wie in alten Chroniken steht, »wohl 2000 Mönche und Nonnen nebst einer ungeheuren Volksmenge« nach Tours, um bei seinem Begräbnis dabei zu sein.

Benedikt übergibt dem Abt Johannes die Regel seines Ordens. Die Frauengestalt hinter ihm könnte die göttliche Weisheit symbolisieren, Montecassino, 12. Jahrhundert.

Benedikt von Nursia: Gründer des Benediktinerordens

Hundert Jahre nach dem Tod des Klostergründers Martin von Tours wurde in Nursia in Umbrien – unweit von Rom – im Jahre 480 in einer reichen, adeligen Familie ein Kind geboren, dem man den Namen Benedikt gab: der Gesegnete. Die Eltern schickten ihn nach Rom zum Studium; doch Benedikt, achtzehn Jahre alt, vom geistlosen, lasterhaften Großstadtleben angeekelt, floh aus Rom weg in die Sabiner Berge. Dort zog er sich bei Subiaco in eine Höhle zurück und führte drei Jahre lang ein Einsiedlerleben, wie in Ägypten die Mönche des Antonius, von denen er gehört hatte. Er tat sich im dritten Jahr mit zahlreichen anderen Eremiten, die verstreut in der Umgebung hausten, zusammen und gründete mit ihnen zwölf kleine Klöster. Schließlich, Benedikt war damals 50 Jahre alt, ging er mit ihnen nach Montecassino, einem Ort zwischen Rom und Neapel gelegen. Auf dem »Monte«, dem Berg, bauten sie ein Kloster, nachdem sie den Jupitertempel, der dort stand, zerstört und die heidnischen Opferhaine, die den Berg umgaben, abgebrannt hatten. Auf dem Monte Cassino blieb Benedikt bis zu seinem Tod im Jahre 547. Gleich nach der Ankunft auf Montecassino machte sich Benedikt daran, eine Ordens-Regel für seine Mönche zu verfassen. Er übernahm vieles von dem, was schon in der Regel des Pachomius von Ägypten gestanden hatte, so auch die drei alten Mönchstraditionen der freiwilligen Armut, des unbedingten Gehorsams und des ehelosen Lebens. Während jedoch Antonius und Pachomius ihren Mönchen damals noch gestattet hatten, im Land umherzuziehen, mal eine Zeit in diesem Kloster, mal für kürzer oder länger in jener Einsiedelei zu leben, band Benedikt seine Mönche für immer fest an den einen Ort des Klosters, in das sie eingetreten waren. Er fügte als vierte Bestimmung die so genannte stabilitas loci in die Regel ein: die Ortsfestigkeit. Dadurch erreichte er eine beständigere Bindung an die brüderliche Gemeinschaft und eine bessere Kontrolle über das Leben und Arbeiten der Mönche im Kloster durch den jeweiligen Abt.

Die bleibende Bedeutung des Benediktinerordens

Die Ordensregel des Benedikt von Nursia ist ein umfangreiches Werk. Sie liest sich aber nicht etwa wie ein trocken geschriebenes Gesetzbuch oder wie eine Vorschriftensammlung. Immer wieder redet Benedikt seine Mönche mit »Brüder« an, manchmal beginnt er ein Kapitel mit dem Satz: »Lausche, mein Sohn!«, und wenn er etwas anordnet und befiehlt, sagt er nicht einfach: »Tu dies! Lass das!«, sondern er formuliert so: »Nimm willig hin die Mahnung deines dich liebenden Vaters«.

Alle Mönche sollen mitdenken, mitreden, mitentscheiden. »Sooft im Kloster wichtige Angelegenheiten zu verhandeln sind«, so steht in der Regel, »rufe der Abt die ganze Brüderschar zusammen und lege allen die Sache vor. Hat er den Rat der Brüder vernommen, dann überlege er. Dann erst handle er, wie er es für ersprießlich hält.«

Über das Verhältnis zu Armut und Eigentum sagt die Regel: »Keiner darf sich erlauben, ohne Gutheißung des Abtes etwas zu verschenken oder anzunehmen oder etwas zu eigen zu haben, kein Buch, keine Schreibtafel, keinen Griffel. Es soll nicht erlaubt sein, etwas zu besitzen, was der Abt nicht gegeben oder zugestanden hat. Allen sei alles gemeinsam, keiner nenne etwas sein eigen oder beanspruche etwas.« Eindringlich wird in der Regel darauf hingewiesen, dass im Kloster die alten und kranken Brüder besonders freundlich behandelt und aufs sorgfältigste gepflegt werden sollen; ferner, dass man das Gebot der Gastfreundschaft gegenüber Fremden und Heimatlosen und das Gebot der Nächstenliebe gegenüber Armen und Bettlern, die an die Klosterpforte klopfen, hochschätzen und beachten müsse. »Jeden Gast, der da kommt«, heißt es, »nehme man wie Christus auf; der Abt und die Brüder sollen den Gästen bei ihrer Ankunft die Füße waschen. Nie darf es im Kloster an Gästen fehlen.« Der Schlusssatz der Bendiktinerregel lautet: »Gehörst du zu denen, die dem himmlischen Vaterlande zueilen, so befolge diese ganz einfache Regel, die ich mit Christi Hilfe für Anfänger geschrieben habe. Dann wirst du nach und nach unter Gottes Beistand zu den Höhen der Weisheit und Tugend gelangen.«

Wenn man von Benedikt spricht, von der Benediktregel und vom Benediktinerorden, zitiert man gewöhnlich den Spruch: »Bete und arbeite!« (lateinisch: Ora et labora). Der Satz steht zwar nicht wörtlich in der Regel,

Benediktinerinnen der Abtei St. Hillegard, Eibingen bei Rüdesheim.

aber mit der Kurzformel »Bete und arbeite« ist das Wesen des Benediktinerordens treffend wiedergegeben. Das Beten (gemeint ist vor allem das Stundengebet, wie es in Ansätzen schon bei den Pachomianern in Ägypten ausgeübt wurde) ist bis heute unverzichtbarer Bestandteil des Tagesablaufs geblieben. Höhepunkt und Mitte des Gebetslebens ist die tägliche Eucharistiefeier, die vom Abt und den Mönchen in großer Würde, Schönheit und Festlichkeit begangen wird.

Denselben Wert wie das Beten hat aber das Arbeiten. Wenn die Mönche eine Stelle gefunden hatten, an der sie bleiben wollten, rodeten sie den Wald und bauten ihre Kirche und Klosteranlage. Sie regulierten Bachläufe und legten sumpfiges Gelände trocken; sie arbeiteten als Bauern auf den Feldern und als Handwerker innerhalb des Klostergeländes und außerhalb der Mauern. Anders als bei den ägyptischen Mönchen vollbrachten die Benediktiner in ihren Abteien geistige Arbeit von unschätzbarem Wert: In den Jahrhunderten vor Gutenberg, der um 1455 die Buchdruckerkunst erfand, musste man noch jedes Buch mit der Feder abschreiben, Buchstabe für Buchstabe, Zeile für Zeile, Seite für Seite. Genau das haben die Benediktiner überall in Europa in den Schreibstuben ihrer Klöster mit viel Liebe und Geduld, mit unermüdlichem Fleiß und großer Sachkenntnis getan. In Zehntausenden von Handschriften haben sie die Bibel, aber auch bedeutende dichterische und wissenschaftliche Texte abgeschrieben. In ihren Klöstern gab es Schreibstuben und Bibliotheken, in manchen Kunstwerkstätten, vielfach aber auch Apotheken, in denen sie die Heilkraft der Kräuter erforschten, die sie in den Klostergärten anbauten. Zahlreiche Benediktiner waren berühmte Theologen, Philosophen und Historiker, andere wiederum taten sich als Dichter, Maler und Komponisten hervor. Was Benediktiner als Architekten und Baumeister geschaffen haben, kann man heute noch – teils unversehrt, teils nur noch in Ruinenresten – bewundern, wenn man die Klosteranlagen etwa von Bad Hersfeld oder von Maria Laach und in Benediktbeuren anschaut, wo die ehemals bedeutendste Benediktinerabtei Deutschlands stand.

Die großen Kulturen des Morgenlandes und Afrikas, wie zum Bespiel die der Babylonier und der Ägypter, sind heute tot; wie Museumsstücke werden sie in ihren großartigen Überresten nur noch von Wissenschaftlern erforscht und von Touristen bewundert. Die großen Kulturen des Abendlandes hingegen, wie sie sich in den philosophischen und literarischen Werken der Griechen und der Römer spiegeln, leben und wirken fort, nicht zuletzt deshalb – so sagen nicht wenige Geschichtsgelehrte – weil Benediktinermönche diese wertvollen Schätze in ihren Klöstern vor dem Vergessenwerden und Verlorengehen gerettet haben.

Die Anfänge des christlichen Europa

Die westlichste Großstadt Deutschlands, direkt an der Grenze zu Belgien und den Niederlanden gelegen, ist Aachen. Der Name Aachen hat mit dem lateinischen Wort Aqua zu tun (= das Wasser): Aachen hieß zur Römerzeit »Aquis Grani«: an den Wassern des Gottes Granus, und das französische Wort für Aachen ist »Aix-la-chapelle«, die Badestadt mit der Kapelle. Aachen liegt aber nicht an einem Fluss oder

Der Aachener Dom. Zwischen dem Turm und der gotischen Chorhalle: Das Oktogon, die Pfalzkapelle Kaiser Karls des Großen.

einem See; Aachen hat vielmehr 39 Heilquellen, die zu den heißesten Thermen in ganz Europa gehören. Besucher, die etwa an den Tagen des alle Jahre stattfindenden internationalen Reitturniers einen Rundgang durch die Stadt machen, sehen denn auch bald, was es mit dem Wort »la Chapelle« auf sich hat.

Mittelpunkt von Aachen ist nämlich der achteckige Zentralbau des Aachener Doms, den Karl der Große als seine Pfalzkapelle erbauen ließ. An Karl den Großen wird man in Aachen auf Schritt und Tritt erinnert: Es gibt ein Kaiser-Karls-Gymnasium, es gibt Straßen, die Karlsgraben und Karlsburgweg heißen; das Aachener Mineralwasser heißt Kaiserbrunnen; ein Karlsfest wird gefeiert, bei dem die Karlshymne gesungen wird; hier ist ein Restaurant, das nach Kaiser Karl benannt ist, dort eine Apotheke mit dem Namen Carolus-Magnus-Apotheke. Im Dom steht der goldene Karls-Schrein mit den Gebeinen des Kaisers; vor dem Rathaus prangt ein großes Karlsdenkmal, und jedes Jahr wird an eine bedeutende politische Persönlichkeit, die sich um Europa verdient gemacht hat, der Karlspreis verliehen.

König Karl erweitert und festigt sein Reich

Das genaue Geburtsjahr Karls des Großen ist nicht bekannt, genauso wenig wie sein Geburtsort. Meistens heißt es, er sei am 2. April 742 geboren, in der Pfalz seines Vaters Pippin zu Düren im Rheinland oder aber zu Heristal im nahe gelegenen Belgien. Von seiner Mutter Bertrada weiß man ebenfalls nichts Geschichtliches; nur in alten Sagen werden abenteuerliche Begebenheiten aus ihrem Leben erzählt. Als Karl zwanzig Jahre alt war, erbte er den Thron seines Vaters Pippin und wurde König des Frankenreichs. Im Laufe seiner Regierungszeit vergrößerte er das Frankenreich auf nahezu das Doppelte. Es reichte von den Pyrenäen bis nach Polen, von Dänemark bis weit nach Italien hinein, bis hinaus über Rom.

Kaum fünf Jahre im königlichen Amt, führte Karl bereits den ersten Krieg, um sein Reich zu vergrößern und zu festigen. Er besiegte die Langobarden, die weite Teile Italiens beherrschten, und hieß seitdem nicht mehr nur König der Franken, sondern auch König der Langobarden. Nur wenige Jahre danach kämpfte er in Spanien, wo die Anhänger Mohammeds herrschten, die Araber, auch Mauren genannt. Als wehrhafte befestigte Grenzkolonie gegen die Mauren gründete er die »Spanische Mark«. Auch in anderen Grenzgebieten seines Reichs gründete König Karl Marken: Die Ostmark und die Sorbische Mark gegen slawische und asiatische Völker aus dem Osten; die Pannonische Mark im Süden, in der Gegend von Wien; die Bretonische Mark (= die Bretagne) an der äußersten Atlantikküste im Westen. Ländernamen wie Dänemark und Steiermark, Regionen wie Uckermark, Altmark und Neumark erinnern noch heute an frühere Marken.

Die erbittertsten und längsten aller kriegerischen Unternehmungen Karls des Großen waren die Sachsenkriege. Mit 14 größeren und kleineren Feldzügen zogen sie sich über insgesamt 32 Jahre hin. Die Sachsen waren der einzige germanische Volksstamm in Karls Reich, der heidnisch geblieben war und der sich nicht in das Frankenreich einfügen wollte. Karl rief seine Adligen, Grafen und Freien zu einer großen Reichsversammlung nach Worms. Er unterbreitete ihnen sein Vorhaben, Krieg gegen die Sachsen zu führen. Der Krieg sollte ein Krieg des Frankenreichs gegen das Sachsenreich sein, zugleich aber auch ein heiliger Krieg der Christen gegen die heidnischen Stämme der Nicht-Christen zwischen Niederrhein und Elbe, zwischen Thüringen und Nordsee.

In der Reichsversammlung wurde beschlossen, dass alle Anwesenden binnen drei Monaten ein Heer aufzustellen hätten, mit kampferprobten

Soldaten, die selbst und deren Pferde mit Panzer-Rüstungen ausgestattet waren, mit Waffen, Kriegsgerät und Verpflegung. Als die gewaltige Heerschar abmarschbereit war, stellte Karl sich an die Spitze, und sie ritten in das Land der Sachsen ein.

Das fränkische Heer zog zunächst lahnaufwärts und drang rasch nach Norden vor. Den Kriegern folgten die Missionare: Benediktinermönche, die Karl bei den Bischofssitzen in Würzburg, Erfurt, Mainz und Fulda hatte anwerben lassen und die er aus den von Bonifatius gegründeten Klöstern und Abteien von Amöneburg, Tauberbischofsheim, Fritzlar und Ohrdruf herangeholt hatte. Sobald ein Ort eingenommen worden und der Schlachtenlärm verklungen war, versammelten die Mönche die Dorfbewohner um sich und begannen, ihnen vom Gott der Bibel und von Jesus Christus zu erzählen.

Gleich zu Beginn des ersten Feldzugs eroberte König Karl die Grenzfestung Eresburg. Dort stand das alte Nationalheiligtum der Sachsen, die eichenhölzerne »Irminsäule«, die verehrt wurde als die Weltsäule, die den Himmel trägt. Ähnlich wie 50 Jahre vorher Bonifatius bei Fritzlar zum Entsetzen der Hessen die Donareiche fällte, so ließ Karl die Irminsäule niederreißen. Die Leute schauten gespannt zum Himmel, ob einer ihrer Götter Wotan, Donar und Saxnot mit Blitzschlag und Donnerkeilen die freventliche Tat rächen würde. Da jedoch nichts dergleichen geschah, hatten es die Missionare leicht, ihnen zu erklären, dass die Macht des Christengottes größer sei als die Macht ihrer Götter, ja, dass es ihre Götter, offensichtlich gar nicht gebe. Manche, die den Sturz der Irminsäule gesehen und die Worte der Mönche gehört hatten, waren betroffen; sie kamen in den nächsten Tagen zusammen und baten die Missionare, ihnen mehr vom starken Christengott zu erzählen. Die Zahl derer, die ihrem alten Glauben abschworen und sich taufen ließen, wuchs von Tag zu Tag. Doch auch die Zahl derer wuchs, die Karl und seine Missionare hassten, weil sie so respektlos gehandelt und ihre Götter lächerlich gemacht hatten. Wenn später oppositionelle Sachsen die gelegentliche Abwesenheit Karls nutzten, um aufzustehen und Kirchen zu zerstören, so könnte der Grund für solche Vergeltungstaten am ehesten in der Niederreißung des Sachsenheiligtums bei Eresburg durch die Missionare des christlichen Königs zu suchen sein.

Der zweite Sachsenkrieg und die Paderborner Gesetze

Nach Karls erstem siegreichen Feldzug hielten die Sachsen still. Die Benediktiner konnten überall im Land Dorfkirchen bauen, Mönchssiedlungen anlegen und Klöster gründen, von denen aus sie ihre Bekehrungswerk fortsetzten. Karl führte seinen Eroberungszug weiter, bis hin nach Paderborn, der einzigen großen Stadt weit und breit. Von Paderborn aus regierte er das Land und Volk der Sachsen. Die Benediktiner machten Pa-

Aus der »Großen Chronik Frankreichs«, 14. Jahrhundert: Karl der Große nimmt 777 die Unterwerfung der Sachsen entgegen und wohnt ihrer Taufe bei.

derborn zum Zentrum ihrer Missionsarbeit. An vielen Orten der unterworfenen Gebiete richtete Karl kasernenartige Lager für sein Heer ein, in denen seine Soldaten zur Verteidigung und zu weiteren Angriffen bereitstanden. Die Leute, die in der Nähe der Lager wohnten, mussten für die Soldaten arbeiten und mussten sie mit Lebensmitteln versorgen, auch wenn sie selber dadurch arm wurden und Not litten. Nach ungefähr zwei Jahren, als Karl sich in Sachsen als unangefochtener Sieger fühlte und alles für die friedliche Verwaltung des eroberten Landes geregelt zu haben glaubte, rüstete er ein zweites Heer aus, verließ Paderborn und marschierte über die Alpen, nach Süden, nach Italien, wo sich die Langobarden erneut gegen ihn erhoben hatten. Die Sachsen nutzten die Abwesenheit des Königs aus: Sie verweigerten den Kommandanten der fränkischen Heerlager den Gehorsam und rebellierten gegen Karls Königsherrschaft. Wütend über die unzuverlässigen Sachsen marschierte Karl in Eilmärschen zurück. »Der König ist entschlossen«, liest man in den Aufzeichnungen seines Geschichtsschreibers Einhard, »den Kampf gegen das treulose und bundesbrüchige Sachsenvolk nicht eher aufzugeben, als bis es besiegt und dem Christenglauben unterworfen – oder aber vernichtet ist.«

Karl ging auf seinem zweiten Sachsenfeldzug mit grausamer Härte vor. Die Sachsen mussten ihren Widerstand aufgeben, unterwarfen sich und unterzeichneten einen Waffenstillstandsvertrag. Ihre Anführer und große

Scharen ihrer Gefolgsleute schworen ihm Treue und ließen sich taufen. Karl berief einen Reichstag ein, dieses Mal nach Paderborn, mitten in das Herz des unterworfenen Sachsenlands. Auf dem Reichstag wurde den Sachsen der Übertritt zum Christentum zur Pflicht gemacht; Gesetze wurden verkündigt, in denen strenge Strafen für alle angedroht wurden, die sich weigerten, die Taufe anzunehmen. In den Paderborner Gesetzen kann man auch erstmals lesen, dass die Bewohner des Reichs eine zehnprozentige Kirchensteuer zu entrichten und Teile ihres Grundbesitzes abzutreten hatten: für den Bau von Kirchen und für die Versorgung der Pfarrer. Die Edlen der Sachsen unterschrieben die Paderborner Gesetze, außer einem: Widukind, Edler von Wildeshausen.

Die Bluttat von Verden an der Aller

Fünf Jahre war Ruhe. Doch als sich König Karl für einige Zeit zu Friedensgesprächen außerhalb des Landes aufhielt, nutzten sächsische Abtrünnige unter der Führung von Widukind seine Abwesenheit aus, griffen in dem schwer zugänglichen Gelände der Weserniederungen eines seiner Heere an und vernichteten es fast völlig. Siegestrunken zogen Widukinds Rebellen durchs Land, rissen die hölzernen Wände und steinernen Mauern der Benediktinerklöster ein, zerstörten, wohin sie kamen, die Kirchen, die in der kurzen Zeit seit Beginn der Sachsenkriege erbaut worden waren, brannten die Pfarrhöfe nieder, vertrieben die Priester, die Missionare und Ordensfrauen oder schlugen sie tot. Im Gegenzug mobilisierte der König, dessen Geduld zu Ende war, die Soldaten in der Paderborner Pfalz und in allen Lagern und Kasernen. Sie schwärmten aus, nahmen Tausende Sachsen gefangen und hielten sie als Geiseln fest. Zuletzt trieben sie sie in der Nähe von Verden am Flüsschen Aller zusammen. Karl gab den Befehl, gnadenlos mit dem Schwerte dreinzuschlagen. Die fränkischen Soldaten gehorchten und richteten an, was man ein Blutbad nennt: 4500 Männern wurde – so liest man in den Aufzeichnungen des Einhard – der Kopf abgeschlagen.

Drei Jahre hielt Widukind trotz einer schweren Erkrankung noch durch und organisierte immer wieder Partisanenkämpfe und Hinterhalt-Aufstände gegen Karl und seine Besatzungsarmee in Sachsen. Schließlich musste er einsehen, dass er auf Dauer der fränkischen Übermacht nicht gewachsen war. Er gab auf und wurde gefangen genommen. Einhard hält in seinem Bericht fest, dass Karl sich nicht an Widukind rächte und ihn nicht, wie jedermann erwartet hätte, bestrafte, sondern großmütig mit ihm verfuhr: König Karl »lehrte ihn den Christusglauben, so dass Widukind mit seiner Frau Geva und seinen Leuten sich taufen ließ. Sie wurden gute Christen und ließen nimmermehr von ihrem Glauben ab. König Karl setzte Widukind eine Krone auf und ernannte ihn zum Herzog von Sachsen, und das sollte so bleiben, so lange sein Geschlecht währte.«

Wenn auch nach Widukinds Taufe und Widukinds Tod noch gelegentlich Widerstände aufflammten – Widerstände, denen Karl mit harten Maßnahmen wie Vertreibung, Deportationen und Zwangsansiedlung in fremden Ländern nach und nach ein Ende setzte – so ist doch das Sachsenland auf die Dauer eines der wichtigsten Kernländer des christlichen Europa geworden. Schon zu Lebzeiten Karls, als er noch König war und später, als er die Kaiserkrone trug, gab es in Sachsen acht bedeutende Bistümer, die Karl gegründet hatte: Minden und Osnabrück, Bremen und Hildesheim, Verden und Halberstadt, Paderborn und Münster, acht, von denen vier noch heute Sitze katholischer Bischöfe sind. Schon früh, zwei Jahre nach dem Ende der Sachsenkriege, gab es einen ersten sächsischen Bischof: Bischof Hadumar von Paderborn – und nicht einmal hundert Jahre nach der schrecklichen Untat von Verden bestieg zum ersten Mal ein Sachse den Thron des Reiches: Kaiser Heinrich I.

Die Pfalz Karls des Großen in Aachen

In mehreren Orten – zum Beispiel in Ingelheim und in Worms, in Paderborn und im oberfränkischen Forchheim sowie im heute holländischen Nimwegen – richtete Kaiser Karl eine so genannte Pfalz ein, von der aus er regierte und wo er mit seinem Gefolge wohnte, wenn er in den weit ausgedehnten Gebieten seines Reiches auf Reisen war. Die größte und bedeutendste aller Pfalzen stand in Aachen; Aachen wurde im Laufe seiner Regierungszeit zur Hauptpfalz und schließlich zur Hauptstadt des fränkisch-weströmischen Reiches.

Die Aachener Königspfalz bestand aus vier Bauteilen. Draußen stand das Torhaus, durch das man, an den Wachen vorbei in das Innere des Pfalzbezirks gelangte. Der größte Bauteil war das Haupthaus, »Palas« genannt, mit Wohnräumen für den König, die königliche Familie und das Gefolge, sowie mit einem Festsaal und mit größeren und kleineren Nebenräumen und Arbeitszimmern für die Verwaltungsbeamten und die Hofgelehrten. Schließlich lag etwas außerhalb des Kernbereichs noch der königliche Gutshof, in dem die Pferde untergebracht waren und aus dessen Erträgen die Pfalzbewohner mit dem Lebensnotwendigen versorgt wurden. Das Herz und der Mittelpunkt der Pfalz zu Aachen war aber die Pfalzkapelle.

Karl hatte bei seinen Italien-Feldzügen in der Stadt Ravenna herrliche Bauwerke gesehen, unter anderen die Kirche San Vitale und das Grabmal des Gotenkönigs Theoderich. Die Kirche San Vitale war ein »Oktogon«, ein achteckiger Zentralbau, in dem über dem Erdgeschoss ein Obergeschoss hochgezogen war. Das Grabmal Theoderichs war ebenfalls ein

Das Innere des Oktogons. Heute kann man hindurchblicken zum Altar und zum »Karls-Schrein« im gotischen Chor, dem so genannten Glashaus von Aachen.

Zentralbau, zehneckig und von einer Kuppel gekrönt. Von beiden Bauwerken in Ravenna beeindruckt, ließ Karl den damals berühmtesten Baumeister der Welt kommen, ~~Odo von Metz~~. Mit ihm besprach er die Pläne für den Bau der Pfalzkapelle. Sie wurde schließlich, ähnlich wie San Vitale, ein Oktogon, das zur Vergrößerung und zur Stützung mit einem sechzehneckigen Umbau eingefasst wurde.

Am 6. Januar 805, dem Königsfest der Erscheinung des Herrn, wurde die Pfalzkapelle nach zehnjähriger Bauzeit eingeweiht – persönlich von Papst Leo III., wie es in einer alten Aachener Tradition heißt.

Das ganze Mittelalter hindurch haben die Menschen in Europa das Andenken Karls des Großen hoch geschätzt. Von überall her brachten sie Geschenke nach Aachen, die in der Domschatzkammer aufbewahrt wurden oder mit denen man das Innere der Pfalzkapelle verschönerte. Auch der schlichte schmucklose Marmorsessel im oberen Umgang des Oktogons wurde stets in Ehren gehalten: Im Lauf der Jahrhunderte haben sich 30 deutsche Könige und 12 deutsche Königinnen nach der Krönungszeremonie vom Altar hinauf zum »Thronsessel Karls des Großen« geleiten und vom Volk verehren lassen.

Vom geistigen Leben in der Aachener Kaiserpfalz

Wie es bei den Edlen des Frankenreichs, vor allem aber in einer königlichen Familie üblich war, hatte Karl schon als Knabe Fechten, Speerwerfen und Reiten gelernt, drei Grundfähigkeiten, die ihm später als König und Kaiser bei seinen kriegerischen Unternehmungen zustatten kamen. In Aachen gehörte zudem noch das Schwimmen in den Thermen zu den Lieblingsbeschäftigungen in seiner freien Zeit, die er neben seiner Regierungsarbeit und seinem ständigen Studium erübrigen konnte. Doch nicht nur seine Körperkräfte stählte und trainierte er, auch seinen Geist hielt er ständig gesund und rege.

Lesen hatte er schon früh gelernt. Manche sagen, schreiben habe der König nicht zu können brauchen, da es für die mühsame Alltagsarbeit des Schreibens das Handwerk der Schreiber gab; es gibt jedoch auch eine Überlieferung, nach der Karl – sogar auf Reisen – heimlich eine kleine Tafel unter seinem Kopfkissen hatte, um vor dem Einschlafen »seine Hand an die Gestaltung von Buchstaben zu gewöhnen«. Er sprach lateinisch so fließend wie deutsch, auch Griechisch konnte er lesen und verstehen, was für die damalige Zeit für Leute in seinem Rang ungewöhnlich war. In der Bibel war er so sehr zu Hause, dass er seine Kinder selber unterrichten und seine Gefolgsleute selber unterweisen und weiterbilden konnte.

In seiner Königspfalz (später, nach 800, als er Kaiser geworden war, sagt man: Kaiserpfalz) gründete Karl eine Hof-Schule, die man die königliche oder kaiserliche Akademie nannte. Karl wollte Aachen nicht nur zum Zentrum eines politisch starken Reiches machen, sondern auch zu einem geistigen Mittelpunkt, von dem aus eine tiefe kulturelle Belebung in das ganze fränkisch-römische Reich ausstrahlen sollte.

Vor allem aber sollte Aachen nach Karls Willen ein religiöses Zentrum werden. Mit dem Zentralbau der achteckigen Pfalzkapelle als Mittelpunkt sollte Aachen die Hauptstadt seines Reiches sein: eines Reiches des großen Königs Jesus Christus, ein Gottesreich, für dessen Verteidigung und Vergrößerung ihm jedes Mittel recht war – auch, wie in den Sachsenkriegen, die Gewalt.

Karl holte die größten christlichen Gelehrten seiner Zeit an die Aachener Hofschule. Aus York in Nordengland berief er Alkuin, der dort die berühmte Klosterschule leitete. Alkuin brachte aus York sowohl mehrere angesehene Gelehrte als auch eine Schar junger, kluger Schüler mit nach Aachen. Karl machte ihn zum obersten Rektor der Akademie. Zur Zeit Alkuins entwickelte sich Aachen wirklich zu dem, was Karl gewollt hatte: zu einem kulturellen Zentrum des ganzen fränkischen Kaiserreichs. Römische und langobardische Wissenschaftler lehrten in der Pfalzakademie gotische, keltische, englische, irische, fränkische. Das herausragendste Mitglied der Akademie war der Benediktinermönch Einhard, den Karl aus dem Kloster Fulda nach Aachen geholt hatte. Er wurde Karls engster Mitarbeiter und verfasste nach dessen Tod das aufschlussreiche Buch »Leben Karls des Großen«. Karl selbst und alle Mitglieder des Hofes saßen Alkuin zu Füßen; auch auserlesene Edle und Große, die als ständige oder als gelegentliche Gasthörer eingeladen wurden. Von überall her ließ Karl Bücher

Abschnitt aus dem Gelöbnis (in Karolingischen Minuskeln geschrieben), das die bekehrten Sachsen bei der Taufe ableisten mussten. Man erkennt mehrmals das lateinische Wort »diabolus«, der Teufel, dem es zu widersagen galt.

kommen; in Aachen entstand eine der größten und bedeutendsten Bibliotheken Europas. Die Mitglieder der Hofschule lasen in diesen Büchern die Werke der Dichter Griechenlands und Roms; sie studierten die alten »sieben freien Künste«: die drei Sprachkünste Grammatik, Rhetorik und Dialektik und die vier weiterführenden Künste Algebra und Geometrie, Musik und Astronomie. Daneben unterrichteten Alkuin und seine Gelehrten den Hofstaat in den Grundkenntnissen der Malkunst, der Dichtung und der Architektur.

Der Akademie war ein Skriptorium zugeordnet, eine große Schreib-Abteilung, in der – wie es schon vorher in den Benediktinerabteien geschah – überlieferungswerte weltliche und religiöse Werke der antiken Literatur abgeschrieben und an Klöster und Bischofssitze weitergegeben wurden. Auf diese Weise erhielten die Klöster zum Beispiel eine Abschrift der Regel des Benedikt von Nursia; zu Karls Reformen gehörte nämlich die Anordnung, dass alle Klöster im Reich die Benediktregel zu befolgen hätten, wie es vor ihm ähnlich schon Bonifatius einheitlich festzulegen begonnen hatte. – Doch wurden in der Aachener Akademie nicht nur Abschriften bereits bestehender Texte angefertigt. Karl stellte den Gelehrten, denen die Schreiber zugeteilt waren, auch die Aufgabe, eine einheitliche, für all die vielen verschiedenen Länder seines Reichs verbindliche Schrift-Art zu entwickeln. Diese Einheitsschrift sollte so deutlich und klar sein, dass beim Abschreiben möglichst keine Fehler mehr durch schlechte Lesbarkeit entstehen konnten, wie es bisher sehr oft der Fall gewesen war. Die Einheitsschrift wurde Karolingische Minuskel genannt (= die Kleinbuchstaben-

schrift Karls); auf die Karolingische Minuskel geht unsere heutige Schreib-
und Druckschrift zurück, sie ist genau genommen sogar das Grundmuster
der Computerschrift.

Alle Abschriften, die man in Aachen herstellte – und auf Karls Geheiß
auch in den großen Benediktinerabteien von Reichenau, Fulda, St. Gallen,
Tours und Centula in Nordfrankreich – wurden peinlich genau durchgese-
hen, bevor sie herausgegeben und in Umlauf gebracht wurden. Die Zeiten
gelegentlicher Unzuverlässigkeit und Oberflächlichkeit in den Schreibstuben waren vorbei, kein Rechtschreibfehler entging den Oberschreibern, die
die Aufsicht führten; jeder inhaltlich zweifelhafte Satz, jedes fragwürdige
Wort wurde von den Gelehrten untersucht und, wenn nötig, korrigiert.

Juristen prüften die Kirchenrechtsvorschriften, die Karl in einer hand-
schriftlichen Sammlung aus Rom angefordert hatte, und bereinigten sie aufs
sorgfältigste. Karl sorgte dafür, dass das einheitliche und verbindliche römische Messbuch sowie die Bücher mit den Psalmengesängen und Stunden-
gebeten abgeschrieben und in ausreichender Anzahl im ganzen Reich verbreitet wurden, nachdem auch hier alle Fehler und Unstimmigkeiten, die
sich im Lauf der Zeit eingeschlichen hatten, korrigiert worden waren. Doch
auch bei den liturgischen Büchern, die für den Gottesdienst bestimmt waren, begnügte sich Karl nicht damit, dass die Texte nur einfach in den her-
kömmlichen Kirchensprachen abgeschrieben wurden. »Man soll nicht glauben«, heißt es in einem Erlass, »man dürfe Gott nur in den drei heiligen
Sprachen anbeten (gemeint sind das Hebräische des Alten Testaments, das
Griechische des Neuen Testaments und das römische Latein). In jeder Sprache kann der Mensch zu Gott beten und wird erhört, wenn er recht bittet.«
Darum nahm Karl Gebete und andere wichtige fromme Texte in den damaligen Landessprachen in die Gebetbücher der Kirche auf, damit die Angehörigen aller Stämme seines Reiches verstanden, was sie sagten, wenn sie
zum Beispiel bei der Taufe ihren Göttern und dem Teufel abschworen und
im Glaubensbekenntnis Gott und Jesus Christus die Treue versprachen.

Karl führt das von Bonifatius begonnene Reformwerk weiter

Karl der Große und Erzbischof Bonifatius sind einander nicht begegnet:
Als Bonifatius starb, war Karl ein Kind von sechs Jahren. Doch
während seiner Regierungszeit traf er überall auf die Spuren des Reform-
werks, das Bonifatius begonnen hatte. Eine der wichtigsten Bonifatius-

Traditionen, die Karl aufgriff und ausbaute, waren die Synoden. Allein in der Pfalzstadt Aachen hielt er elf große Synoden ab, dazu andere, zum Beispiel in Paderborn und in Frankfurt am Main. Waren die Synoden des Bonifatius noch »Diözesan-Synoden« gewesen, so baute Karl sie nun zu großen »Reichs-Synoden« aus, deren Beschlüsse für sein ganzes weites Herrschaftsgebiet Gültigkeit haben sollten. Zunächst befassten die Synoden sich noch überwiegend mit Fragen, die aus der Zeit von Karls Vater Pippin anstanden, vor allem mit den immer wiederkehrenden Fragen zum Verhalten und zur Lebensführung der Priester und zur Bildung und Ausbildung der Männer in leitenden Ämtern; doch auch die christlichen und die stets damit verbundenen politischen Verhaltensregeln der Paderborner Gesetze wurden jetzt weiter diskutiert, weiter entwickelt und für das ganze Land verbindlich festgeschrieben. Karl setzte für jeweils einen großen, aber noch überschaubaren Bezirk Zuständige ein, die man »Missi«, das heißt Gesandte oder Boten nannte. Es waren für jeden Bezirk zwei: ein Priester als Vertreter der Kirche und ein Graf als Vertreter des Königs. Sie waren mit königlichen Rechten und Vollmachten ausgestattet und hatten die Aufgabe, gemeinsam das Land zu bereisen und in staatlichen Verwaltungsangelegenheiten und in kirchlichen Glaubensfragen streng nach dem Rechten zu sehen. Durch die Besetzung der Missi-Kommissionen mit zwei unterschiedlichen Leitern sollte den Bewohnern des Reiches vor Augen geführt werden: Was die Kirche sagt und tut, wird vom Staat gutgeheißen und geschützt; was der Staat sagt und tut, hat die Genehmigung der Kirche. Seit dieser Zeit verquickten sich staatliche und kirchliche Ziele und Aufgaben immer enger miteinander.

Ein anderer Punkt, den Karl vom Reformwerk des Bonifatius aufgriff, den er verbesserte und vorantrieb, war die Ordnung und Neuordnung der Bistümer. Noch aus den Zeiten seines Großvaters Karl Martell und seines Vaters Pippin des Jüngeren hatte sich vielerorts die Unsitte erhalten, dass Bischofsämter an »sittenlose Priester« und an »unwürdige, habgierige Männer« vergeben wurden (wie Bonifatius seinerzeit nach Rom berichtet hatte), deren Familien große Schenkungen an den königlichen Hof machten. So kam es nicht selten dazu, dass manche Bistümer keinen eigenen Bischof hatten, sondern von einem Bischof regiert wurden, dem zwei oder drei oder gar vier Bistümer unterstanden. Diesen Missstand schaffte Karl ab: Er ernannte hinfort alle Bischöfe und auch alle Äbte selbst, ohne jemand anderen, auch nicht den Papst in Rom, zu fragen. Die Pfarrer und die sonstigen Priester in den Bischofsstädten durften sich nicht niederlassen, wo sie wollten, irgendwo in der Stadt, sondern mussten in »Kurien« wohnen und mussten, ähnlich wie Mönche in einem Kloster, sich täglich mehrmals im Dom einfinden und im Chorgestühl zusammen mit dem Bischof das Stundengebet verrichten.

An jedem Bischofssitz – wurde eine Schule gegründet, in der die Kinder (richtiger gesagt: die Knaben) in den »Sieben Künsten« unterrichtet wurden. Alle lernten lesen, einige schreiben, viele lernten Latein, manche sogar Griechisch. Auch Dom-Singschulen entstanden, in denen der Choralgesang gelehrt, geübt und gepflegt wurde. Die Schulen waren in erster Linie darauf ausgerichtet, zu einem theologischen Studium hinzuführen und möglichst auf den Priesterberuf vorzubereiten. So kam es, dass die Priester in Karls Reich, die früher gewöhnlich nur mangelhaft gebildet waren, einen mehr und mehr höheren Bildungsstand erreichten. Viele von ihnen gründeten dann später in ihren Pfarreien selber Schulen und erteilten selber Unterricht. Durch die Initiativen Karls des Großen ist es überhaupt erst möglich geworden, dass Kinder und Jugendliche in Schulen für ihr Leben lernen konnten. Mehr als tausend Jahre blieben die christlichen Kirchen die alleinigen Träger des Schul- und Bildungswesens im Abendland.

»Karl, erhabener von Gott gekrönter Kaiser«

Als Karl sechzig Jahre alt geworden war, galt er uneingeschränkt und unbestritten als der mächtigste Mann in Europa. Nicht mehr die Päpste in Rom waren es inzwischen, denen das Christentum Leben und Lebendigkeit verdankten, sondern der streitbare, aber im tiefsten Herzen gläubigfromme König Karl, der in Aachen regierte. Der Papst ordnete sich ihm unter: Leo III., als er zum Papst gewählt wurde, ließ noch am selben Tag durch reitende Boten seine Wahl nach Aachen melden. Den Boten gab er zum Zeichen seiner Ergebenheit die Fahne der Stadt Rom und den goldenen Schlüssel zum Grab des Apostel Petrus mit.

Kurz darauf in Bedrängnis geraten, eilte Papst Leo über die Alpen nach Paderborn, wo Karl gerade in seiner Königspfalz weilte. Er verneigte sich vor Karl und rief ihn dringend um Hilfe an; seine politischen Gegner hatten ihn in Rom bei einer Prozession überfallen, aufs Pflaster geworfen und verprügelt. Sie warfen ihm einen unmoralischen Lebenswandel vor und erklärten, er habe seine Papstwahl durch Betrug und Bestechung erkauft.

Karl beruhigte den Papst und schickte ihn nach Italien zurück, von einer fränkischen Wachmannschaft sicher geleitet. Im Herbst des folgenden Jahres 800 begab sich Karl dann selber nach Rom, wo er eine Woche vor Weihnachten anlangte. Er ließ die Papst-Attentäter vorführen und hielt

Gericht über sie. Der Papst leistete, so wird in einigen Überlieferungen berichtet, in der Petrus-Basilika den so genannten Reinigungseid: Mit der Bibel in der Hand rief er Gott an und schwor, dass er unschuldig sei. Daraufhin wurden die Attentäter vom König zum Tode verurteilt.

Zwei Tage später war Weihnachten. Karl zog mit seinem Gefolge in die festlich geschmückte und von unzähligen Kerzen erleuchtete Kirche ein und kniete vor dem Petrusgrab zum Gebet nieder. Die Menschen in der bis auf den letzten Platz gefüllten Basilika wurden still. Da trat Papst Leo von hinten heran und als Karl sich erhob, setzte er ihm eine kostbare Krone

Die goldene Büste von »Karl, dem erhabenen von Gott gekrönten Kaiser« ist eines der Prunkstücke in der Schatzkammer des Aachener Doms.

aufs Haupt. Die Römerinnen und Römer sprangen auf, klatschten in die Hände und riefen drei Mal die alte Römische Krönungsformel: »Karl, dem Augustus, dem Erhabenen, dem von Gott gekrönten großen Friedenskaiser der Römer, sei Leben und Sieg!« Dann kniete Papst Leo, wie es damals zum römischen Zeremoniell gehörte, vor Karl nieder, den er soeben zum Kaiser gekrönt hatte. Karl nahm die Huldigung stumm entgegen und viele zweifeln, ob der mächtige König Karl erfreut war, von dem fragwürdigen, listigen Papst zum Kaiser gekrönt und dadurch in Abhängigkeit und Dankbarkeit gedrängt worden zu sein. Lieber hätte er sich wahrscheinlich die Kaiserwürde selber zugesprochen und sich die Kaiserkrone selber aufgesetzt.

So kehrte also König Karl als Kaiser Karl nach Aachen zurück. Mit der Kaiserkrönung war das (west-)römische Imperium, das 476 in der Völkerwanderung mit der Plünderung Roms untergegangen war, in einem neuen abendländisch-christlichen Sinne wieder auferstanden. Von nun an hieß es in den offiziellen kaiserlichen Urkunden in der Überschrift: »Karl, erhabener von Gott gekrönter Kaiser, Lenker des Römischen Weltreichs«. Auch Ost-Rom erkannte die hohe Stellung Karls an: Der Patriarch von Jerusalem übersandte ihm, ähnlich wie es der Papst für Rom getan hatte, die Fahne von Jerusalem und die Schlüssel sowohl zum Stadttor als auch zum »Heiligen Grabe Christi«. Harun-al-Raschid, der aus den Erzählungen von Tausend-und-einer-Nacht bekannte Kalif von Bagdad, der im Ostreich als der

Beherrscher der islamischen Gläubigen galt, ließ ein besonders großes Geschenk zu Kaiser Karl nach Aachen transportieren, ein Geschenk von der Art, wie man es im Abendland noch nie gesehen hatte: einen lebenden Elefanten; er hieß Abul Abbas.

Karl der Große starb im Jahre 814. Sein Sohn, Kaiser Ludwig der Fromme, führte das Reformwerk zu Ende, das Bonifatius begonnen hatte und das unter Karl seinen Höhepunkt erlebte. Die Bildung in den Klöstern und Klosterschulen erreichte in jenen Jahren ein noch höheres Niveau als unter Karl dem Großen. In Ludwigs Regierungszeit und bald danach wurden zahlreiche neue Klöster gegründet, unter anderen Münsterschwarzach am Main, die Abteien Hirsau und Gandersheim, sowie die berühmten Klöster Montserrat in Spanien und Einsiedeln in der Schweiz. Auch die Missionsarbeit machte unter Ludwig dem Frommen Fortschritte. Er gründete das Missionserzbistum Hamburg, das später nach Bremen verlegt wurde und heute wieder Bistum Hamburg heißt. Von Bremen aus brachte der Benediktinermönch Ansgar das Christentum nach Dänemark und Schweden. Kurz darauf begann die Bekehrung der Slawen im Osten und Südosten Europas. Dort wirkten vor allem die Brüder Kyrill und Methodius: Sie schufen eine eigene slawische Schrift, aus der sich die »Kyrillische Schrift« entwickelte, wie sie in Serbien, Bulgarien, Russland und in der Ukraine verwendet wird. Die Missionare Kyrill und Methodius übersetzten in zäher, geduldiger Arbeit die Bibel ins Slawische und verfassten Texte für einen volksnahen, in vielen östlichen Ländern Europas bis heute gebräuchlichen Gottesdienst.

Nach dem Tod Ludwigs des Frommen zerfiel das fränkisch-weströmische Reich, das Karl der Große geschaffen hatte. Im Vertrag von Verdun 843 wurde es in drei Teile gespalten und an die Söhne Ludwigs vergeben. Damit war die Einheit des Abendlands, die Einheit Europas aufgegeben. Feindliche Nachbarvölker machten sich sogleich die so entstandene Schwäche zu Nutze: Im Süden zogen die Heere der muslimischen Sarazenen durchs Land und drangen bis nach Rom vor, im Osten fielen die Ungarn ein und richteten große Verwüstungen an. Am ärgsten wüteten die Normannen, die auch unter dem Namen Wikinger bekannt sind. Sie waren aus ihrer dänisch-norwegischen Heimat aufgebrochen, steckten Hamburg in Brand, überfielen Paris und andere französische Städte und verwüsteten Köln und Bonn, Neuss und Aachen, Koblenz und Trier und fast das ganze Land Burgund. Hand in Hand mit dem politischen Niedergang in dieser Zeit ging der allmähliche Verfall der abendländischen Kultur. Das gerade erst aufblühende abendländische Europa war zerrissen und an vielen Stellen verwüstet und zerstört.

Lichtblicke in einem dunklen Jahrhundert

Eines Morgens im August. Papst Stephan VI. hat die Priester der Stadt Rom überraschend zu einer Synode im Lateranpalast zusammengerufen. Da wird geräuschvoll das Portal geöffnet, ein übler Geruch weht herein. Vier Diener bringen einen Tragsessel, auf dem in ein schwarzes Tuch gehüllt eine Gestalt sitzt. Sie stellen den Tragsessel ab und nehmen das Tuch weg. Die Priester trauen ihren Augen nicht. Da sitzt, mit Stricken an den Sessel gebunden, ein Toter! Sein Gesicht ist von der beginnenden Verwesung entstellt, doch alle erkennen ihn. Es ist Papst Formosus, der vor neun Monaten gestorben ist. Stephan hat seinen Leichnam aus dem Grab hervorholen und mit päpstlichen Gewändern bekleiden lassen. Nun richtet es das Wort an die Synode.

»Dieser elende Formosus«, beginnt er, »ist nie rechtmäßiger Papst gewesen. Schon damals, als man ihn zum Papst wählte, hätte ich, Stephan, Papst werden müssen! Heute schaffe ich endlich Ordnung. Ich erkläre seine Wahl für ungültig, für ungültig auch seine Weihen zum Priester und zum Bischof!« Er gibt den Dienern einen Wink; sie stoßen den Toten vom Sessel, zerren ihm gewaltsam den Bischofsring vom Finger, reißen ihm die Gewänder vom Leib und zerkratzen ihm mit Messern das Gesicht. Stephan schaut ungerührt zu. Dann spricht er das Urteil: »Formosus wird von der Tiberbrücke hinunter in den Fluss geworfen.« Die Diener packen den toten Formosus an den Füßen und schleifen ihn durch die Straßen zum nahen Tiber. Viele Neugierige folgen ihnen bis zur Brücke. »Hinab!«, ruft Papst Stephan drei Mal, »hinab in die Fluten mit dem Unwürdigen!« Dann geht er hochmütig weg. Doch da ergreifen ihn ein paar beherzte Römer, fesseln ihn und bringen ihn ins Stadtgefängnis. Noch bevor ein Richter zur Stelle ist, um dem abscheulichen Stephan den Prozess zu machen, erwürgen ihn die Männer mit ihren bloßen Händen.

Ein finsteres Zeitalter der Römischen Kirche

Die Gräueltat des Papstes Stephan war in jenen Jahren nicht das einzige beklagenswerte Geschehnis in der Geschichte der Päpste. Nach der Reichsteilung von Verdun gab es lange Zeit keinen deutschen Kaiser mehr, der fähig und stark genug gewesen wäre, wie Karl der Große die christliche Kirche zu heiligen und zu festigen und dem Papst in unsicheren Zeiten Rückhalt zu geben. In Rom, wo man sich ein verlässliches Zentrum der

Kirche gewünscht hätte, ging es drunter und drüber. Papst wurde inzwischen nicht mehr, wer ein heiligmäßiges Leben führte, wem die Sorge um die Gläubigen am Herzen lag, wer über die Grenzen Roms hinausblickte und bereit war, seine ganze Kraft für das Wohl der Christenheit in allen Ländern Europas einzusetzen. Papst wurde, wer Geld genug hatte, sich das Papstamt zu kaufen. Mal war es dieses Adelshaus, mal war es jene Grafenfamilie, heute waren listige, skrupellose Frauen aus alten Patriziergeschlechtern, morgen waren es reiche und einflussreiche Herren aus italienischen Handelshäusern, die dafür sorgten, dass der Papstthron mit einem Mann besetzt wurde, der ihre Interessen vertrat und ihren Wohlstand vergrößerte. Die Besetzung des Papststuhls wurde zum Kampfgerangel zwischen den mächtigen Familien in Rom: Manchmal ging es mit versteckten Intrigen zu, manchmal kam es zum offenen Streit zwischen mehreren Parteien. Es gab Zeiten, da regierten mehrere Päpste zugleich, und die Gläubigen wussten nicht, wer von ihnen der rechtmäßige war. Einem Adelsgeschlecht gelang es, nach einander sieben Päpste auf den Thron zu bringen, die ihren Vorstellungen entsprachen; einige davon waren nicht einmal Bischof oder Priester gewesen, sondern waren einfache Laien, von denen zwei weder lesen noch schreiben konnten; einen Papst gab es, der erst fünfzehn Jahre alt war, als man ihn wählte. Im Jahre 882 wurde ein Papst durch seinen Gegenspieler auf hinterhältige Weise getötet; auf diesen ersten Mord in der Papstgeschichte folgten später weitere, bei denen Päpste vergiftet und erschlagen, erdrosselt oder zu Tode geprügelt wurden.

Der wohl würdeloseste unter den verbrecherischen Männern, die in jenen Jahren je auf dem päpstlichen Thron in Rom saßen, war der achtzehnjährige Graf Oktavian von Tusculum. Sein Vater, einer der reichsten Adligen Roms, hatte ihn, wie es damals schlechter Brauch war, mit viel Geld zum Papst gemacht. Der junge Papst, der sich Johannes XII. nannte, war ein ungebildeter Rohling. Macht und Geld; Zügellosigkeit und wildes Wohlleben gingen ihm über alles. Er ließ aus ganz Rom lasterhafte Frauen in seine Residenz schaffen und richtete im Papstpalast Räume ein, in denen es zuging wie in einem Bordell und in denen er und sein sittenloses Gefolge ausschweifende Feste feierten. Man saß auf den samtbezogenen Thronsesseln des Palastes, lagerte auf kostbaren morgenländischen Teppichen und trank Wein aus den goldenen Kelchen, die der Papst aus der Schatzkammer geholt und seinen angeheuerten römischen Prostituierten geschenkt hatte. Einmal wurde ein nächtliches Gelage veranstaltet, auf dessen Höhepunkt die Gäste mit Kerzen und Weihrauch und frommen Gesängen hinunter in den Pferdestall zogen, wo der Papst unter dem Spott und

Gelächter des betrunkenen Gesindels einem jungen Mann feierlich und allen Ernstes die Weihe zum Diakon erteilte...

Kaiser Otto der Große

Ungefähr zur selben Zeit, in der jenseits der Alpen in Rom der widerwärtige Papst Johannes die christliche Kirche in schlimmen Verruf brachte, geschah diesseits der Alpen etwas Hoffnungsvolles: Im Jahre 936 wurde im

Otto der Große vor Christus. Der Kaiser mit der Krone trägt als Stifter eine Kirchenmodell auf den Händen. Christus thront auf der Himmelssphäre, die als Lorbeerkranz dargestellt ist, und nimmt die Stiftung entgegen.

Aachener Oktogon ein aufrechter, frommer Mann aus dem ehemals aufrührerischen Stamm der Sachsen zum König gekrönt, der – ähnlich wie anderthalb Jahrhunderte vor ihm Kaiser Karl – schon zu seinen Lebzeiten »der Große« genannt wurde: Otto I. Viele sagen heute rückblickend: Otto der Große hat den Grundstein zum Staate Deutschland gelegt. Otto verstand sich wie Karl der Große als weltlicher Herrscher und zugleich als verantwortlicher Helfer und Beschützer der Kirche. Er sah seine königliche Aufgabe darin, einerseits das Reich nach innen zu festigen und nach außen gegen die Feinde zu verteidigen, andererseits aber mit der selben Tatkraft die christliche Kirche zu reformieren und zu heiligen.

Vom Balkan her waren die Ungarn auf ihren Kriegs- und Raubzügen bis nach Deutschland vorgedrungen. Sie standen bereits vor den Toren Augsburgs, um von da aus ihren Siegeszug nicht nur in die übrigen Gebiete des Reiches sondern auch in das mittlere und westliche Europa fortzusetzen. In der Stunde höchster Gefahr gelang es Otto, die zerstrittenen deutschen Fürsten zu einigen: Mit einem gewaltigen Heer stellte er sich im Jahre 955 den Ungarn auf dem Lechfeld entgegen. Dort vereinigte er sich mit den Truppen des wehrhaften Bischofs Ulrich, der Augsburg so lange gehalten hatte, bis Otto eintraf. Gemeinsam besiegten sie die Ungarn, die sich geschlagen geben und fliehen mussten und die von da an nie mehr wagten, mit ihren Armeen Deutschland anzugreifen. König Otto wurde im ganzen Reich als Held und Retter Europas gefeiert.

Schon nach wenigen Jahren zogen Benediktiner von Passau aus die Donau hinab und verkündeten den von Otto besiegten Ungarn die Botschaft von Jesus Christus. Ihr Herzog Stephan ließ sich taufen und wurde der erste christliche König von Ungarn. Auch im nahe gelegenen Böhmen wirkten die Benediktinermissionare und auch hier setzte Otto schon bald einen Einheimischen, den Tschechen Adalbert zum Bischof der neu gegründeten Diözese Prag ein. Zielstrebig trieb er die Missionierung vor allem in den jenseits von Elbe und Oder gelegenen Regionen seines Reiches voran. Zu seiner Zeit und wenig später entstanden die Bistümer Brandenburg und Magdeburg, Kolberg und Meißen, Posen und Gnesen, Krakau und Breslau, als Stützpunkte für die Missionierung im Osten.

Im Jahre 962 wiederholten sich die geschichtlichen Ereignisse des Jahres 800: Papst Johannes XII. geriet in Bedrängnis, denn ein kampfeslustiger Markgraf mit Namen Berengar hatte sich zum König von Italien ausrufen lassen und schickte sich an, nach Rom zu marschieren und dem Treiben des unwürdigen Papstes gewaltsam ein Ende zu bereiten. Papst Johannes sandte eilends Boten nach Deutschland und rief König Otto, von dessen Macht er nach dem Sieg über die Ungarn gehört hatte, flehentlich um Hilfe an. Otto der Große zog mit einem Heer über die Alpen und schlug Berengar zurück. Der Papst empfing seinen Retter Otto und dessen Gemahlin Adelheid in Rom mit großem Gepränge. Dann hielten sie eine Beratung ab: Der König verlangte vom Papst unter feierlichem Eid, er müsse ihm und seinen Nachfolgern für alle Zeit ergeben sein und die Treue halten; der Papst erbat sich als Gegenleistung vom König, er möge die Rechte der Kirche schützen und alle ihre Besitztümer unangetastet lassen. Nachdem dieser Vertrag geschlossen und besiegelt war, zogen sie in die St.-Petrus-Basilika ein, und Papst Johannes XII. setzte dem König die Kaiserkrone auf; danach krönte er dessen Gemahlin Adelheid in aller Form zur Kaiserin.

Kaiser Otto war auf dem Heimweg nach Deutschland. Da brach der wetterwendige Papst seinen Treu-Eid und schloss einen Gegenvertrag mit dem oströmischen Kaiser von Byzanz. Enttäuscht vom Treubruch des Papstes kehrte Otto zurück, doch der Papst floh Hals über Kopf in die Berge. Kaiser Otto erklärte ihn für abgesetzt und rief einen neuen Mann zum Papst aus. Kaum aber war der Kaiser wieder fort, kam Johannes aus seinem Versteck heraus und vertrieb den neuen Papst, den Otto ernannt hatte. Otto kehrte erneut nach Rom zurück. Als er durch das Stadttor ritt, meldete man ihm, dass der Papst tot sei. Würdelos wie er gelebt hatte, war er in einem Skandal zu Tode gekommen: Ein eifersüchtiger Ehemann, dessen

Frau Johannes verführt habe, so berichtete man dem Kaiser, habe den Papst mit einem Knüppel totgeschlagen.

Zurück im Reich, festigte Kaiser Otto I. die Stellung der Bischöfe noch stärker, als es vor ihm schon Karl der Große und Ludwig der Fromme getan hatten. Er machte sie zu Kirchenfürsten; er übertrug ihnen die Vollmacht, für ihr Herrschaftsgebiet Münzen zu prägen und an den Bistumsgrenzen Zölle zu erheben; er verlieh ihnen die gräflichen Rechte, von den Bauern, Handwerkern und Händlern auf den Marktplätzen Steuern einzuziehen und setzte sie in ihren Diözesen als oberste Richter ein.

Erzbischöfe, Bischöfe, Äbte und Vorsteher von Stifts-Klöstern ernannte Kaiser Otto persönlich, er ließ sich bei den Ernennungen von niemandem dreinreden, auch nicht vom Papst.

Durch all die Bevorzugungen, die man »Regalien« nannte (vom Kaiser verliehene Rechte), machte Otto die Bischöfe zu untertänigen und treuen Dienern des Staates, die für den Kaiser im Gegensatz zu den weltlichen Fürsten zudem den Vorteil mitbrachten, unverheiratet zu sein, so dass ihre Rechte und Reichtümer nicht auf Nachkommen vererbt wurden, sondern jeweils beim Tod des Bischofs an den Kaiser zurückfielen. Um vor dem Volk nicht nur die geistliche Würde des Bischofs zu betonen, sondern auch stets dessen weltliche Macht und die Bindung an den Herrscher in Erinnerung zu rufen, gab er den Bischöfen den Titel »Reichsbischof«. Noch heute spricht man, wenn man an die Jahrhunderte der engen Verknüpfung des Deutschen Reichs mit der Römischen Kirche denkt, von der Reichskirche. So sehr es für die christliche Kirche auf den ersten Blick von Vorteil sein mochte, als Reichskirche mit Macht ausgestattet zu sein und von der starken Hand des Kaisers regiert und beschützt zu werden, so sehr lag doch die Gefahr nahe zu vergessen, dass Jesus nicht ein Reich von politischer Macht und Größe wollte, sondern ein Reich der Liebe und des Friedens. Wenn er in Galiläa das Reich Gottes verkündigt hat, hat er an erster Stelle vom Geist der Armut gesprochen und nicht vom Reichtum-Anhäufen; er hat Gewaltlosigkeit und Friedfertigkeit gepredigt und nicht Kampf und Krieg, er hat sich auf die Seite derer gestellt, die verachtet, hintangestellt und ausgestoßen waren.

Schon bald bestätigten sich die Befürchtungen, dass die mit kaiserlicher Macht ausgestattete mittelalterliche Reichskirche nicht nur von Nutzen, sondern vielerorts eher von Schaden für die Entwicklung des Christentums sei. Die Reichsbischöfe gaben, wie es schon immer auch die weltlichen Fürsten taten, ihren Landbesitz und ihre einträglichen Zoll-, Münz- und Marktrechte weiter an geschickte Verwalter. Als Gegenleistung mussten die Lehns-Verwalter ihre Fürsten mit Menschen und Material unterstützen, wenn sie Krieg führten. Manche wurden auf ihren Lehns-Gütern so reich, dass sie ihr Lehen als Eigentum erwarben. Sie bauten auf ihrem Lehnsland Kirchen, die sie ebenfalls als Eigentum betrachteten und die man Eigen-Kirchen nannte. Andere kauften Klöster auf, in denen Land- und Forstwirtschaft, Weinbau und Handwerk betrieben wurde – gute Einkunftsquellen für den Lehnsherrn. Die Pfarrer der Eigenkirchen und die Äbte in den Lehnsklöstern waren nicht selten unwürdige Männer, die alles daransetzten, ihren Besitz zu vergrößern und Reichtum anzuhäufen; alles drehte sich bei ihnen um Macht und Geld. Was man Seel-Sorge nennt, stand bei den meisten an letzter Stelle. Die Armuts- und Gerechtigkeitsbotschaft des Evangeliums wurde kaum noch beachtet, Gottesdienste wurden nur noch sehr nachlässig gefeiert, viele Priester nahmen die Verpflichtung zum Zölibat, zum geistlichen Leben in Ehelosigkeit und Keuschheit nicht mehr ernst.

Doch nicht alle Christen schauten dem scheinbar unaufhaltsamen Niedergang tatenlos zu. Drei bedeutende Benediktinerklöster an drei Orten waren es vor allem, die sich an die schwierige Arbeit einer Kirchenreform machten: Cluny in Burgund, Gorze in Lothringen und das unweit von Calw gelegene Kloster Hirsau im Schwarzwald. Das bedeutendste war Cluny, mit seiner achttürmigen romanischen Kirche das damals größte Kloster der Welt. Heute steht aus dieser Zeit von Cluny nur noch der mächtige Glockenturm, und von den Klöstern Gorze und Hirsau sind nur noch kümmerliche Ruinen vorhanden.

Die Reform von Cluny

Gleich bei der Gründung im Jahre 910 machten die Benediktiner von Cluny deutlich, dass sie sich nicht in das üblich gewordene System des Eigenkirchen- und Lehnswesens würden einordnen lassen. Die Äbte, deren bedeutendster der hoch gebildete und fromme Odilo war, bestanden darauf, von keinem Kaiser und König und Fürsten abhängig, sondern ganz und gar eigenständig zu sein. Sie unterstellten ihr Kloster unmittelbar dem Papst. Dass es zu dieser Zeit ein schlechter Papst war, schreckte sie nicht ab; sie waren zuversichtlich, dass sich eines fernen Tages auch das Papsttum würde reformieren lassen. Ihre Hoffnung erfüllte sich, wenn auch zunächst nur für eine kurze Frist: Zwanzig Jahre nach der Gründung von Cluny wurde erstmals ein »Cluniazenser« Papst – doch fiel bedauerlicherweise gleich danach das römische Papsttum wieder in den alten Sumpf der Machtgier und Sittenlosigkeit zurück. Im Lauf der folgenden Jahrhunderte indessen gab es immer mehr Äbte, Bischöfe, Päpste und päpstliche Berater, die von der Reformbewegung von Cluny geprägt waren.

Abt Odilo wusste: Wenn sich die missliche allgemeine Lage der Kirche bessern soll, muss er mit der Reform ganz unten ansetzen und gleichsam in kleinen Zellen beginnen. Die ersten kleinen Zellen sollten die Benediktinerklöster in Burgund und Lothringen (und später im Schwarzwald) sein, Cluny sollte das »Muster-Kloster« werden. Als erstes stellte Odilo in seinem

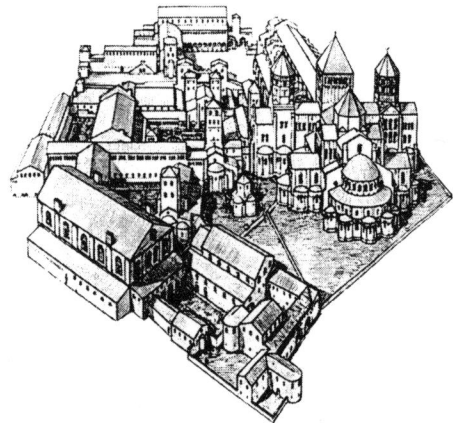

Das vieltürmige Kloster Cluny, von dem heute nur noch der gewaltige Hauptturm erhalten ist. Von Cluny ging die Reform fast aller Benediktinerklöster im Mittelalter aus.

Kloster die alte benediktinische Zucht und Strenge wieder her, die in den meisten Klöstern der damaligen Zeit vernachlässigt, ja vielerorts völlig verloren gegangen war. Der Tag der Mönche begann, wie es die alte Chorgebetsregel vorschrieb, nun wieder mit der Matutin, dem Gebet in der Mitternachtsstunde. Die einzelnen jeweils relativ kurzen Teile des Chorgebets baute Abt Odilo aus zu langen Gebetsübungen: Auf acht Zeiten verteilt, betete er jeden Tag mit den Mönchen weit über 100 von den 150 Psalmen der Hebräischen Bibel. Gelegentliche Kreuzverehrungsfeiern und Marienandachten, nicht zuletzt auch Fürbitt-Gebets-Stunden für die Verstorbenen spielten neben dem Chorgebet eine große Rolle. Odilo führte ein striktes Stillschweigen ein: Die Mönche durften nicht miteinander sprechen und mussten sich durch Zeichensprache verständigen; die einzigen Worte, die über ihre Lippen kamen, waren Gebete, Bibeltexte und geistliche Lieder. Die Messe, die schon immer Mittelpunkt des benediktinischen Klosterlebens gewesen war, wurde jeden Morgen zu einer ausgedehnten, eindrucksvollen Feier gestaltet, die in erlesenen Gewändern und mit kostbaren heiligen Geräten mit großem Pomp begangen wurde und meistens länger als zwei Stunden dauerte. So wurde das »Ora« der Benediktregel immer mehr betont, das »Labora« kam zu kurz. Die Mönche, so wollte es Abt Odilo, sollten vor allem tun, was sonst wo im Land kaum noch jemand so recht tat: beten, beten, beten. Für die Arbeiten, die getan werden mussten, wurden meist Leute aus der Umgebung herangezogen; lesen, schreiben, kopieren, studieren, wissenschaftlich forschen – Tätigkeiten, die den Benediktinerorden bis dahin zum Träger der abendländischen Kultur gemacht hatten – verbot der strenge Abt fast völlig.

Nun hätte man meinen können, die Mönche hätten diese Härte nicht ausgehalten, und viele wären aus dem Kloster weggegangen. Das Gegenteil war der Fall. Immer mehr junge Männer kamen, um in Cluny einzutreten und Mönch zu werden. Abt Odilo konnte sie jeweils nur für eine verhältnismäßig kurze Zeit behalten; wenn sie die Probezeit, das so genannte Noviziat bestanden und dem Abt unverbrüchliche Treue und widerspruchs-

Das auf einer Bodensee-Insel gelegene Kloster Reichenau (im Jahre 724 von Karl Martell erbaut) gehörte zu den »Töchterklöstern« von Cluny. Die Mönche von Reichenau galten im Mittelalter als die bedeutendsten Buchmaler des Abendlandes.

losen Gehorsam in die Hand versprochen hatten, schickte er sie in eins der 65 burgundischen Klöster, die ihm über Cluny hinaus unterstanden. Wohin auch immer diese jungen Benediktiner kamen, verbreiteten sie die Kunde von dem strengen Reformgeist, der in Cluny herrschte. Bald hörten Pfarrer und Bischöfe davon und Äbte von anderen Klöstern in Burgund. Sie kamen zu Odilo und baten ihn, er möge Mönche zu ihnen senden, damit sie den neuen heiligen Geist von Cluny in Predigten und Vorträgen, in Konferenzen und Gesprächen überall bekannt machten. Die Klöster, die sich der Reformbewegung anschließen wollten, führte Odilo zu Klosterverbänden zusammen, zu so genannten Kongregationen; für jede so entstandene Kongregation setzte er einen »Prior« als Leiter ein. Er selbst galt als der Groß-Abt über alle Kongregationen. Unermüdlich reiste er zu Kontrollbesuchen in die Kongregationsgebiete und stärkte die Prioren für die gewiss nicht leichte Reformarbeit.

Ähnlich wie Odilo sandten auch die Äbte von Gorze und Hirsau ihre Prediger aus. Sie trugen die Erneuerung in benachbarte oder auch weiter weg gelegene Klöster. Von Gorze aus kam die Reform in 160, von Hirsau aus in 100 größere und kleinere Klöster. Während die Cluniazenser sich weiträumig mehr der französischen, spanischen, englischen und italienischen Klöster annahmen, gingen die Mönche von Gorze und Hirsau in die lothringischen, deutschen und Schweizer Gebiete. Sie trugen die Reform unter anderem in die Klöster von Stablo (heute Stavelot) bei Malmedy, nach Prüm in der Eifel, nach Niederalteich und St. Emmeran in Bayern, nach St. Gallen in der Schweiz, nach Fulda, auf die Insel Reichenau im Bodensee und in das Kloster St. Maximin in Trier, von wo aus weitere erfolgreiche Reformbemühungen zu anderen Klöstern ausgingen. Im zehnten, elften und zwölften Jahrhundert umfasste die cluniazensische Reform mehr als 3000 Männer- und Frauenklöster, in denen 300 000 Mönche und Nonnen lebten. Ihre Frömmigkeit, ihre Gläubigkeit und ihr makelloser Lebenswandel waren vorbildlich und ansteckend für viele, die davon erfuhren. Ihre Abkehr von Besitzstreben und Geltungssucht, von Machtgier und von der hemmungslosen Ausbeutung der kleinen Leute durch das Lehnswesen brachte den Mönchen viel Respekt und viele Sympathien beim Volk ein. Ihre Frömmigkeit und ihre heiligmäßige Lebensweise, wurde zum Vorbild für viele christliche Familien in weiten Teilen Europas. Manche Geschichtswissenschaftler sprechen, auf die Auswirkungen der cluniazensischen Reform bezogen, von einer »tief greifenden Erneuerung und einer gewaltigen christlichen Durchdringung des mittelalterlichen Alltagslebens«. Der Geist von Cluny ist in manchem wirksam und heilsam geblieben bis in die Neuzeit hinein.

Ostkirche – Westkirche: Das byzantinische Schisma

Während die Unruhen und Schwierigkeiten im »finsteren Zeitalter der römischen Kirche« anhielten, brach ein weiteres großes Unheil herein, das schon seit langem in der Luft lag. Seit der Teilung des Römischen Weltreichs in Ost-Rom und West-Rom im Jahre 395, vor allem aber seit dem Untergang Roms in der Völkerwanderung, gab es, so könnte man vereinfachend sagen, zwei christliche Kirchen: Die Kirche im Abendland, die man damals die lateinische oder die katholische Kirche nannte, und die Kirche im Morgenland: die griechische oder orthodoxe Kirche. Mittelpunkt der abendländischen Kirche war Rom, wo auch das Kirchenoberhaupt, der Papst, residierte. Mittelpunkt der morgenländischen Kirche war Konstantinopel, das neue, das zweite Rom. Ein einziges religiöses Oberhaupt gab es jedoch in der morgenländischen Kirche nicht; vielmehr leiteten »Patriarchen« (= Erzväter) die einzelnen Kirchenprovinzen, zum Beispiel in Jerusalem, Antiochien und im ägyptischen Alexandrien.

Das Morgenland ist das Heimatland und Mutterland des Christentums. Aus dem Morgenland stammt die Familie des Jesus von Nazaret, samt allen seinen jüdischen Vorfahren von alters her. In Galiläa, einer morgenländischen Provinz, hat Jesus gelebt und gewirkt, im Morgenland, in Jerusalem, ist er gestorben und von seinen Jüngern als der Auferstandene verkündigt worden. Die erste bedeutsame Entscheidung über das Verhältnis der Christen zu Juden und Nichtjuden wurde im Jahre 49 auf dem so genannten »Apostelkonzil« in Jerusalem gefällt. Die ersten Schriften über Jesus und seine Botschaft und über den christlichen Glauben, der sich daraus entwickelte, entstanden im Osten. Von der syrischen Stadt Antiochia aus brachte der kleinasiatische Jude Paulus die christliche Lehre zu uns nach Europa. Eher als irgendwo sonst existierten im Osten drei theologische Schulen: in Alexandrien, in Antiochien und in Caesarea. Die acht ersten Konzilien fanden im Osten statt, die meisten in Konstantinopel, andere in Nizäa, in Ephesus, in Chalzedon. Im Morgenland entstanden die ersten Orden und Klöster, die ersten richtungweisenden Kirchenlehrer war Orientalen: Athanasius und Basilius, Gregor und Johannes Chrysostomus, bevor noch im Abendland Ambrosius und Augustinus, Leo und Hieronymus zu lehren und zu schreiben begannen. Nicht von ungefähr sagt eine alte Redewendung: »Ex Oriente Lux!« – aus dem Osten kommt das Licht, man könnte sagen: kommen Erleuchtung und Leben.

Als in der Zeit nach Karl dem Großen das weströmische Reich durch das starke Frankenreich abgelöst wurde, brachen die Verbindungen zwischen Rom und Byzanz mehr und mehr ab. Kaum jemand in Aachen oder in Rom interessierte sich ernsthaft dafür, was im Osten geschah, Abendland und Morgenland entwickelten sich nebeneinander her. Doch da wurde – ungefähr hundert Jahre nach Otto dem Großen – der Bischof von Toul im fränkischen Burgund zum Papst gewählt: ein Deutscher mit Namen Graf Egisheim-Dagsburg. Er nannte sich Leo IX. und war in den Wirren der »finsteren Zeit« endlich wieder ein guter, heiligmäßiger Papst. Leo machte es sich zu Aufgabe, eine freundschaftliche Annäherung zwischen den Kirchen im Westen und im Osten herbeizuführen. Leo war vom Reformgeist von Cluny durchdrungen, ein frommer und demütiger, aber auch ein charakterfester und zupackender Mann. Die prachtgewohnten Römer rieben sich die Augen, als der neue Papst, mitten im Februar, barfuß die Stadt betrat und nicht winkend und segnend, sondern mit gesenktem Haupt betend in die Petrusbasilika einzog. Nach nicht einmal zwei Monaten berief er eine Synode ein und erklärte mit strengen Worten alle durch Bestechung eingesetzten Bischöfe und alle Priester von Rom, die den

Zölibat nicht achteten, sondern mit einer Frau »im Konkubinat« zusammenlebten, für abgesetzt. Alle Taufen und Beichten, die durch einen solchen Priester vorgenommen und alle Messen, die von ihm gehalten worden waren, seien ungültig, erklärte der Papst; den Gläubigen sei verboten, an ihren Gottesdiensten teilzunehmen. Hätte der Papst nicht seinen Erlass gemildert und die Priesterreform nicht auf einen längeren Zeitraum ausgedehnt, statt auf einer schnellen Durchführung zu bestehen, wäre in Rom – so kann man in Berichten aus jener Zeit lesen – die gesamte Seelsorge zusammengebrochen und man hätte alle Kirchen schließen müssen.

Papst Leo IX. segnet einen Abt, der ihm das Modell einer Kirche übergibt, die er hat bauen lassen: Ein Bild aus einem »Codex« des 11. Jahrhunderts.

Der Papst reiste in seinen nur fünf Regierungsjahren persönlich durch viele Städte Italiens, durch Frankreich und Deutschland, predigte unermüdlich vor zahllosen Christen und hielt Synoden ab, auf denen er, ähnlich wie in Rom, sein Reformprogramm verkündete und mit Beharrlichkeit durchsetzte. Zum Programm des Papstes gehörte auch, dass er die Stellung der Kardinäle aufwertete: Er fasste sie zu einem Senat zusammen, zu einem ständigen engen Beraterkreis, dem »Kardinalskollegium«. Damit war ein erster wichtiger Schritt getan, von der Unsitte loszukommen, dass in Rom die reichen Herrscherhäuser und die alten Adelsparteien bestimmten, wer Papst wurde. Gut zehn Jahre danach wurde dann durch einen der Nachfolger Leos in einem kirchlichen Gesetz, dem so genannten Papstwahldekret, festgelegt, dass in Zukunft nur noch die Kardinäle in geheimer Wahl den Papst ernennen dürfen. Auf Grund dieses Papstwahldekrets von 1059 werden noch bis heute alle Kardinäle der ganzen Welt jedes Mal dann zusammen gerufen, wenn es gilt, nach dem Tod des Papstes einen Nachfolger zu wählen.

Ein guter neuer Geist unter Papst Leo IX.

Im fünften Jahr seiner Amtszeit begann Papst Leo IX. schließlich mit den engeren Vorbereitungen zu Einigungsgesprächen mit den Patriarchen der

gewöhnl. Brot – Andachtsbilder – Bärte
Zölibat – Primat d. Papstes

griechisch-orthodoxen Kirche. Er ernannte den erfahrenen Kardinal Humbert von Silva Candida zum Verhandlungsführer und schickte ihn mit einer großen Delegation nach Byzanz. Kaum war er dort angekommen, starb der Papst, und Kardinal Humbert musste die schwierigen Verhandlungen allein beginnen. Auf orthodoxer Seite stand ihm Cerularius, Patriarch von Byzanz, gegenüber. Doch aus Verhandlungspartnern wurden schon bald Verhandlungsgegner. Beide Seiten brachten zunächst nur zweitrangige Einzelfragen vor, aber die Katholischen und die Orthodoxen redeten darüber in einem solch rüden Ton miteinander, dass eine Annähe-

Die Ikonostase in einer der griechisch-orthodoxen Kirchen von Korinth. Durch die Bilderwand wird der Altarraum vom Gebetsraum der Gläubigen getrennt.

rung von vornherein unwahrscheinlich war.

Byzanz verlangte zum Beispiel, dass in der Abendmahlsfeier alltäglich-gewöhnliches Brot geweiht und für die Kommunion verwendet würde, nicht ein besonderes, ungesäuertes Hostienbrot wie in der lateinischen Kirche. – Die Römer wollten in den Kirchen möglichst wenig Bilder haben, schon gar keine schönen bunten Muttergottesbilder, damit das einfache Volk nicht dazu verführt würde, die Bilder, vor denen Kerzen brennen, anzubeten. Die Byzantiner hingegen wollten viele fromme goldverzierte Andachtsbilder in der Kirche, ja, sie stellten vor den Altarraum eine vom Boden bis zur Decke reichende Bilderwand, eine so genannte Ikonostase auf. Wie eine fast wörtlich genommene Haarspalterei mutet es an, dass sich die beiden Parteien über Bärte stritten: Die Katholischen verlangten, dass sich alle Priester ihre Bärte abscheren lassen sollten, während die Orthodoxen darauf bestanden, ihre Bärte zu behalten, denn Jesus und seine Apostel hätten Bärte gehabt, wie es stets bei den jüdischen Männern üblich gewesen sei, während die Katholischen zu Verrätern an der jüdischen Tradition geworden seien, weil sie sich den heidnischen Römern angepasst hätten und bartlos gingen. – Ernster war die Frage nach dem Zölibat, über die man bereits vor mehreren Jahrhunderten auf einer Synode im Jahre 306 gestritten hatte: Rom wollte, dass auch die Priester der Ostkirche sich zur Ehelosigkeit verpflichteten, wie es sich seit langem als Brauch in

73

der abendländischen Kirche eingebürgert hatte. Das lehnte Byzanz ab: Nur die Bischöfe sollten wegen ihrer größeren verantwortungsvollen Aufgabengebiete ehelos bleiben. – Auch eine Glaubensfrage, über die schon vierhundert Jahre unter den christlichen Theologen in Ost und West debattiert wurde, kam auf den Verhandlungstisch: Muss es – so die Morgenländer – im christlichen Glaubensbekenntnis heißen, der Heilige Geist gehe »vom Vater aus«, oder ist es nicht vielmehr richtig zu sagen – so die Abendländer – er gehe zugleich »vom Vater und vom Sohne aus«? Über eine solche Debatte schütteln wir heute den Kopf, weil das, was verhandelt wurde, wohl so gut wie nichts mit dem Glauben, den Jesus lebte und lehrte, zu tun hat. Damals aber nahm man solche und ähnliche Fragen bitter ernst und schloss Männer, die etwas anderes lehrten als das, was auf einem Konzil zur dogmatischen Formel gemacht worden war, als Irrlehrer aus der Kirche aus.

Das entscheidende Problem aber, hinter der alle solche Fragen verblassen mussten, war grundsätzlicher Art: Kann Byzanz sich mit den Lateinern einigen, deren Päpste sie Verräter nannten, weil sie sich mit den emporgekommenen Kaisern aus dem barbarischen Frankenreich und dem unzivilisierten Sachsenland verbündet hatten? Und vor allem: Soll die christliche Kirche eher mehrere »Oberhäupter« haben wie die orthodoxe im Osten, in der Patriarchen nahe beim Volk den einzelnen Gebiets- und Länderkirchen vorstehen – oder soll sie wie die römische Kirche im Westen eine geradezu monarchisch geführte Kirche sein, in der ein Papst als »Stellvertreter Christi« die alleinige Herrschaft über die Christenheit ausübt?

Kardinal Humbert beharrte auf der uneingeschränkten Vorrangstellung des Papstes; Patriarch Cerularius und die anderen Patriarchen blieben bei ihrer strikten Ablehnung. Am 16. Juli 1054 legte Humbert, während die Priester sich gerade zur Feier der Eucharistie in der Kirche Hagia Sophia ankleideten, eine »Bann-Bulle« auf den Altar, einen Erlass mit römischem Siegel, in dem der Patriarch verurteilt und aus der Kirche ausgestoßen wurde. Cerularius rief daraufhin noch am selben Tag eine Synode zusammen: Er verbrannte die Bann-Bulle vor aller Augen und schloss seinerseits den Kardinal und seine Mitarbeiter, die wie er sagte »aus einer Gegend der Finsternis gekommen waren, um die wahren Gläubigen der Kirche Gottes zu beleidigen«, aus der Kirche aus. Damit war die Trennung – das so genannte Schisma – vollzogen und die getrennten Einfluss- und Wirkungsgebiete der Ost- und Westkirche waren gegeneinander abgesteckt.

Nach Landgebiet und Bevölkerungszahl ist die Ostkirche nicht so groß wie die Westkirche. Sie umfasst vor allem einige Balkanstaaten und den europäischen Teil Russlands, zunächst mit Kiew, dann bis heute mit

Moskau als dem bedeutendsten Sitz eines Patriarchen. Insgesamt gehören der Orthodoxie etwa 300 Millionen Christen an. Einige Patriarchate haben sich im Lauf der Geschichte wieder dem römischen Papst zugewandt; man nennt die an Rom angeschlossenen Kirchen des Ostens »Unierte«.

In den letzten Jahrzehnten sind die beiden zerstrittenen Kirchen wieder mehr aufeinander zu gegangen. Als sich 1965 der katholische Papst Paul VI. und der orthodoxe Patriarch Athenagoras I. in Jerusalem trafen, erklärten sie: »Wir bedauern die beleidigenden Worte, die grundlosen Vorwürfe und verwerflichen Handlungen, die von der einen oder der anderen Seite zu den

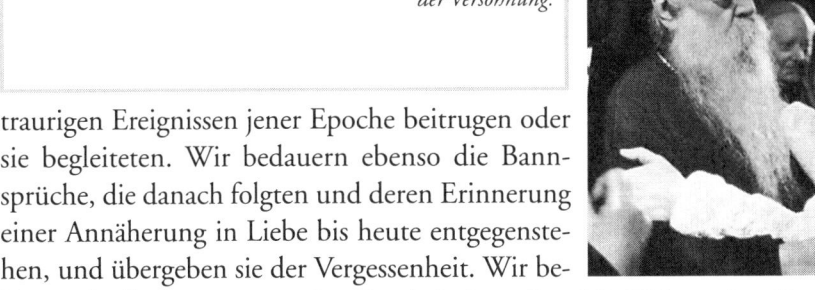

Neunhundert Jahre nach dem Schisma von Konstantinopel setzten der griechisch-orthodoxe Patriarch Athenagoras und der römische Papst Paul VI. ein Zeichen des Friedens und der Versöhnung.

traurigen Ereignissen jener Epoche beitrugen oder sie begleiteten. Wir bedauern ebenso die Bannsprüche, die danach folgten und deren Erinnerung einer Annäherung in Liebe bis heute entgegenstehen, und übergeben sie der Vergessenheit. Wir beklagen die Ärgernis erregenden Geschehnisse, die schließlich zu dem Bruch der kirchlichen Gemeinschaft geführt haben.« Zur gleichen Zeit beschloss das II. Vatikanische Konzil ein »Dekret über den Oekumenismus« (= eine Verlautbarung über die Bemühungen um Einheit im Glauben). Aus dem Dekret ist von einer Vorrangstellung der Lateiner vor den Orthodoxen nichts mehr herauszulesen, viel aber vom Recht auf Verschiedenheit zwischen Ost und West. »Die Verschiedenheit der Sitten und Gebräuche«, heißt es dort, »steht nicht im geringsten der Einheit der Kirche entgegen, vermehrt vielmehr ihre Zierde und Schönheit. Um jeden Zweifel auszuschließen«, so geht es im Text weiter, »erklärt das Konzil feierlich, dass die Kirchen des Orients die Fähigkeit haben, sich nach ihren eigenen Ordnungen zu regieren, wie sie der Geistesart ihrer Gläubigen und dem Heil der Seelen am besten dienlich sind.« Am Schluss des Dokuments wird über die Sitten und Gebräuche hinaus auch von den Glaubens-Aussagen gesprochen: »Bei den verschiedenartigen theologischen Formeln muss man oft mehr von einer gegenseitigen Ergänzung als von einer Gegensätzlichkeit sprechen. Das Konzil spricht den dringenden Wunsch aus«, so schließt das Dekret, »dass von nun an alle ihr Bestreben darauf richten, die Einheit allmählich zu erlangen, besonders durch das Gebet und den Dialog«.

Kirchenpolitik und Glaube im Mittelalter

In der Nähe der Stadt Parma in Oberitalien stehen die Ruinen der Festung Canossa. Als die Burg noch unversehrt und von Menschen bewohnt war, hat sich dort ein denkwürdiges Ereignis zugetragen, und es gibt kein Kirchengeschichtsbuch, in dem

Kaiser Heinrich IV. bittet auf den Knien die Gräfin Mathilde, Burgherrin von Canossa, sie möge für ihn beim Papst Fürbitte leisten. Hinter dem Kaiser sitzt der Abt von Cluny, der ebenfalls vermitteln soll. – Buchmalerei aus dem 12. Jahrhundert.

der Name Canossa nicht erwähnt und in dem von diesem Ereignis nicht berichtet wird.

Januar 1077. Zwei Männer sind unterwegs nach Canossa. Der eine, Papst Gregor VII., kommt aus Rom, der andere, Heinrich IV., König von Deutschland, ist über die Alpen aus Trebur in Hessen angereist. Die beiden Männer führen seit Jahren eine erbitterte Fehde gegeneinander und wollen nun in Canossa ihrem unseligen Streit ein Ende machen. Der Papst langt als Erster in Canossa an und bezieht in der Burg Quartier, die einer ihm befreundeten Gräfin mit Namen Mathilde gehört. Als König Heinrich nach mühseligem Ritt Canossa erreicht und die vereisten Stufen hinaufsteigt, findet er das eiserne Gitter zum Burgtor heruntergelassen. Papst Gregor hat sich zurückgezogen und will den König nicht empfangen. Die Gräfin fleht ihn an, nicht grausam sondern barmherzig zu sein. Noch zögert der Papst, doch endlich, als König Heinrich drei Tage lang nur mit einer grauen Büßerkutte angetan auf dem Pflaster des Hofs im Schnee gestanden hat, gibt er nach. Am 28. Januar 1077 zieht man das Fallgitter hoch. Der Papst geht König Heinrich bis in den Burghof entgegen und reicht ihm die Hand zur Versöhnung.

Der Reformpapst Gregor VII.
beginnt seine Amtszeit

In den 20 Jahren nach dem Tod des Reformpapstes Leo IX. regierten fünf Päpste, die – der eine mehr, der andere weniger – in der jeweils nur kurzen Amtszeit, die ihnen beschieden war, die cluniazensische Reform energisch vorantrieben. Schon dem Papst Leo und dann allen seinen fünf Nachfolgern hatte ein kleiner, aber selbstbewusster und hoch intelligenter Mann gedient, der eine Zeit lang selbst Mönch in Cluny gewesen war und danach in Rom Kardinal wurde: Hildebrand von Soana. Er wurde in der Provinz Toscana geboren; seine Mutter stammte aus einer jüdischen Familie. Im Jahre 1073 wurde er von der römischen Bevölkerung in der Lateranbasilika mit lautem Jubel zum Papst ausgerufen.

Unter dem Namen Gregor VII. bestieg er den Papstthron. Er zog keine prächtigen Gewänder an, wie es damals üblich war, und auch nicht das kennzeichnend weiße Gewand, wie es bis heute die Päpste zu tragen pflegen. Er trug vielmehr sein Leben lang weiter die einfache braune Kutte der benediktinischen Mönche.

Ähnlich wie schon vor ihm Leo IX., blickte auch der neue Papst von Anfang an über die Mauern seines Palastes hinaus in die Länder Europas, in denen Christen lebten. In einem Bericht aus seiner Zeit heißt es, Gregor habe »alle wichtigen Städte in Italien, Frankreich und Deutschland persönlich besucht«. In Frankreich setzte er so genannte Legaten ein, zuverlässige hohe Geistliche, die das begonnene Reformwerk von Cluny überwachten und lebendig hielten. Dasselbe tat er in Deutschland, zunächst noch mit kräftiger Unterstützung durch König Heinrich. Zu Wilhelm dem Eroberer, König von England, hatte er regen Kontakt; in Spanien machte er sich Freunde, indem er sich dort, zusammen mit dem spanischen König Alfons, um die Schönheit und Verständlichkeit des Gottesdienstes kümmerte. Gute politische und seelsorgliche Beziehungen pflegte er mit den Ungarn und den Dänen und mit den normannischen Königen von Süditalien. Es gab kein Herrscherhaus im Reich und keinen König in den angrenzenden Nachbarländern, mit denen Gregor VII. nicht in reger brieflicher Verbindung stand.

Der Investiturstreit zwischen Papst und Kaiser

Die Reform von Cluny hatte sich vor allem auf die Benediktinerklöster und auf die Pfarrgemeinden in den größeren und kleineren Orten des Reiches heilsam ausgewirkt und einen neuen christlichen Geist bis in die Häuser und Familien hinein getragen. Jetzt, unter Papst Gregor VII., zielte die Reform verstärkt in eine öffentlichere, man könnte sagen: in eine politische Richtung. Die ersten Schritte in diese Richtung hatten bereits Gregors Vorgänger getan, indem sie sich gegen die Simonie, den Ämtermissbrauch und das Eigenkirchenwesen wandten. Gregor verschärfte diese Reformanstrengungen erheblich. Kirche und Staat, so ließ er verlautbaren, sollten zwar einträchtig miteinander zum Wohl der Christenheit wirken, doch sollte bei diesem Zusammenwirken die Kirche nicht die Rolle der Magd, sondern die Rolle der Herrin spielen. Der Papst, so drückte Gregor es bildlich aus, ist die Sonne, der Kaiser ist der Mond, der von der Sonne sein Licht empfängt. Gregor nannte sich »Nachfolger des heiligen Petrus«, ein Titel, den noch heute die römischen Päpste führen; er sei, so schärfte er den Christen ein, nicht nur der oberste Hirte der Kirche, sondern auch der Oberherr aller weltlichen Herrscher. Wenn ein weltlicher Herrscher nicht nach Recht und Gewissen regiere, müsse der Papst ihn absetzen. Einem von ihm abgesetzten Kaiser, König oder Fürsten dürften die Untertanen nicht mehr gehorchen. Und noch eins war dem Papst unverzichtbar wichtig: Von nun an dürfe kein Kaiser und König und Landesfürst mehr einen Bischof oder Abt einsetzen, dieses Recht stehe allein dem Papst zu.

Die Ernennung und Einsetzung eines Bischofs oder Abtes und deren Ausstattung mit den entsprechenden Rechten und Aufgaben nennt man Investitur (= Einkleidung). In einem »Dekret gegen die Laieninvestitur« verdeutlichte der Papst seinen Willen: Er sprach ausdrücklich allen weltlichen Herrschern (den »Laien«) das Recht ab, Bischöfe einzusetzen. Der Kaiser oder König oder Landesfürst, der dem Dekret zuwiderhandelt, so hieß es in dem Text, wird »für abgesetzt erklärt und exkommuniziert«, das heißt aus der Gemeinschaft der Kirche ausgeschlossen. Da sich die Macht vor allem der deutschen Könige auf die ihnen treu ergebenen Reichsbischöfe stützte, traf das Dekret den deutschen König besonders hart. Wenn nicht mehr er die Bischöfe einsetzen und mit Rechten und Befugnissen ausstatten durfte – auf wen sollte er sich dann noch verlassen können, wer sollte ihm dann noch helfen, das große Reich zu regieren? Der damals regierende König Heinrich sah seine Macht in Gefahr. Er musste sich dem Papst widersetzen und ihm zeigen, dass er der Stärkere war und das

Dekret nicht annehmen würde: Verärgert und zum Zeichen seines Widerspruchs ernannte er noch im selben Jahr für die Stadt Mailand, die in seinem Reichsgebiet lag, einen Erzbischof. Der Papst fühlte sich hintergangen, verletzt und gekränkt. Er reagierte sofort: Er schrieb einen Brief an König Heinrich, in dem er ihm androhte, er werde ihn exkommunizieren, falls er nicht gehorche und es noch einmal wage, einen Bischof zu »investieren«.

König Heinrich berief einen Reichstag nach Worms ein und las den Fürsten und Reichsbischöfen den Drohbrief des Papstes vor. Die Männer berieten, was auf die Drohung des Papstes hin zu tun sei. Schließlich stellte sich die Mehrheit der Versammlung hinter ihren König und verfasste als Antwortschreiben einen Protestbrief, der unverzüglich durch Boten nach Rom gebracht wurde. Schon die Anrede, die Heinrich über den Protestbrief setzte, war ungeheuerlich: »Ich, Heinrich, durch Gottes fromme Anordnung König, an Hildebrand, der nicht Papst, sondern ein falscher Mönch ist!« Im selben Ton ging es weiter: »Als ich, Heinrich, hier in Worms offen vorbrachte, was man bisher aus Scheu und Ehrfurcht verschwiegen hatte, da wurde öffentlich ausgesprochen, dass du auf keinen Fall auf dem päpstlichen Stuhl bleiben kannst. Weil mir dieser Spruch der Fürsten und Bischöfe gerecht und vor Gott und den Menschen anerkennenswert erscheint, so stimme also auch ich zu. Ich spreche dir alles Recht der päpstlichen Gewalt ab, das du zu besitzen glaubst, und befehle dir, vom römischen Thron herabzusteigen. Ich, der König und alle Bischöfe sagen hier: Du Verfluchter und Verdammter – steige herab, steige herab!« Der Brief wurde in den königlichen Schreibstuben um ein Vielfaches kopiert und zur Kenntnis an alle Priester im Reich verschickt.

Als der Brief aus Worms in Rom eintraf, hielt Papst Gregor gerade in der Lateranbasilika seine alljährliche Synode zur Fastenzeit ab. Er ließ den Brief vorlesen und gab dann den Kardinälen und Bischöfen, den Priestern und den vielen Gläubigen von Rom, die sich versammelt hatten, ein Zeichen, sich von ihren Plätzen zu erheben. In der Basilika wurde es still. Dann trat der Papst vor und sprach mit lauter Stimme ein Gebet an den heiligen Petrus. »Heiliger Petrus, Fürst der Apostel«, rief er aus und fuhr fort: »Mir als deinem Stellvertreter hat Gott die Macht gegeben zu binden und zu lösen. In dieser mir von Gott gegebenen Vollmacht untersage ich dem König Heinrich IV. die Regierung im ganzen deutschen Reiche und in Italien. Ich löse alle Christen vom Band des Eides, den sie ihm geschworen haben und verbiete jedem, dem König Dienst zu leisten. Weil Heinrich als Christenmensch zu gehorchen verschmäht hat, so lege ich Bann und Fluch auf ihn.«

Das Gebet des Papstes wurde aufgeschrieben und als Brief an König Heinrich gesandt. Wieder rief der König seine Fürsten und Reichsbischöfe zusammen, dieses Mal nach Trebur in Hessen, wo eine alte Pfalz Karls des Großen stand. König Heinrich hoffte, seine Fürsten und Bischöfe würden sich wieder auf seine Seite stellen, gegen den Papst. Wie enttäuscht war er jedoch, als ihn die Fürsten kühl empfingen. Die meisten fürchteten, jetzt, da der König exkommuniziert war und seine Untertanen ihm nicht mehr zu gehorchen hätten, würde das fromme Christenvolk ihn nicht mehr als König anerkennen und auch ihnen, den Reichsbischöfen und Fürsten den Gehorsam verweigern. Das aber würde bedeuten, dass es mit der Macht und vor allem mit ihrem Reichtum zu Ende sei. In aller Eile bildete sich hinter Heinrichs Rücken eine antikönigliche Oppositionsgruppe, deren Mitglieder einen Brief an den Papst schickten und die ihm mitteilten, sie ständen nicht mehr auf der Seite des deutschen Königs, sondern auf der Seite des Papstes in Rom. Zugleich luden sie den Papst ein, nach Augsburg zu kommen, um dort mit ihnen über das Schicksal Heinrichs und die Zukunft des Reiches zu verhandeln. Dann forderten sie König Heinrich auf, sofort und energisch alles zu tun, was möglich sei, um vom Bannspruch des Papstes freizukommen. Sie setzten ihm eine Frist von genau einem Jahr. Heinrich, enttäuscht, sah sich von seinen ehemaligen Getreuen im Stich gelassen. Zum Schein gab er sein Wort, Trebur nicht zu verlassen; heimlich aber bereitete er seine Flucht vor, um sich, noch bevor der Papst in Augsburg einträfe, mit ihm auf halbem Wege zu treffen. Die Bischöfe sperrten zwar sofort die Alpenpässe; es gelang Heinrich jedoch, einen Durchschlupf zu finden und bis nach Canossa vorzudringen. Dort war schon alles für ein Treffen zwischen ihm und Gregor VII. arrangiert, und der Papst löste den König, der drei Tage lang Buße getan und Besserung gelobte hatte, vom Bann.

Das Wormser Konkordat: Ein Einigungsversuch

Weder der König noch der Papst waren aus Canossa als Sieger hervorgegangen. Es half Heinrich nicht viel, dass er nun wieder in die kirchliche Gemeinschaft aufgenommen war: Die Männer in der Fürstenopposition waren inzwischen so mächtig geworden, dass sie ohne König Heinrich zu informieren eine Reichsversammlung nach Forchheim bei Karlsruhe einberiefen, wo es ebenfalls eine karolingische Pfalz gab. Dort wählten sie einen neuen König Rudolf, Herzog von Schwaben. Heinrich ließ nicht locker. Er pochte auf sein königliches Recht, stellte ein Heer auf und zog gegen Rudolf zu Felde. Rudolf wurde im Kampf erschlagen, und Heinrich spürte neue Kräfte. Ohne auf sein in Canossa gegebenes Versprechen zu achten, ernannte er wieder wie früher Reichsbischöfe. Bevor noch der Papst reagieren konnte, schrieb Heinrich ihm einen Brief und drohte ihm, er werde, falls der Papst sich einmische, einen »Gegenpapst« einsetzen. Daraufhin hob Gregor die Lossprechung von Canossa auf und tat den König zum zweiten Mal in den Bann. Da zog Heinrich mit seinem Heer über die Alpen und rief in der Stadt Brixen alle die deutschen und italienischen Bischöfe, die ihm ergeben geblieben waren, zu einer Synode zusammen.

König Heinrich IV. und der Gegenpapst Klemens III., zwischen ihnen ein Schwertträger. Rechts: Vertreibung und Flucht des rechtmäßigen Papstes Gregor VII. – Zeichnung aus einer Chronik des Bischofs von Freising von 1150.

Auf der Synode wurde Gregor VII. für abgesetzt erklärt und tatsächlich ein Gegenpapst ausgerufen, der sich Klemens III. nannte. Heinrich, Klemens und die Bischöfe marschierten mit dem deutschen Heer unaufhaltsam weiter nach Süden. Im Jahre 1084 eroberten sie Rom. In großem Triumph zogen sie in den Lateranpalast ein, wo der Gegenpapst den König Heinrich zum Kaiser des Reiches und seine Gemahlin Berta zur Kaiserin krönte. Papst Gregor aber war nach Salerno bei Neapel geflohen. Dort starb er in großer Verbitterung im Alter von 65 Jahren. Seine letzten Worte waren, so wird überliefert: »Ich habe die Gerechtigkeit geliebt und das Unrecht gehasst, darum sterbe ich in der Verbannung.«

Erst im Jahre 1122, lange nach Kaiser Heinrichs und Papst Gregors Tod, fast fünfzig Jahre nach Canossa wurde der Investiturstreit so gut es ging beigelegt. Der damalige deutsche Kaiser und der damalige Papst unterzeichneten eine Übereinkunft, die man nach dem Verhandlungsort das Wormser Konkordat nennt. Die Wahl und Einsetzung eines neuen Bischofs sollte demnach in Zukunft allein Sache des Papstes und der Domherren der betreffenden Diözese sein. War der Bischof gewählt, wurden ihm in der Kathedrale des Bistums zuerst durch den Vertreter des Papstes die »geistlichen Insignien« (= Zeichen) verliehen: Bischofsstab und Bischofsring. Danach übergab ihm der Vertreter des Kaisers die »weltlichen Insignien«: das Zepter, oder manchmal auch ein Schwert. Trotz der gütlichen Einigung im Wormser Konkordat blieben aber die Spannungen zwischen Kirche und Staat noch fast 700 Jahre lang bestehen, bis zu den Zeiten nach der Französischen Revolution.

Steinerne Zeugen des Glaubens und der Frömmigkeit

In den drei Jahrhunderten, in denen von Cluny aus die große Reform durch die abendländische Christenheit ging, in den Jahren, in deren Mitte Papst Gregor und König Heinrich den Investiturstreit ausfochten, in der Zeit, in der das Schisma die Einheit der Kirche spaltete, in der Zeitspanne zwischen den großen Kaisern Otto I. und Friedrich Barbarossa begann man in Deutschland und Frankreich die ersten großen Dome zu bauen, die uns noch heute Erstaunen und Ehrfurcht abverlangen: Erstaunen verlangen sie uns ab, weil sie Meisterwerke der Baukunst und des Bauhandwerks einer Zeit sind, in der man noch nicht mit Beton und Stahl und noch nicht mit Dampfmaschinen, geschweige denn mit elektronisch gesteuerten und elektrisch angetriebenen Drehkränen und Aufzügen arbeitete; Ehrfurcht, weil die Dome weithin sichtbare Zeugnisse vom Glauben und der Frömmigkeit der Christen des Mittelalters ablegen. Es war – grob gesagt – zunächst die Zeit zwischen 950 und 1250, die man in der Geschichte der Baukunst Romanik nennt. Der romanische Stil greift zwar zurück auf Ideen und Elemente von Bauwerken im alten Rom, ist aber als großer eigener Stil diesseits der Alpen im französischen Burgund und in Deutschland entstanden. Im Zeitalter der Romanik wurden die Abteien von Cluny und Maria Laach in der Eifel und die Dome von Mainz und Hildesheim, von Eichstätt und Augsburg, von Braunschweig und Naumburg, von Limburg und Speyer, von Neuss und Worms erbaut.

In den Tagen des Urchristentum gab es noch keine Kirchen. Die frühen Christen trafen sich vielmehr mit den Juden zu den Gebets- und Lesegottesdiensten in den örtlichen Synagogen. Sonntags feierten sie den eucharistischen Abendmahlsgottesdienst in ihren Häusern, jeweils dort, wo sich ein ausreichend großer Raum dafür befand. Mancherorts wurde ein Haus eigens als Kirche umgebaut und hergerichtet; in der Stadt Dura am Euphrat hat man zum Beispiel Reste einer solchen Haus-Kirche ausgegraben, in der Platz für 50 Gottesdienstbesucher war. Allmählich begann man, anstelle von Häuser-Umbauten eigenständige Kirchen zu errichten. Im zweiten und dritten Jahrhundert waren es immer noch unscheinbare

Gebäude ohne oder mit einem nur geringfügig aufragenden Giebel und mit flacher Innendecke. Als dann Konstantin weströmischer Kaiser wurde und den Christen die Freiheit gab, löste er eine rege Kirchenbautätigkeit aus. Die Kirchen wurden zwar weiterhin, wenn auch größer, gewöhnlich im hallenartigen Basilika-Stil gebaut. Im Mittelalter wendete man aber dann, vor allem in den großen Städten, in denen Bischofssitze waren, dem Kirchenbau immer mehr Aufmerksamkeit zu. Errichteten die weltlichen Herren gewöhnlich auf einem Berg oberhalb der Stadt ihre Burg, so bauten die Bischöfe nun unten in der Stadt burg-artige Kirchen mit dicken

Das Innere des Doms zu Speyer, an dem mehrere deutsche Kaiser im 11. und 12. Jahrhundert gebaut haben. Man denkt an das Kirchenlied von Martin Luther: »Eine feste Burg ist unser Gott«.

Mauern und eindrucksvollen Türmen, die alle Häuser überragten. Burg und Dom prägten überall die Silhouette der Stadt als weithin sichtbare Wahrzeichen der weltlichen und geistlichen Macht.

Die Halle, deren Größe zur Basilika-Zeit noch der Größe der christlichen Einwohnerzahl angepasst war, wurde jetzt, in den romanischen Kirchen und Domen der Städte – aber auch in den Klöstern und Abteien draußen auf dem bevölkerungsarmen Land – so großzügig gebaut, dass mancherorts für viel mehr Menschen Platz gewesen wäre, als die Stadt oder die Gegend Einwohner hatte. Man betrachtete nämlich den mittelalterlichen Dom nicht mehr nur als nutzbaren Raum für den Gottesdienst, sondern zunehmend als Gottes-Haus (als Burg Gottes, wie man auch sagte) und: als »Repräsentationsbau« für das Ansehen der Kirche und den Ruhm der christlichen Kaiser und Könige, der Fürsten und Bischöfe, die im Dom, manchmal in der Krypta unter dem Chor, begraben wurden.

An die Stelle des Hallensaals trat in der Romanik das Schiff, das nun durch Säulen- oder Pfeilerreihen gewöhnlich in ein Mittelschiff und zwei Seitenschiffe untergliedert war. Und an die Stelle der flachen Decke, die man noch aus der Zeit gewohnt war, da die Kirchen aus Holz gebaut wurden, wagte man nun Gewölbe über die Schiffe zu spannen. In den Basiliken stand vorn an der Stirnwand oder in einem vorgebauten halbrunden Raum (= Apsis) der Altar, ein einfacher Tisch ohne Aufbauten; jetzt, in den mittelalterlichen Kirchen und Domen der Romanik, baute man die einfache Apsis zu einem großen, eindrucksvollen Chor-Raum aus, in den man den steinernen Altar stellte. Manche Dome dieser Zeit waren sogar »doppelchörig«, das heißt, das Mittelschiff war sowohl nach vorn, nach Osten, als auch nach hinten, nach Westen, durch je einen Chor verlängert. Eine Vergrößerung des Innenraums erreichten die Baumeister aber vor allem dadurch, dass sie das Längsschiff um ein Querschiff bereicherten: Die ehedem nur aus dem Längsbau bestehende Halle wurde nun von einem zweiten Schiff durchquert, wodurch ein kreuzförmiger Grundriss entstand. Den Schnittpunkt von Längsschiff und Querschiff nannte man wegen seiner quadratischen Grundfläche Vierung. Über die Vierung setzten die Bauleute in einem mutigen, gewagten Akt einen gewaltigen Turm mit spitzem oder helmförmigen Dach, wie zum Beispiel in Worms und in Speyer. Türme zog man aber auch gern an den vier Ecken der Schiffe hoch, oder man baute die rückwärtige Seite der Kirche durch massige Türme zu einem so genannten West-Werk aus, das an die Wehrhaftigkeit einer Burg erinnerte. So entstanden in der Romanik nicht nur riesige Innenhallen, sondern auch imposante »Baukörper«, die von außen gesehen einen großen Eindruck auf die Bürger machten, die in der Stadt wohnten oder die sich von fern als Reisende und Kaufleute, als fromme Pilger oder auch als zerstörungswütige Krieger der Stadt näherten.

Auf die Gottesburg der Romanik folgt das Gemeindeschiff der Gotik

Während man in Deutschland noch fast alle Kirchen und Dome im romanischen Stil baute, hatte in Frankreich bereits das Zeitalter der Gotik begonnen. Die Anfänge überschnitten sich zeitlich mit der Romanik, so dass man nur rund und ungefähr sagen kann, dass die Gotik die Zeit von 1150 und 1550 umfasst. Das Wort Gotik sagt nichts Zutreffendes über den damit gemeinten Baustil aus: Im Norden Frankreichs, wo die Gotik entstand, haben nie Goten gewohnt, und eine gotische Baukunst gab es auch sonst nirgendwo. Vielmehr sagten italienische Kunsthistoriker (später in der Renaissancezeit) »gotisch«, wenn sie barbarisch, geschmacklos, ungebildet und dem Klassisch-Schönen abhold sagen wollten.

Die ersten gotischen Bauwerke in Europa waren die Abteien St. Denis bei Paris und die Kathedrale von Chartres, der Baubeginn von beiden lag noch vor 1150. Noch im selben zwölften Jahrhundert entstanden die Kathedralen von Laon und Soissons, von Reims und Amiens und die weltbekannte Kathedrale Notre Dame in Paris. Einige dieser gotischen Kathedralen wurden erst im 15. Jahrhundert vollendet, wie auch zum Beispiel das Straßburger Münster, einer der schönsten Dome Frankreichs. Die ersten gotischen Kirchen in Deutschland waren die Elisabethkirche zu Marburg und die Liebfrauenkirche zu Trier, die einzige gotische Kirche, die keine be-

Der Kölner Dom, das wohl bekannteste gotische Bauwerk in Deutschland. Im Mittelschiff wird der Blick der Gläubigen nach oben und nach vorn gezogen.

tonte Längsausrichtung hat, sondern als »Zentral-Bau« angelegt ist. Der erste gotische Dom in Deutschland ist der Magdeburger Dom, mit dessen Bau 1207 begonnen wurde. Andere bedeutende Kirchen der deutschen Gotik sind die Abteikirchen von Altenberg im Rheinland und von Lehnin in Brandenburg. Die wohl bekanntesten gotischen deutschen Dome stehen in Köln (am Kölner Dom wurde mehr als 600 Jahre gebaut!) und in Freiburg, in Halberstadt und in Regensburg, sowie in Ulm, dessen Münster mit 162 Metern den höchsten Turm aller deutschen Bauwerke hat. Im Norden wurden die Dome aus Ziegelsteinen gebaut (= Backsteingotik): Danzig und Lübeck, Stralsund, Rostock und Wismar sind die schönsten. Auch in den Niederlanden und in Belgien, in Italien und in England, in Spanien und in Portugal zeugen gotische Dome vom Glauben und der Frömmigkeit der Christen im hohen Mittelalter.

In den romanischen Domen mit ihren Westwerken, ihren dicken Mauern und wehrhaften Türmen haben die betenden Gemeinden wohl gut an den Psalmvers denken können: »Wer im Schutz des Allerhöchsten wohnt, der spricht zum Herrn: Du meine Burg, du meine Zuflucht! Du mein Gott, auf den ich vertraue!« In der Zeit der Gotik war nun noch ein anderes, neues Verhältnis der Menschen gegenüber Gott hinzugekommen. Die Gläubigen fühlten sich nicht mehr so sehr als die schutzbedürftige Gemeinde, die sich im Halbdunkel der Gottesburg versammelte »wie die Küchlein unter den Flügeln der Henne«, wie es einmal in der Bibel heißt. Sie fühlte sich freier, erlöster, blickte aufwärts und vorwärts, mehr als in den früheren Jahrhunderten. Diesem neuen Gefühl des Aufwärts-und-Vorwärts versuchten die Baumeister der Gotik Ausdruck zu verleihen: Wenn die Gläubigen eine gotische Kathedrale betraten, wurde ihr Blick unwiderstehlich in die Höhe gezogen, an den Pfeilern entlang (die nun nicht mehr schwer und stämmig wirkten wie in den romanischen Kirchen, sondern durch ihre vielfältige Gliederung geradezu schlank erschienen) bis hinauf zu den Schluss-Steinen oben hoch am Zusammentreffen der Gewölberippen in den Spitzbögen. Zugleich aber ging der Blick weit nach vorn durch das geradezu nicht enden wollende Schiff zum Altar, der heiligsten Stätte des Doms, gleichsam zum Ort des Anwesenheit Gottes. Hinter dem Altar begann der Chor, den man zuweilen »Glashaus« nannte, weil er nicht mehr aus Stein, sondern nur noch aus dem farbigen Glas der Chorfenster zu bestehen schien, die fast vom Boden bis hinauf an den Anfang des Gewölbes reichten. Meistens war auch die Rückwand der Querschiffe und des Langhauses von riesigen Fenstern eingenommen, von »Rosettenfenstern«, durch die je nach Tageszeit mal von der einen, mal von der anderen Himmelsrichtung her das Sonnenlicht herein leuchtete. Licht und Farbe der Fenster und Weite und Höhe des Raums machten die gotischen Kathedralen zu einer Art Vor-Bild der Schönheit und Größe des Himmels, des Himmlischen Jerusalem.

Der lang gestreckte Raum des Mittelschiffs war allerdings auch nicht ohne Nachteil. Der Altar stand nämlich in den großen Kathedralen so weit entfernt, dass die Leute den Priester am Altar kaum noch sehen und seine Stimme kaum noch hören konnten. Manchmal war der Chorraum, in dem die »Domherren« ihren Platz hatten, durch Schranken oder durch ein goldverziertes Eisengitter zum langen Mittelschiff hin abgegrenzt, oder auch durch einen so genannten Lettner aus Stein oder Holz, das mit reichem Schnitzwerk ausgestattet war. Eine weitere »Schranke« zwischen dem Priester am Altar und den Laien im Kirchenschiff war die Sprache: Überall im Abendland wurde die ganze Messe in lateinischer Sprache gehalten, die außer den Priestern niemand verstand. Nur zur Predigt stieg der Priester auf die Lettner-Bühne oder auf eine eigens dazu erbaute Kanzel und redete zum Volk in der Muttersprache. Dann kehrte er wieder zum Altar zurück und setzte den Gottesdienst im Flüsterton fort, wobei er dem Volk den Rücken zuwandte. Durch alles dies ging das Gefühl dafür, dass der Sonntagsgottesdienst eine gemeinsame Feier aller ist, umso mehr verloren, je größer die Kirchen waren, die man baute. Die Messe wurde zur Veranstaltung des Priesters, der für das Volk und anstelle des Volkes Gott das Mess-Opfer darbrachte, wie man es damals formulierte. Beim Gottesdienst die Kommunion zu empfangen, das Abendmahl zu halten – das war in diesen Zeiten nicht üblich. Dass Jesus mit den Seinen zum Abschied in Jerusalem das jüdische Pascha-Mahl gefeiert hat, bei dem zwar gebetet und aus der Hebräischen Bibel vorgelesen, aber eben auch gegessen und getrunken wurde, dass die zentralen Herren-Worte über Brot und Wein in den ältesten Überlieferungen des Neuen Testaments lauten: »Nehmt und esst! Nehmt und trinkt!« – daran schien man sich in den Gottesdiensten der mittelalterlichen Kathedralen kaum noch zu erinnern.

Schon in den romanischen, verstärkt aber in den gotischen Kirchen hatte man, angelehnt an Pfeiler und Säulen, Neben-Altäre errichtet. Mehrschiffige Dome hatten in jedem Schiff einen Seiten-Altar, in den großen Kathedralen gab es ganze Kapellen-Kränze, die sich um den Chor wanden, und in jeder der Kapellen stand ein Altar. Von den frühen Morgenstunden bis zum Mittag hörte man aus den Kapellen das Gemurmel der Priester, die in schnellem Wechsel einander ablösten, und das Klingeln der Glöckchen, die bald hier, bald dort anzeigten, dass an einem der zahlreichen Altäre »Wandlung war«. Die viel zu vielen Priester, die es damals gab, verdienten sich ihren Lebensunterhalt hauptsächlich damit, dass sie für Geld Messen hielten, die von den Leuten bei ihnen bestellt wurden: für Lebende und Verstorbene, Bittmessen und Dankmessen. Die betende Gemeinde, ohne die ein Gottesdienst eigentlich keinen Sinn macht, bestand gewöhnlich aus zwei Personen: dem messelesenden Priester und einem Ministranten, einem Mess-Diener, der ihm das Messbuch hin und her trug und ihm die Kännchen und Tüchlein reichte, die er gerade für die heilige Handlung brauchte.

Prozessionen, Wallfahrten und Reliquien

Das religiöse Leben im Mittelalter spiegelte sich nicht mehr in erster Linie in der Wertschätzung des eucharistischen Abendmahls, das im Kern von Jesus vor seinem Tod gestiftet und wohl schon in den Tagen der Apostel zum kennzeichnenden Gottesdienst der Christen wurde, sondern in zahlreichen und vielgestaltigen nicht-eucharistischen »Andachtsformen«, die beim Volk zunehmend beliebter wurden. So hat sich zum Beispiel bei den Katholiken bis heute der Brauch erhalten, am Fronleichnamstag in einer festlichen Prozession aus der Kirche auszuziehen und das geweihte Brot, das man als Leib Christi verehrt, in einer Monstranz, einem kostbaren goldenen Zeigegerät durch die Straßen zu tragen. Das Fronleichnamsfest wurde 1247 zum ersten Mal in Lüttich feierlich begangen. Auch andere Prozessionen haben ihren Ursprung in jener Zeit: Feldflur- und Weinbergbegehungen mit der Bitte um gutes Gedeihen; Pferderitte und Schiffsprozessionen mit der weithin sichtbaren Monstranz, Prozessionen an den Festen der Pfarrpatrone und zum Fest des Evangelisten Markus stammen ebenfalls aus den Tagen, da man noch keine Wettervorhersagen und keine Blitzableiter kannte, sondern sich angesichts der Naturgewalten betend in Gottes Hand und Vorsehung begab. An solchen Prozessionen nahmen im Mittelalter die frommen Gläubigen gewöhnlich zahlreicher und mit größerer Innigkeit teil als an der Sonntagsmesse.

Beliebt wie die kleineren Prozessionen waren aber damals vor allem die großen, weiten Wallfahrten, die sich über Tage, Wochen und Monate hinzogen. Christliche Wallfahrten wurden ab dem 4. Jahrhundert, in und nach der Konstantinszeit möglich und üblich. Die bedeutendsten Ziele für Wallfahrten waren zunächst Jerusalem und Rom. Nach Rom zogen die Pilger, weil man in Rom die Gräber der Apostel Petrus und Paulus verehrte; ins Heilige Land reiste man, um die Stätten der Geburt und des Todes von Jesus zu besuchen. Kaiser Konstantin hatte in Betlehem und in Jerusalem riesige Basiliken erbaut, in denen die großen Pilgerscharen Platz zum Beten fanden. Auch der von Konstantin erbaute Dom zu Trier diente wohl von Anfang an als Wallfahrtskirche, in der man noch heute von Zeit zu Zeit den »Heiligen Rock« zur Betrachtung und Verehrung ausstellt. Zu den drei berühmtesten Wallfahrtsorten des Altertums Rom, Jerusalem und Trier kam im Mittelalter Santiago de Compostela (Spanien) hinzu, wo sich in der gotischen Kathedrale das legendäre Grab des Apostels Jakobus des Älteren befindet. Santiago wurde im 11. Jahrhundert zum ganz großen Wallfahrtsort: Auf unvorstellbar mühseligen Wanderwegen selbst aus dem äußersten Nordosten Europas (Estland, Lettland, Litauen) und aus Polen, aus Deutschland und der Schweiz kamen Wallfahrer nach Santiago, zu Fuß, zu Pferde und mit dem Schiff über die Ost- und Nordsee bis hinunter in den Golf von Biskaya. Von ähnlich großer Bedeutung als Wallfahrtsorte waren im Mittelalter Tours mit dem Grab St. Martins, sowie Aachen, wo man als »Heiligtümer« den frommen Pilgern bis heute alle sieben Jahre das Kleid der Muttergottes, die Windeln Jesu, das Enthauptungstuch Johannes des Täufers und andere Reliquien zeigt. Weitere bekannte Wallfahrtsorte in Deutschland, deren Entstehung zum Teil bis ins Mittelalter

zurückreicht, zum Teil aber auch neueren Datums ist, sind Altötting und
Kevelaer, Vierzehnheiligen und Telgte, sowie im Ausland Einsiedeln,
Assisi, Montserrat und Tschenstochau.

Die großen Wallfahrten waren aus verschiedenen Gründen beim Volk
geachtet und beliebt. Einer der Gründe war sicher, dass die Wallfahrt
»etwas Bewegendes« war: Wer von Kind an nur den Gottesdienst an immer
demselben Ort erlebte, nämlich in der Dorf- oder Stadtkirche, in immer
derselben Form, nämlich der festgeschriebenen Messe, unter immer denselben Leuten, die Sonntag für Sonntag zur Kirche kamen – der war froh,

*Ein reich ausgestaltetes Aufbewahrungsgehäuse
(»Reliquiar«) mit der Schädeldecke des Erzbischofs
Bonifatius in der Schatzkammer des Fuldaer Doms. Die
Wallfahrer verehrten das Reliquiar durch Niederknien,
Küssen oder Berühren.*

einmal an einen ganz anderen Ort, in ein unbe-
kanntes Land zu kommen, fremde Leute kennen zu lernen und etwas anderes anschauen zu
dürfen als immer nur und immer wieder das
heilige Brot und den Kelch mit dem geweihten
Wein, die beiden »Gestalten«, die der Priester
in der Messe emporhob und dem Volke zeigte.
An den Wallfahrtsorten sah man dagegen hier ein Gewand und dort ein
Marterwerkzeug, hier ein Grab und dort eine Säule, auf der ein
asketischer Einsiedler stehend sein Leben zugebracht hatte, hier ein
Gnadenbild, von dem Wunderkräfte ausgingen, und dort den Strick, mit
dem Jesus gefesselt, und die Nägel, mit denen er ans Kreuz geschlagen worden war. Man ging hin und bestaunte die kunstvollen Schreine, in
denen Reliquien aufbewahrt wurden: Ganze Skelette und kleine Knochen-
splitter von heiligen Männern und Frauen, oder das Leichentuch, in das
Jesus gewickelt und in das Grab des Josef von Arimathäa gelegt worden
war, ja, im Morgenland pilgerte man sogar zu dem Misthaufen, auf dem
der arme geduldige Ijob gesessen hatte und sich die Geschwüre von den
Hunden lecken ließ. Anderswo beugte man sich nieder und trank Wasser
aus verehrungswürdigen gottgeweihten Quellen, und man kniete hin und
durfte die Reliquien küssen, die sich hinter runden Glasfensterchen in
einem goldenen »Reliquiar« verbargen. In den damaligen Zeiten ohne Zei-
tungen und Kino, ohne Weltausstellungen und Fernsehreportagen waren

solche ernst zu nehmenden und manchmal auch skurrilen Sehenswürdig-keiten nicht nur attraktive Abwechslungen im eintönigen Alltag, sondern eben immer auch Anlässe, still zu werden und hinter den sichtbaren Zeichen nach dem unsichtbaren Gott zu fragen.

Die Bezeichnung Wallfahrer geht auf ein germanisches Wort zurück, das so viel heißt wie: jemand, der unstet ist, der keine Bleibe, keinen festen Ort hat; das Wort Pilger kommt vom lateinischen »pelegrinus, peregrinus«: der Wanderer, der Fremdling. Wallfahrt und Pilgerschaft waren Abbild des lan-gen Erdenweges des Menschen zu Gott. So gab es einen zweiten Grund, sich auf eine Wallfahrt zu begeben: Auf der langen und beschwerlichen Pilgerrei-se wollten sich die Gläubigen darauf besinnen, dass sie nur Fremde, nur Wandernde, nur Ortlose auf dieser Erde sind und dass ihre eigentliche Hei-mat der Himmel ist, wo sie »die ewige Ruhe« zu finden hoffen bei Gott.

Ein dritter Grund – vielleicht der wichtigste – eine Wallfahrt mitzuma-chen war wohl, einmal so recht zu erfahren: Wir sind Viele, wir gehören zu der unzählbar großen Schar der an Jesus Christus Glaubenden, wir sind »Volk Gottes«, eine Erfahrung, die sie in ihrem engen Zuhause nicht machen konnten. Wenn sie sich auf den Weg machten, zeigten sie ihre Gemeinschaft und ihre Zusammengehörigkeit unter anderem durch ihre Kleidung an: Ar-me und Reiche, Alte und Junge trugen alle ein braunes, schmuckloses Pil-gergewand und einen breitkrempigen Hut, der sie einigermaßen vor Regen und Sonnenhitze schützte. Viele gingen in Sandalen, manche wanderten, den Pilgerstab in der Hand, die langen Wege barfuß. Als allen gemeinsames Abzeichen hatten sie die Schale einer Muschel bei sich, mit der sie unterwegs aus Quellen und Bächen Wasser zum Trinken schöpften und die sie sich in das Hutband steckten oder mit einer Schnur an den Knauf des Wanderstabs hängten. Auch wenn die Pilgerreise nicht zum heiligen Jakobus nach Santia-go ging, sondern an einen anderen Wallfahrtsort, trugen die mittelalterlichen Pilger die »Jakobsmuschel« als Erkennungszeichen. Die Leute, die eine auf-wändige monatelange Wallfahrt unternahmen, waren entweder so wohlha-bend, dass sie sich mit ihrem Geld unterwegs mit dem, was sie brauchten, versorgen konnten (und was sie wie selbstverständlich mit den Ärmeren teil-ten); oder aber sie waren bewusste »Asketen« (= entsagende, enthaltsame Büßer), die arm wie sie waren in die Fremde zogen und um das Allernot-wendigste betteln gingen. Niemand indessen kam vor Entbehrung um: Zum Übernachten wurden für die Pilgerscharen die Kirchen und Kathedralen, die an der Pilgerroute lagen, zur Verfügung gestellt, und für die Hungernden, Durstigen oder Erkrankten wurde in den vielen Pilgerherbergen entlang des Weges gesorgt.

Christentum und Islam treffen aufeinander

»Ein gottloses Volk, das Volk der Sarazenen, hat das Vaterland unseres Herrn Jesus Christus, das Mutterland unseres Glaubens in der Hand! Die Gottlosen drücken die heiligen Orte, welche die Füße des Herrn betreten haben, mit ihrer Tyrannei und hal-

Papst Urban II. ruft 1095 in Clermont zum Kreuzzug auf. Eine Buchmalerei aus dem Jahr 1490.

ten die Gläubigen in Knechtschaft und Unterwerfung. Die Hunde sind in das Heiligtum eingedrungen, das Allerheiligste ist entweiht! Das Volk, das den wahren Gott verehrt, ist erniedrigt! Will euch darüber nicht das Herz zerfließen? Ihr lieben Brüder, wer kann das mit trockenen Augen anhören? Der Tempel des Herrn ist zum Sitz der Teufel geworden. Die Kirche zur heiligen Auferstehung steht unter der Herrschaft derer, die an der Auferstehung keinen Anteil haben, sondern als Stroh zur Erhaltung des höllischen Feuers werden dienen müssen.

Bewaffnet auch, liebe Brüder, gürtet eure Schwerter um! Besser ist's, im Kampf zu sterben, als unser Volk und die Heiligen im heiligen Land leiden zu sehen. Wer Eifer hat für das Gesetz Gottes, der schließe sich uns an. Ziehet aus, der Herr wird mit euch sein! Beugt den Stolz der Ungläubigen und bestraft sie gebührend! Wer gegen sie die Waffen ergreifen will und die Last dieser Pilger-Reise auf sich nimmt, dem erlassen Wir durch die Autorität der heiligen Apostel Petrus und Paulus alle Sündenstrafen, und wenn einer im Kampf ums Leben kommt, so darf er fest glauben, dass ihm die Frucht des ewigen Lebens zuteil wird.«

Jerusalem unter der Herrschaft islamischer Eroberer

Ungefähr um die Zeit, als Bonifatius in Germanien das Christentum predigte, war die Provinz Palästina und die christliche Stadt Jerusalem von den benachbarten Arabern erobert und zu einer arabischen Stadt gemacht worden. Der Eroberungsfeldzug der Araber war hart und vielerorts grausam gewesen; doch mit dem Fall Jerusalems im Jahre 637 normalisierten sich die Verhältnisse. Die Einwohner von Jerusalem konnten in erträglichem Frieden mit den muslimischen Arabern zusammenleben; wer als Wallfahrer aus dem fernen Europa kam, durfte unbehelligt an den heiligen Stätten in Jerusalem beten, während nebenan die Muslime im Felsendom, den sie um 700 auf dem Sionsberg erbaut hatten, ihre Gebete verrichteten. Dreihundert Jahre danach wurde jedoch die Lage im »Heiligen Land« gespannter: Das türkische Herrschergeschlecht der Seldschuken war an die Macht gekommen, eroberte Jerusalem und begann, die Religionsfreiheit der Christen zu beschneiden. Da riefen die Christen im Morgenland die Christen im Abendland um Hilfe an. Der damalige Papst Urban II. hörte den Hilferuf und erklärte den Seldschuken, die man vereinfacht auch Türken oder, mit einem alten Sammelwort Sarazenen nennt, den Krieg. Die Hunde und Teufel, von denen er in seinem Aufruf zum Krieg spricht, waren ihrer Religion nach Muslime, Anhänger des Islam.

Der Islam gehört heute zu den großen Weltreligionen. Hinter dem Christentum, zu dem sich weltweit etwa 1,8 Milliarden Menschen bekennen, steht der Islam mit etwas über einer Milliarde Anhängern der Zahl nach an zweiter Stelle. (Zum Judentum, der dritten monotheistischen Weltreligion, gehören 26 Millionen Gläubige.) In Deutschland, wo man vor dem Zweiten Weltkrieg vom Islam eigentlich nur das eine oder andere aus Büchern wusste, leben heute mehr als 3 Millionen Muslime, wie man die Angehörigen des Islam nennt. Der größte islamische Staat der Erde ist Indonesien mit 175 Millionen muslimischen Bewohnern; die uns am bekanntesten nahöstlichen Staaten mit großem islamischen Anteil sind die Türkei, der Iran und Ägypten, drei Länder, in denen jeweils 60 Millionen Musliminnen und Muslime wohnen. – Die beiden Wörter Islam und Muslim leiten sich von einem arabischen Wort ab, das soviel wie »sich Gott ergeben, sich Gott hingeben« bedeutet. Gegründet wurde der Islam im siebten Jahrhundert nach Christus von dem arabischen Propheten Mohammed (= der Gepriesene).

Mohammed, der Gründer der islamischen Religion

Mohammed wurde 570 in Mekka, der zweitgrößten Stadt im heutigen Saudi-Arabien, als Kind einer Adelsfamilie geboren. Er war kein »Wüstensohn«, wie schwärmerische Erzähler gerne sagen, sondern ein Großstädter, der durch Heirat ein reicher Mann wurde. Mekka lag an der so genannten Weihrauchstraße, deren Name auf die Ware hinweist, die von den Kaufleuten zu den Mittelmeerländern gebracht wurde: den für den Gottesdienst verwendeten Weihrauch. Mekka war aber auch, schon lange vor der Mohammed-Zeit, ein Wallfahrtsort für Tausende von Pilgern, die alljährlich die Ka'ba und die vielen anderen Heiligtümer der heidnischen Göttinnen und Götter in Mekka und in der Umgebung besuchten. Ka'ba ist ein arabisches Wort für Würfel, würfelförmiger Stein.

Durch die Pilger, die nach Mekka kamen und von denen manche in seinem Elternhaus übernachteten, lernte Mohammed schon als Kind die Vielfalt der polytheistischen, viele Götter verehrenden Religionen des Orients kennen; durch die Händler aus den Mittelmeerländern Syrien, Palästina und Griechenland kam er in Berührung mit Juden und Christen, deren monotheistischer Glaube ihn nachdenklich machte und faszinierte. Mit vierzig Jahren wurde er, so hält es die islamische Tradition in ihren Überlieferungen fest, von dem einen und einzigen Gott zum Propheten berufen. Als er anfangs zaghaft und dann immer selbstbewusster mit seiner prophetischen Botschaft an die Öffentlichkeit trat, erging es ihm, wie es seinerzeit Jesus mit seiner Botschaft ergangen war: Er stieß bei den einflussreichen Oberen seines Volkes auf heftigen Widerstand. Die Mächtigen von Mekka, die von den Pilgern reiche Einkünfte hatten, wollten von Mohammeds Ein-Gott-Lehre nichts wissen. Sie verdächtigten ihn der Irrlehre und unterdrückten ihn, wo sie nur konnten. Mohammed entschloss sich, von Mekka wegzugehen und in die Stadt Medina überzusiedeln. Im Jahre 622 traf er mit seiner Familie und seinen Anhängern im nahe gelegenen Medina ein. Das Jahr seines Auszugs nach Medina zählt seitdem als »das Jahr 1« in der islamischen Zeitrechnung.

Der Islam breitet sich aus

Medina wird die Urgemeinde des Islam genannt; von Medina aus gelang es Mohammed, in nicht einmal einem Jahrzehnt fast alle arabischen Stämme – auch die ehedem ihm feindlich gesonnenen Bewohner von

Mekka – dazu zu bewegen, seine Verkündigung anzunehmen und sich seiner Lehre anzuschließen. Arabien wurde ein arabisch-islamischer Staat, die Araber wurden ein islamisches Volk, regiert von einem Kalifen, einem Prophetenstellvertreter. Als die Araber später in ihren Eroberungszügen über ihre Staatsgrenzen hinaus vordrangen, brachten die Soldaten den Islam mit in die von ihnen unterworfenen Länder: in die vorderasiatischen Gebiete Iran, Irak, Syrien, Libanon und Palästina; zu den zentralasiatischen Völkern in Pakistan, Indien und Afghanistan; in die nordafrikanischen Länder Ägypten, Libyen, Tunesien, Algerien und Marokko. Schließlich fuhren sie unter ihrem Feldherrn Tarik über die später nach ihm benannte Meerenge von Gibraltar (= Gabal Tarik, Felsen des Tarik) nach Europa hinüber und eroberten die ganze iberische Halbinsel: Spanien und Portugal. Die Araber setzten in all den von ihnen eroberten Gebieten nicht alles daran, die Bewohner gewaltsam zu Muslimen zu machen. Die Araberkriege waren nämlich nicht in erster Linie Glaubenskriege, Muslime gegen Christen, Islam gegen Christentum, sondern vielmehr kriegerische Feldzüge, bei denen es den Eroberern, wie immer bei Kriegen, um Machterweiterung, Landnahme, Gewinn und Reichtum ging. Sie zwangen die Besiegten nicht, ihren alten Glauben abzulegen und Muslime zu werden, sondern einen jährlichen Tribut, eine Art Steuer zu entrichten. Als – zum Beispiel – eines ihrer Heere Jerusalem einnahm, schloss der Sieger mit dem Besiegten einen Vertrag, in dem es unter anderem hieß: »Im Namen Gottes, des barmherzigen Erbarmers! Das Folgende gewährt Umar, der Knecht Gottes und Befehlshaber der Gläubigen, den Einwohnern von Jerusalem als Sicherheitsgarantie. Er gibt ihnen eine Garantie für ihr Leben, ihr Hab und Gut, ihre Kirchen und Kreuze, die Kranken und Gesunden sowie die ganze Einwohnerschaft der Stadt. Ihre Kirchen sollen weder für uns als Wohnungen beschlagnahmt noch zerstört werden. Weder die Kirchen selbst noch der dazugehörige Besitz soll Schaden leiden, auch nicht ihre Kreuze oder anderweitiges Eigentum. In ihrer Religion sollen sie nicht beeinträchtigt werden. Die Bewohner müssen allerdings in gleicher Weise Tribut entrichten wie die Bewohner der anderen von uns eroberten Städte. Auf dieser Bürgschaft liegt der Schutz Allahs und seines Propheten.« Mit Damaskus und auch mit anderen dem Araberreich eingegliederten Städten wurden ähnliche Verträge geschlossen.

Viele Bewohner der von den arabischen Kriegern eroberten Länder um das Mittelmeer blieben Christen oder blieben Juden, viele Menschen in den in Asien gelegenen Ländern blieben Hindus oder Buddhisten. Die meisten aber nahmen den islamischen Glauben an. Sie achteten, ja sie bewunderten die hohe arabisch-islamische Kultur, durch die sie sich bereichert fühlten. Vor allem ihre Weisheitslehre vom Leben und von der Lebenskunst, die von den islamischen Gelehrten und den arabischen Philosophenschulen ausging, war allenthalben geschätzt. Mit Eifer und Vergnügen las man die Werke der großen arabischen Dichter; Staunen und Bewunderung erregten die Bauwerke der Muslime, die von hohem architektonischem Rang und von großer künstlerischer Schönheit waren: die Moscheen von Istanbul, von Kairo und von Isfahan, der zweitgrößten Stadt des Iran; der Felsendom in Jerusalem und, in der spanischen Stadt Granada gelegen, das Schloss Alhambra, das noch heute jedes Jahr von nahezu einer Million Touristen aus der ganzen Welt besucht wird. Von den Muslimen lernte man damals die »arabischen Ziffern«, die man, mit der Zeit etwas weiter entwickelt, heute auf unseren Autonummernschildern und auf der Tastatur der Telefone und Rechner sieht. Viele Völker übernahmen die arabische Schrift, die übrigens wie die jüdische von rechts nach links verläuft.

Die islamische Lehre, aufgeschrieben im Koran

In einer alten islamischen Überlieferung wird berichtet, auf welche Weise Mohammed zum Propheten berufen wurde. Ähnlich wie beim jüdischen Propheten Jesaja, der in einer Traumvision Gott auf seinem erhabenen Thron sitzen sah und dem ein Engel Gottes den Mund zur Verkündigung öffnete, so erfuhr auch Mohammed seine ersten Offenbarungen in Träumen und Visionen. Ähnlich wie dem Propheten Mose auf dem Berge Sinai Gottes Worte, Weisungen und Gebote kundgetan wurden, die er später im »Bundesbuch« aufschrieb, so wurden auch dem Mohammed (durch den Erzengel Gabriel) Worte, Weisungen und Gebote Gottes in der Einsamkeit auf dem Berge Hira eingegeben. Zwanzig Jahre lang hat Mohammed die Offenbarungen Gottes mündlich weitergegeben; später, nach seinem Tod wurden sie gesammelt und im Koran, der Heiligen Schrift der Muslime niedergeschrieben. Als erste Propheten Gottes verehren die Muslime, so liest man im Koran, Adam und Noach; dann die biblischen Patriarchen Abraham, Isaak und Jakob sowie Josef und seine Brüder; als besonders große Propheten gelten Mose und Elija; dann die Könige David und Salomo, und schließlich Jesus (arabisch: Isa), der Sohn der Maria. Mohammed aber gilt bei ihnen nicht als irgendein Prophet unter den vielen anderen, sondern als der letzte, der die Reden und Taten aller früheren Propheten bestätigt und abschließt und darum »Siegel der Propheten« genannt wird. Nach ihm, so glauben die Muslime, kommt bis zum Jüngsten Tag kein Prophet mehr.

Mohammed hatte die Absicht, seine Lehre selbst aufzuschreiben und in einem Buch, dem Koran, festzuhalten, das – im Unterschied zur Hebräischen Bibel und zum christlichen Evangelium – die »unverfälschte Religion« enthalten sollte. Doch er starb plötzlich, 62 Jahre alt, so dass das geplante Buch erst um 650 von einem seiner Nachfolger fertiggestellt werden konnte. Der Koran (= das laut zu lesende Buch) wurde sogleich von Schreibern abgeschrieben, die ersten fünf Exemplare wurden als Lehrbücher in Mekka und Medina, im syrischen Damaskus und in den beiden im Irak gelegenen Städten Basra und Kufa hinterlegt. Der Koran hat 114 Suren (= Verse, Abschnitte); die längste umfasst etwa 300, die kürzeste nur 3 Zeilen. Die Suren handeln von der Einzigartigkeit und Allmacht Gottes, vom kurz bevorstehenden Jüngsten Gericht; sie enthalten und entfalten die Lehre, dass der Weg und das Schicksal des Menschen von Gott vorherbestimmt sei, dass der Mensch aber trotzdem einen freien Willen zum Handeln habe; sie fassen die Verantwortung des Menschen vor Gott und den Mitmenschen in Lehrsätzen zusammen und bieten Regeln und Rechtsvorschriften für den Einzelnen, für die Familien und für die Gemeinden.

Mohammed hatte in Mekka von dort lebenden Christen gehört, dass Gott »dreifaltig« sei. Irrigerweise meinte er, dreifaltig bedeute so etwas wie drei-göttig, es gebe einen Vatergott, einen Sohngott und eine Muttergöttin, nämlich Maria. Von Juden hatte er gehört, Gott habe zu König David gesagt: »Du bist mein Sohn, ich habe dich heute gezeugt«, und so verehrten die Juden David als einen Sohn-Gott.

Energisch wendete sich darum der Koran gegen die Juden und die Christen. »Die Juden«, so heißt es da, »sagen: David ist der Sohn Gottes, die Christen sagen: Christus ist der Sohn Gottes. Das sagen sie, den ungläubigen Heiden gleich, leichtfertigerweise. Gott möge sie bekämpfen, wenn sie so etwas sagen! Wie können sie nur so verrückt sein! Anstatt sich allein Gott zu ergeben, schließen sie ihre Gelehrten und Mönche ins Herz und: Christus, den Sohn der Maria. Dabei ist ihnen doch nichts anderes befohlen worden, als dem einen einzigen Gott zu dienen, außer dem es keinen Gott gibt, gepriesen sei er. Er ist erhaben über das, was sie ihm in ihren Lehren an die Seite stellen.« Einige Suren weiter heißt es im Koran: »Jesus, der Sohn der Maria hat von Gott das Evangelium empfangen, und Gott erfüllte die Herzen derer, die sich Jesus anschlossen, mit Milde und Barmherzigkeit«; doch die Christen, so der Koran, hätten das Evangelium verfälscht und »nicht richtig eingehalten«.

Die Fünf Säulen des Islam

Über die 114 Suren des Koran verteilt finden sich Aussagen über die Fünf Säulen des Islam, gewissermaßen fünf Gebote, deren Befolgung für die Muslime höchste Pflicht ist. Die erste Säule ist das kurze und einfach zu erlernende Glaubensbekenntnis: »Ich bezeuge, dass es keine Gottheit außer Gott gibt, und dass Mohammed der Gesandte Gottes ist.« Das Glaubensbekenntnis leitet sich aus der Offenbarung Gottes an Mohammed ab, die in der 112. Sure so lautet: »Im Namen des barmherzigen und gnädigen Gottes! Sage (den Gläubigen): Er ist Gott, ein Einziger, Gott durch und durch. Er hat weder gezeugt noch ist er gezeugt worden. Keiner ist ihm ebenbürtig.«

Die zweite Säule ist das Gebet. Jede Muslimin, jeder Muslim soll täglich beim Morgengrauen, zu Mittag, am Nachmittag, beim Sonnenuntergang und spät am Abend beten. Bei dem fünfmaligen Gebet wird das Glaubensbekenntnis und ein Gebet auf den Propheten gesprochen. Mit den Gebetseinheiten gehen eine Reihe von Körperhaltungen einher: Aufrecht stehen, Rumpf beugen, Niederknien auf beide Knie, Berühren des Bodens mit der Stirn (zweimal) und Wenden des Kopfes nach rechts und links. Am Freitag – von Mohammed als Gegensatztag zum jüdischen Sabbat und zum christlichen Sonntag gewählt – ruft der Muezzin vom Minarett die Männer zum gemeinsamen Gebet in die Moschee. (Das arabische Wort Moschee bedeutet Stätte des Niederwerfens; Minarett heißt zu deutsch: Leuchtturm; Muezzin heißt: Rufer). Zum gemeinsamen Freitagsgebet gehören über das tägliche Pflichtgebet des Einzelnen hinaus auch Lesungen aus dem Koran, sowie die ausführliche Predigt eines »Imam«.

Die dritte Säule ist das Fasten. Alle Erwachsenen sind streng zum Fasten verpflichtet, und zwar einen ganzen Monat (28 Mond-Tage) lang. Der Fastenmonat heißt Ramadan. Vom Sonnenaufgang bis zum Sonnenuntergang darf nichts gegessen und getrunken werden. Am letzten Abend des Ramadan wird das lang ersehnte »Fastenbrechen« mit einem lauten, fröhlichen Essensfest gefeiert, das meist die ganze Nacht hindurch andauert. Arme und Reiche beteiligen sich am Fasten und am Fastenbrechen; dadurch soll das Gemeinschaftsgefühl der Muslime deutlich gemacht und jedes Jahr aufs neue in Erinnerung gerufen werden.

Das Almosengeben ist die vierte Säule des Islam. Das Almosengeben wird auch Armensteuer genannt, oder, arabisch: zakat. Zakat heißt übersetzt Reinigung oder Läuterung. Damit will der Prophet daran erinnern, dass Besitz und Reichtum, wenn man ihn nicht mit den Armen teilt, eigentlich etwas Unreines, etwas Sündhaftes ist – eine Vorstellung, die auch in der jüdischen Tradition und im christlichen Evangelium von zentraler Bedeutung ist. Die Muslime können entweder von ihren Einkünften einen Teil direkt an Arme in ihrer Familie oder in ihrer Nachbarschaft abgeben oder Geld an die Gemeindeleitung abführen, die für eine gerechte Verteilung unter den Bedürftigen sorgt. Durch diese freiwillige Abgabe aller wird ähnlich wie durch das gemeinsame Fasten das Zusammengehörigkeitsbewusstsein gestärkt.

Die fünfte Säule schließlich ist die Pilgerfahrt nach Mekka. Im

Zu den »vier Säulen des Islam« gehört die Wallfahrt zur Ka'ba in Mekka. Jeder Muslim ist stolz, sich »Haddschi« (= Mekkapilger) nennen zu dürfen.

Koran wird allen Musliminnen und Muslimen zur Pflicht gemacht, einmal im Leben nach Mekka zu pilgern, allerdings mit der Einschränkung: »…soweit sie die Möglichkeit dazu finden«. Wenn man bedenkt, wie viel die weite Reise aus dem fernen Indonesien oder aus einem der muslimischen Wohnviertel in New York an Zeit und Geld kostet, kann man sich vorstellen, dass längst nicht alle Gläubigen der Pflicht zur Wallfahrt nachkommen können.

Oft spart aber eine ganze Großfamilie oder ein ganzes Dorf jahrelang, um stellvertretend für die Daheimgebliebenen einem Muslim die aufwändige Pilgerfahrt zu ermöglichen. – Die große Pilgerzeit ist, ähnlich wie der Fastenmonat Ramadan, im arabischen Kalender festgelegt. An den Hauptpilgertagen ist das Gedränge groß, jedes Jahr werden anderthalb Millionen Pilger in Mekka gezählt. Die Pilger umkreisen mehrere Male die Ka'ba im Laufschritt, jeder versucht, den heiligen Schwarzen Stein einmal mit der Hand zu berühren. Am letzten Tag der Pilgerwoche lassen die wohlhabenderen Leute Opfertiere schlachten, deren Fleisch unter die ärmeren zum Essen verteilt wird. Auch das Erleben der großen Zahl der Gläubigen in Mekka und das Essen des Opferfleisches trägt dazu bei, die Gemeinschaft und die Gleichheit der Muslime aller Länder und aller sozialen Schichten sichtbar und spürbar werden zu lassen. Bei den Riten an der Ka'ba tragen alle, Dunkel- und Hellhäutige, Gesunde und Kranke, Arme und Reiche einheitlich die gleichen weißen Gewänder.

»Bericht von dem, wovon du vorher keine Ahnung hattest«

Die gläubigen Muslime gehen mit dem Koran in großer Ehrfurcht um; ähnlich wie die Juden viele Texte ihrer Hebräischen Bibel mit dem Einleitungssatz »Gott sprach« beginnen oder mit der Formel »Spruch des Herrn« beenden, und ähnlich wie die Christen im Gottesdienst die Evangelientexte »Wort des lebendigen Gottes« nennen, so sagen auch die Muslime, dass die Worte des Koran Worte Gottes sind. Gott redet in den Suren des Koran die Gläubigen meistens in der ersten Mehrzahl-Person an, in der Wir-Form, im so genannten Majestäts-Plural: »Wir geben dir«, sagt er am Anfang der Offenbarungen zu Mohammed, »dadurch, dass Wir dir die Worte des Koran geoffenbart haben, Bericht von dem, wovon du vorher keine Ahnung hattest.« Die meisten Suren sind in einer sehr feierlichen Sprache verfasst, die vom Alltagsarabisch abweicht: manche haben einen eingängigen, fast liedartigen Rhythmus, manche enden mit Reimwörtern, und es gibt nicht wenige Muslime, die den ganzen Koran auswendig gelernt haben und in den Gebetsgottesdiensten vortragen können.

In den Jahrzehnten nach der Niederschrift des Koran wurden sechs weitere Bücher verfasst, die etwa 30 000 »Hadite« (= Überlieferungen) enthalten: echte oder auch nur angebliche Aussprüche des Propheten Mohammed. Die Gläubigen achten diese Überlieferungsbücher fast genau so sehr wie den Koran selbst. In den Haditen sind die manchmal allgemein gehaltenen Lehren des Koran bis ins Kleinste verdeutlicht worden. Wenn es zum Beispiel im Koran heißt, die Muslime sollten mehrmals am Tag beten, wird in den Haditen die Fünfzahl vorgeschrieben, und die Richtung, in die sich die Beter wenden sollen, wird festgelegt, nämlich nach Mekka: Es wird angeordnet, dass man zur Vermeidung von Unreinheit auf einem Teppich beten soll und dass und auf welche Weise man sich vor dem Beten in Ehrfurcht vor Gott waschen müsse.

Einige veraltete und überholte Rechtsvorschriften des Koran und der Haditensammlungen sind in neuerer Zeit erweitert oder aber gestrafft, abgeschwächt oder auch verschärft worden, je nachdem wie es die fortgeschrittenen Zeiten oder die jeweilige politische oder kulturelle Situation in den verschiedenen Ländern es erforderte, so zum Beispiel das Erbrecht und das Scheidungsrecht, die Kleider- und Schleiervorschriften für die Frauen, die Gebets-, Fasten- und Wallfahrtsgebote unter bestimmten erschwerten Umständen. Auch die ursprünglich im Koran festgeschriebene Polygamie (= Mehr-Ehe) hat heute nur noch bedingt Rechtsverbindlichkeit: In modernen Staaten wie etwa in der Türkei, im Libanon oder in Ägypten ist es schon seit längerem verboten, dass ein Mann mehrere Frauen (bis zu vier, hatte Mohammed seinerzeit gestattet) haben darf.

Der erste Kreuzzug:
Massaker an Juden und Muslimen

Als Papst Urban im Jahre 1095 auf der Synode von Clermont die abendländische Christenheit aufrief, zum Schwert zu greifen und ins Morgenland zu ziehen, um »die ungläubigen Hunde gebührend zu bestrafen«, war gerade die Zeit der großen Wallfahrten auf ihrem Höhepunkt angelangt. Mit heller Begeisterung stimmten Bischöfe und Fürsten, Ritter und Lehnsherren dem Vorhaben des Papstes zu, eine bewaffnete Pilgerreise ins Heilige Land zu unternehmen. Statt Hut und Wanderstab und Reisetasche legten sie Helm und Schwert und Schild an, statt der Jakobsmuschel machten sie ein rotes Kreuz aus Stoff zu ihrem Pilgerzeichen, das sie sich auf die rechte Schulter nähten. Mit dem Schlachtruf »Gott will es!« brachen sie zum ersten Kreuzzug auf. Der feuereifrigste und zugleich fragwürdigste Anführer war ein Eremit mit Namen Peter von Amiens. Er scharte in Frankreich Abenteurer und religiöse Schwärmer um sich, denen sich auf ihrem Zug durch Flandern und das Schwabenland immer mehr Männer und auch Frauen anschlossen. Ihr Ziel war Konstantinopel, wo sie sich mit einer anderen, gut organisierten Kreuzfahrergruppe treffen wollten, um vereint weiter nach Jerusalem zu marschieren.

Die Geschichte des ersten Kreuzzuges wurde zu einer Geschichte der Schande für die abendländische Christenheit. Ein Jahr nach dem Aufruf von Clermont drang der Heerhaufen, der inzwischen auf 70 000 angewachsen war, in die Täler von Rhein und Mosel ein. Dort gab es natürlich keine Mohammedaner oder Muselmanen (wie man damals die Muslime nannte), aber es gab: Juden. Ein Mönch versammelte die Kreuzfahrer zu einer Predigt um sich und rief ihnen zu: »Die Juden sind genauso ungläubig wie die Türken! Beide glauben nicht, dass Jesus Gottes Sohn ist! Beide sind Erzfeinde des Christentums! Unser Kreuzzug gegen die Mohammedaner kann hier beginnen! Hier, auf der Stelle, müssen wir mit den Juden

den Anfang machen!« – »Ja! Gott will es!«, antworteten die aufgehetzten Leute, und fielen – zuerst in Trier – über die Juden her, die bis dahin überall in Deutschland unbehelligt unter den Christen hatten leben können. Sie brachen einen Pogrom vom Zaun, den ersten organisierten blutigen Überfall auf eine jüdische Gemeinde. In den jüdischen Geschichtsbüchern finden sich darüber und über die weiter folgenden Taten der Kreuzfahrer erschütternde Berichte. Die christlichen Kreuzfahrer, bei den damaligen jüdischen Geschichtsschreibern »Wallbrüder« genannt, setzten den Juden das Schwert auf die Brust und stellten sie vor die Wahl, entweder den

Auf einem mittelalterlichen Bild sieht man Jesus Christus, der den Kreuzrittern voranreitet: Er hält das »Schwert des Wortes« im Mund und trägt das »Buch der Wahrheit« (das Evangelium) in der Hand.

christlichen Glauben anzunehmen – oder durch das Schwert zu sterben. Die meisten Jüdinnen und Juden weigerten sich, vom Glauben ihrer Väter abzufallen: Frauen und Mädchen banden sich Steine an die Füße und stürzten sich in die Mosel, um nicht von den zügellosen Fanatikern geschändet zu werden; Männer nahmen eher den tödlichen Schwerthieb an, als sich zur Taufe zwingen zu lassen; Väter erstachen ihre Kinder, damit sie nicht dem blutrünstigen Gesindel in die Hände fielen. Nur wenige »bekehrten« sich und sagten zum Schein das Apostolische Glaubensbekenntnis auf, um den Nachstellungen lebend zu entgehen. Ähnliche Gräuel wie an der Mosel ereigneten sich in den Städten am Mittelrhein. In Speyer wurden alle Juden »am 3. Mai 1096 hingeschlachtet, die sich weigerten, die Taufe zu empfangen«, heißt es in den jüdischen Geschichtsbüchern; in Worms »zerstörten die Wallbrüder am 18. Mai die Häuser der Juden, plünderten deren Habe und ließen ihre blinde Wut an den heiligen Schriften aus, die sie in der Synagoge und in den Häusern fanden«. Als sie abzogen, lagen 800 Leichen in den Straßen von Worms. Am 27. Mai drangen die Horden in Mainz ein: Sie erschlugen 1300 Männer, Frauen und Kinder, die sich nicht taufen lassen wollten. Von dort marschierte der Heerhaufen des Peter von Amiens nach Köln, der ältesten jüdischen Gemeinde Deutschlands. Als sie herannahten, führte der Erzbischof von Köln die Juden heimlich aus der Stadt und brachte sie in das nahe gelegene Neuss und in die bei Neuss gelegenen Dörfer. »Sie beteten viel und fasteten täglich, drei Wochen lang, in banger Erwartung«, berichtet der jüdische Chronist. »Aber der Himmel war taub gegen ihr inbrünstiges Flehen. Die Kreuzfahrer hatten sich am Johannistag, dem 24. Juni durch das Abendmahl in der Messe zu neuen Morden gestärkt und schlachteten an demselben Tage sämtliche Juden, welche in Neuss Zuflucht gefunden.« Insgesamt wurden in den Pogromen des ersten Kreuzzugs an Rhein, Main und Mosel 12 000 jüdische Männer, Frauen und Kinder von den verblendeten christlichen Wallfahrern umgebracht. Mit ihrem Schlachtruf »Gott will es!« zogen die Kreuzfahrer weiter, raubend und mor-

Die Erstürmung von Jerusalem. In der Mitte Gottfried von Bouillon, der dabei ist, die Stadtmauer zu übersteigen. Eine Buchmalerei aus dem Jahre 1377.

dend durch Böhmen und weiter nach Ungarn, wo ein großer Teil des Heerhaufens zerschlagen wurde. Als die Übrigen bei Konstantinopel nach Kleinasien übersetzten, wurden sie von den Seldschuken vernichtet. Kein einziger kam durch bis Jerusalem.

Inzwischen war die andere Kreuzfahrergruppe wie abgesprochen nach Konstantinopel gekommen, kein lockerer und disziplinloser Heerhaufen wie die erste, sondern eine starke, gut ausgerüstete Schar von Rittern, die in mehreren Abteilungen teils über den Balkan marschiert war, teils von Südfrankreich her mit Schiffen das Mittelmeer überquert hatte. Vergebens hielten sie eine Zeit lang nach dem Heer des Peter von Amiens Ausschau; dann gaben ihre Anführer – lauter französische Adlige, Herzöge und Grafen – den Befehl, nicht länger zu warten, sondern nach Jerusalem aufzubrechen. Nach verlustreichen Märschen und nach viermonatiger Belagerung eroberten sie am 15. Juli 1099 die Stadt. In der aufgestauten Wut über die Strapazen, die sie auf ihren langen Märschen von Frankreich nach Palästina hatten durchmachen müssen, vergaßen sie ihre Würde als christliche Ritter und richteten in Jerusalem ein furchtbares Blutbad an. »Alle Feinde, die sie finden konnten«, heißt es in den Berichten aus jenem schändlichen Jahr 1099, »machten sie mit dem Schwerte nieder, ohne auf Alter und Rang Rücksicht zu nehmen. Allein im Tempelbezirk sollen an die 10 000 Mohammedaner umgekommen sein, wobei aber die, welche da und dort in der übrigen Stadt niedergemacht wurden und deren Leichen auf den Plätzen umherlagen, noch nicht gerechnet sind; ihre Zahl war nicht geringer. Überall lagen so viele Erschlagene und solche Haufen abgehauener Köpfe auf den Straßen und Gassen, dass man keinen anderen Weg oder Durchgang mehr finden konnte als über Leichen.« Trotz der Wirren bei der Erstürmung der Stadt nahmen die Ritter sich die Zeit, die Juden, die in Jerusalem lebten auszusondern, gefangen zu nehmen und in ihre Synagoge zu treiben. Der Anführer der Kreuzfahrer gab den Befehl, das Tor zu verriegeln und die Synagoge anzuzünden. Wie viele Juden an jenem 15. Juli bei lebendigem Leib verbrannten, weiß man nicht.

Der gefeierte Held, der Jerusalem erobert hatte und unter dessen Kommando alle diese Gräuel verübt wurden, war der wallonische Ritter Gottfried von Bouillon; er starb Anfang des folgenden Jahres, und sein Bruder Balduin trat die Nachfolge an. Statt nun aber dem oströmischen Kaiser von Konstantinopel, auf dessen Reichsgebiet Jerusalem lag, seine Stadt zurückzugeben, wie es richtig und gerecht gewesen wäre, ließ Balduin sich selber zum König von Jerusalem krönen. Er ließ sogar zu, dass die französischen Herzöge und Grafen, die mit am Kreuzzug teilgenommen hatten, Städte und ganze Landstriche im Reichsgebiet des Kaisers von Konstantinopel in ihren Besitz brachten. Und statt den orthodoxen Patriarchen von Jerusalem, wie es ebenfalls richtig und gerecht gewesen wäre, wieder in sein alt-ehrwürdiges Amt einzusetzen, ließ er vom Papst einen »lateinischen« Bischof für Jerusalem ernennen. Durch diese beiden unbedachten Maßnahmen am Ende des ersten Kreuzzugs wurde die Kluft, die sich durch das Schisma von 1054 zwischen der Kirche des Abendlandes und der Kirche des Morgenlandes aufgetan hatte, aufs schmerzlichste vergrößert und vertieft.

Zweiter und dritter Kreuzzug:
Der Zugang zu Jerusalem wird frei

Knapp fünfzig Jahre nach dem Ende des ersten Kreuzzugs hatten die Seldschuken ihre verlorenen Städte und Landstriche nach und nach zurück gewonnen. Im Abendland wurde daraufhin von den Königen von Frankreich und Deutschland erneut ein Heer aufgestellt, das in Palästina eingreifen sollte. Das Heer kam bis in die Nähe des Sees Gennesaret, dort wurde es im Bergland der Hattins-Hörner vernichtend geschlagen. Schließlich fiel auch Jerusalem wieder an die Seldschuken zurück. Die Europäer gaben jedoch nicht auf: Ein weiteres Heer, größer, klüger organisiert und besser ausgerüstet als die bisherigen, brach zum dritten Kreuzzug auf. Das Land-heer wurde angeführt von dem sagenumwobenen deutschen Kaiser Fried-rich Barbarossa. Seine Kreuzfahrer drangen bis in die Gegend von Antio-chien vor. Kaiser Barbarossa aber ertrank in einem Fluss, und das Heer ergriff die Flucht. Der König von Frankreich und Richard Löwenherz, der mit ihm verbündete König von England, trafen kurz darauf auf dem See-weg ein. Doch auch ihnen gelang es nicht, Jerusalem zurück zu erobern. Der hochherzige und friedliebende türkische Sultan Saladin bot ihnen je-doch einen Waffenstillstand an und schloss mit ihnen einen Vertrag, durch den für alle Zukunft den christlichen Pilgern der ungehinderte Zugang nach Jerusalem wieder ermöglicht und garantiert wurde. Die Stadt Jerusa-lem und das Küstenland Palästina aber blieben von da an bis weit ins zwan-zigste Jahrhundert hinein unter türkischer Herrschaft.

Der vierte Kreuzzug: Christen gegen Christen

Mit dem freien Zugang für die Pilger zu den heiligen Stätten mochten sich der damalige Papst Innozenz III. und die abendländischen Ritter aber nicht zufrieden geben. Sie rüsteten zu einem neuen Kreuzzug. Das Geld für diese teure Unternehmung sollte, wie schon bei den vorangegan-genen Kreuzzügen, durch eine allgemeine christliche Kreuzzugssteuer ein-getrieben werden. Doch die Steuereinnahmen reichten nicht aus. Da bot die reiche Seefahrer- und Handelsstadt Venedig dem Papst ihre Hilfe an: Die venezianischen Kaufleute wollten den Kreuzzug finanzieren und dem Kreuzfahrerheer ihre Schiffe zur Verfügung stellen, und das wohl nicht aus lauter Liebe zu Gott und zum christlichen Glauben, sondern vor allem zum eigenen Nutzen und Vorteil.

Im Jahre 1202 (die Kreuzzugsbewegung zog sich inzwischen über mehr als ein Jahrhundert hin) schickten sie mit dem Segen des Papstes das Heer zu einem vierten Kreuzzug aus. Es gelang den Venezianern, den Papst zu überlisten: Enrico Dandolo, der Doge von Venedig, leitete die Kreuzfah-rerschiffe nicht gerade Wegs nach Jerusalem, sondern auf einem Umweg nach Konstantinopel. Innozenz protestierte vom fernen Rom her ener-gisch, doch die Venezianer scherten sich nicht darum.

Konstantinopel, das heutige Istanbul, war einst von Kaiser Konstantin zur Hauptstadt das Römischen Reiches gemacht worden. Die Stadt galt als der »strategische Mittelpunkt« des Morgenlands. Die Seefahrermetropole Vendig wünschte sich seit Jahrhunderten nichts sehnlicher, als das mächtige Konstantinopel aus dem Weg zu räumen und damit die Kontrolle über das Mittelmeer und das Schwarze Meer an sich zu reißen. Mit der Landung vor Konstantinopel begann der Vernichtungsfeldzug gegen die »Perle des Orients«, die von allen, die sie kannten, die schönste Stadt der Welt genannt wurde.

Angeführt von einem hochrangigen Beauftragten des Papstes und einem Vertreter des Dogen Dandolo eroberte das Heer, das überwiegend aus Italienern und Franzosen bestand, am 17. Juli 1203 die Stadt. Sie machten sich über die Häuser der Reichen her, plünderten orthodoxe Kirchen und raubten die prächtigsten Gebäude des kaiserlichen Palastbezirks aus. Die Bilder, die sie von den Wänden genommen, die goldenen Gitter und Tore, die sie aus den Verankerungen gerissen hatten, kostbare Gefäße aus kirchlichen Schatzkammern und privaten Gemächern, Münzen und Medaillen, Ketten und Ringe – was immer sie heben und tragen konnten, schickten sie als Beute auf ihren Schiffen übers Meer nach Hause. Endlich konnte Venedig sich rühmen, die stolze Rivalin im Osten bezwungen, gedemütigt und in den Staub geworfen zu haben! Mit der Überheblichkeit des Siegers und ohne jedes politische und religiöse Fingerspitzengefühl machten die Eroberer schließlich denselben Fehler, den vor hundert Jahren die Kreuzfahrer bei der Einnahme von Jerusalem gemacht hatten: Sie enteigneten das Umland und teilten es unter die französischen und italienischen Mitstreiter auf, wobei die Venezianer die schönsten Stadtviertel und alle Häfen für sich beanspruchten und auch mehrere Hafen- und Handelsstädte an der Mittelmeerküste besetzten. Den griechischen Kaiser entmachteten sie und errichteten ein »Lateinisches Kaisertum« unter Graf Balduin von Flandern, das sechzig Jahre bestand. Auf den byzantinischen Patriarchenstuhl wurde, sehr zur Kränkung der orthodoxen Christen von Konstantinopel, ein römischer Bischof gesetzt, dem als Patriarchen 80 Bistümer unterstellt waren. Durch diese Verletzungen waren die Wunden der Trennung erneut und dieses Mal unheilbar aufgerissen. Das Verhältnis zwischen den Ostkirchen und der Westkirche ist seitdem trotz mancher Annäherungsversuche und mancher freundschaftlich anmutender Versöhnungsgesten kühl geblieben bis auf den heutigen Tag.

Der Kinderkreuzzug: eine Katastrophe

Die geschäftstüchtigen Venezianer hatten ihre Ziele erreicht. Sie waren nicht daran interessiert, den Kreuzzug fortzusetzen und Jerusalem zu erobern. Mit reicher Beute kehrten sie heim nach Venedig. Die italienischen und französischen Ritter blieben entweder auf ihren Gütern, Ländereien und Burgen im vorderen Orient oder fuhren über kurz oder lang ebenfalls zurück in ihre Heimatstädte. Bei den Christen im Abendland schwand das Interesse an der Kreuzzugsbewegung mehr und mehr und erlosch schließlich. Viele Christen waren von den Misserfolgen und von den Ausschreitungen, von denen sie Kunde hatten, enttäuscht. Sie glaubten nicht mehr daran, dass die kriegerischen »Pilgerfahrten« im Sinne und nach dem Willen Gottes wären. Einmal noch flammte kurz ein Versuch auf, der Kreuzzugsbewegung einen neuen Sinn und eine neue Gestalt zu geben: Statt wehrhafter und bewaffneter Männer schickte man wehrlose und unbewaffnete Kinder auf den Weg ins Heilige Land. Ungefähr siebzigtausend Jungen und Mädchen schlossen sich im Kinderkreuzzug von 1212 zwei Knaben an, einem Hirtenjungen aus Frankreich mit Namen Stephan und dem zehnjährigen Nikolaus von Köln. Unter großen Strapazen, die viele der Kinder nicht überlebten, kamen sie in die Hafenstädte Marseille in Südfrankreich und Brindisi in Süditalien. Dort wurden sie von geldgierigen Schleppern auf Schiffe in Richtung Ägypten und Palästina verfrachtet. Die Schiffe waren hoffnungslos überladen, mehrere von ihnen versanken. Im Orient wurden die Kinder von skrupellosen Schiffsreedern auf dem Sklavenmarkt verkauft oder, wenn sie nicht »brauchbar« waren, dem Hungertod überlassen. Nur ein kläglicher Rest der von religiösen Eiferern verführten Kinder kehrte krank oder an Leib und Seele verletzt nach Hause zurück. Noch ein fünfter und sechster Kreuzzug wurde mit Mühe in Gang gesetzt, doch auch diese beiden letzten scheiterten. Im Jahre 1291 mussten die christlichen Eroberer alle ihre unrechtmäßig erworbenen Besitztümer räumen: Die 200 Jahre umfassende Kreuzzugszeit war zu Ende.

Christliche Persönlichkeiten im Mittelalter

Um sich eine leichtere Übersicht über das Mittelalter zu verschaffen, könnte man es in drei Zeitabschnitte einteilen: Das Frühmittelalter, das Hochmittelalter, das Spätmittelalter.

Wenn man »Frühmittelalter« hört (8. bis 10. Jahrhundert), denkt man gewöhnlich an die Person des Bonifatius und die Christianisierung Germaniens, an Karl den Großen und das beginnende Reichs- und Eigenkirchenwesen. – Bei »Hochmittelalter« (11. bis 13. Jahrhundert) fallen einem die Reformen von Cluny und der Investiturstreit ein, die Kirchenspaltung von Byzanz, die Kreuzzüge und die Baustile der Romanik und der Gotik. – Das kirchengeschichtliche »Spätmittelalter« (14. bis 15. Jahrhundert) schließlich ist die Zeit der Renaissance mit ihren eindrucksvollen Kunstwerken; doch auch die dunklen Jahrhunderte der Abwegigkeiten, der Auswüchse und des Unrechts gehören dazu, durch welche die dringend notwendige Reform der Kirche durch Martin Luther geradezu herbeigerufen wurde, die den Beginn der »Neuzeit« markiert (um 1500).

In den rund siebenhundert Jahren, die das gesamte Mittelalter umfasst, hat es neben schwachen, erbärmlichen und nichtsnutzigen Figuren bedeutende christliche Persönlichkeiten gegeben, Männer und Frauen, die der Kirche und der Welt auf ihre je eigene Weise Heil gebracht haben, und die man deshalb zu Recht »Heilige« nennen kann. Zu den ganz Großen dieser Zeit zählt man neben vielen anderen Bernhard von Clairvaux, Hildegard von Bingen und Franz von Assisi.

Bernhard von Clairvaux

Als die Seldschuken nach dem ersten Kreuzzug ihre verlorenen Gebiete zurückeroberten, entrissen sie den dort herrschenden Franzosen unter anderem auch Stadt und Grafschaft Edessa. Die in Anatolien gelegene Stadt Edessa (heute Urfa) war damals der Mittelpunkt der christlichen Gelehrsamkeit im ganzen vorderen Orient; die Sprache der Bewohner von Edessa war die vornehme Sprache der berühmten syrisch-arabischen Dichtkunst. Pilger kamen von weit her nach Edessa, um vor einer Ikone zu beten, die man »das wahre Bild Christi« nannte. Als die Kunde nach Europa kam, dass Edessa wieder in muslimische Hand zurückgefallen war, war das Entsetzen groß. Der damalige Papst Eugen III. ließ Bernhard, den Abt von Clairvaux, nach Rom kommen und gab ihm den Auftrag, in Frankreich und Deutschland für einen Kreuzzug gegen die Muslime zu werben. Bernhard, 56 Jahre alt, nahm den Auftrag des Papstes begeistert an: Es war ihm unerträglich, Edessa, aber auch die heiligen Stätten Nazaret und Betlehem und das Gebiet um den See Gennesaret, vor allem aber Jerusalem von »Ungläubigen« besetzt zu wissen, wo der Vater nach der biblischen Überlieferung seinen Sohn Jesus Christus zum Leben erweckte.

Bernhard wurde 1090, in der Zeit zwischen dem ersten und dem zwei-

Bete und arbeite: Auf einem Altarbild in der österreichischen Stiftskirche Zwettl, 1500 gemalt, sieht man Zisterziensermönche beim Kornschneiden – und Bernhard beim Gebet für eine gute Ernte.

ten Kreuzzug auf Schloss Fontaines in Burgund geboren. Mit 22 Jahren trat er zusammen mit vier seiner Brüder und 25 befreundeten Rittern und Edelleuten in das nahe bei Dijon gelegene Kloster Citeaux ein. Die Mönche von Citeaux gehörten nicht wie dazumal noch alle Ordensleute im Abendland dem Benediktinerorden an, sondern einem eigenständigen Orden, der nach seinem Gründungsort Citeaux Zisterzienser-Orden hieß. Der Zisterzienserorden war entstanden, weil viele Benediktinermönche mit den Sitten und Bräuchen nicht mehr einverstanden waren, wie sie sich in manchen cluniazensisch reformierten Klöstern im Lauf der Zeit entwickelt hatten. Die monumentalen romanischen Abteikirchen mit ihren gewaltigen Türmen, ihren farbigen Wandfresken und den Mosaikbildern im Gewölbe über dem Altar hielten sie für zu pompös; den Aufwand für die allmorgendliche Messfeier fanden sie unangemessen groß; vor allem missfiel den erneuerungswilligen Mönchen, dass die handwerkliche und geistige Arbeit im Verhältnis zum Beten zu kurz kam. In der neuen Regel, der Zisterzienser-Regel, waren die Zeiten für die Messe und das Stundengebet drastisch verkürzt, wohingegen der täglichen Arbeit mehr Wertschätzung zuerkannt und mehr Tageszeit eingeräumt wurde. Die Zisterzienser-Regel verbot allen Schmuck innen in den Klosterkirchen; auch außen durften außer einem Türmchen, dem so genannten Dachreiter, in dem die Glocke zum Anläuten der Gebetszeiten hing, keine Türme oder gar Westwerke erbaut werden, weil sie nach Macht und Reichtum ausgesehen hätten. Die Zisterzienserklöster wurden meistens in einsamen, unzugänglichen Gegenden gegründet, weit abgelegen von den Wohnsiedlungen der Menschen.

In ein solches unbewohntes Gebiet, das sumpfige Tal des Flüsschens Aube, wurde eines Tages Bernhard vom Abt von Citeaux mit zwölf Mönchen geschickt, um dort zu roden und ein Kloster zu bauen. Das Tal hieß Bitterkräutertal. Nach drei wahrlich bitteren Jahren – Bernhard und seine Zwölf arbeiteten täglich zehn, bisweilen 16 und sogar 18 Stunden – konnten sie das Bitterkräutertal umbenennen. »Clara Vallis« nannten sie es von nun an: klares, schönes, lichtes Tal. Mittelpunkt des Tales wurde die von Bernhard geleitete Abtei Clairvaux, das Herz des Zisterzienserordens, aus dem im Lauf der Geschichte zwei Päpste, 44 Kardinäle und 580 Bischöfe hervorgingen.

Immer noch gab es, trotz Canossa und Wormser Konkordat, Streitereien zwischen den weltlichen und kirchlichen Mächtigen um die »Laieninvestitur«; immer wieder gab es unwürdige Bischöfe, die nach Geld, Macht und Grundbesitz strebten; vielerorts hörte man von Priestern, die ein sittenloses Leben führten und den Gläubigen kein Vorbild waren. Von Clairvaux aus schrieb Abt Bernhard Tag und Nacht Briefe und ermahnte die Geistlichen, aber auch die Ritter und Lehnsherren zu einem heiligmäßigen Leben und zu Gerechtigkeit und Güte gegen die Männer und Frauen, mit denen sie zu tun hatten. Von seinen mehr als tausend Briefen sind 534 bis heute erhalten geblieben. Als in Rom, fast genau so wie hundert Jahre zuvor, die einflussreichen Adelsgeschlechter Päpste und Gegenpäpste auf den Thron setzten, so dass die Christen keinen rechten Halt mehr hatten, luden der König von Frankreich und viele französische Fürsten Abt Bernhard nach Etampes zu einer Synode ein und baten ihn um Rat. Es gelang ihm, Ordnung zu schaffen. Er setzte durch, dass der nach seiner Einschätzung würdigste und fähigste Mann zum alleinigen Papst erklärt und so die Einheit unter den Christen bewahrt wurde. Vor allem in Frankreich, aber auch in England und Deutschland, waren die Weisheit und die Entscheidungsfreudigkeit des großen Abts von Clairvaux geschätzt und gefragt; er wurde die bedeutendste kirchliche und politische Persönlichkeit des Hochmittelalters.

Obwohl Abt Bernhard ständig von einem unheilbaren Magenleiden gequält wurde, unternahm er von Clairvaux aus viele Reisen durch weite Teile des Abendlands. Überall, wo er hinkam, gründete er neue Zisterzienserklöster, die rasch hoch angesehen und sehr gefragt waren. Im kleinsten lebten sechzig, im größten, das in Portugal lag, lebten tausend Mönche.

Von den Neugründungen wiederum zogen sie aus, um Wälder zu roden, brach liegendes Land urbar zu machen und Sümpfe trocken zu legen, wo sie Männer- und später auch Frauenklöster errichteten. Bernhard selbst hat 70 Klöster gegründet, die Äbte und Mönche im Jahrhundert nach ihm gründeten insgesamt 671 Abteien, unter ihnen in Deutschland die Zisterzienserklöster Camp und Eberbach, Altenberg und Himmerod, Maulbronn und Heisterbach. Von diesen Klöstern aus gingen die Zisterzienser lehrend und predigend und den Menschen mit ihrer Arbeit helfend bis weit hinein in die im Osten Deutschlands gelegenen Gebiete Thüringen und Mecklenburg.

Der Zisterzienserkloster Himmerod in der Eifel. Die Klosterkirche wird oft für bedeutsame Orgelkonzerte genutzt; in den Gebäuden des Abteibereichs finden Bildungsveranstaltungen statt, und auch die alte Tradition der Fischzucht wird von den Mönchen weiter gepflegt.

Abt Bernhard war ein sehr frommer Mann. In Clairvaux und in den von ihm ins Leben gerufenen Klöstern sorgte er dafür, dass die Ordensleute trotz ihrer vielen Arbeit Zeit für Meditation und Stille hatten. Er lehrte sie, schweigend und lange unter einem Kreuz zu knien und sich betend in das Leiden und Sterben von Jesus Christus zu versenken. In jedem Kloster hing ein Bild von Maria, der Mutter Jesu, die Bernhard »Mutter von Clairvaux« und »Immerwährende Hilfe« nannte. Er schrieb Gedichte über Maria, die er den Mönchen vorlas, und Gebete, die er mit ihnen sprach und sang. Wegen seiner innigen Gebete an Maria und den leidenden Jesus und wegen seiner schönen, bewegten Stimme, mit der er sie ihnen in Gottesdienst und Predigt vortrug, gaben ihm die Gelehrten seiner Zeit den lateinischen Ehrentitel »Doctor Melifluus«, zu deutsch: Lehrer, dessen Worte süß wie Honig fließen. Wo immer er auf seinen Reisen predigte, waren die Kirchen und Dome bis hinaus auf die Treppen gefüllt. Obwohl er nur französisch und lateinisch sprechen konnte, lauschten ihm auch in Deutschland die Leute Stunden lang, einzig angerührt und ergriffen vom Wohlklang seiner Stimme und von den feurigen Gesten, die er mit Armen und Händen machte. In seinen Predigten und Briefen, in denen er zum zweiten Kreuzzug aufrief, mahnte er die Ritter eindringlich zu Menschlichkeit und christenwürdigem Verhalten. »Die Juden«, so schrieb er an die

Kaiser und Könige, die Fürsten und Bischöfe, die sich bereit erklärten, den Kreuzzug anzuführen, »sollt ihr nicht verfolgen, ja nicht einmal vertreiben, sind sie uns doch lebendige Erinnerungsglieder an die Passion, an das Leiden des Herrn.«

Leider hielten sich viele Kreuzfahrer nicht an Bernhards Ermahnungen. So kam es, dass auch der zweite Kreuzzug, statt Heil zu bringen, Fluch und Schande brachte. Das Heer ging schließlich schmählich unter. Der Zorn der Frauen, deren Männer in der Fremde getötet worden waren, und der Schmerz der Kinder, deren Väter nicht zu ihnen heimkehrten, war groß. Bernhard, der zwar zu Besonnenheit gemahnt, aber eben doch für die Teilnahme am Kreuzzug geworben hatte, musste sich bis zu seinem Tode arge Vorwürfe gefallen lassen. Er starb im Jahre 1153.

Hildegard von Bingen

Zur selben Zeit wie Bernhard von Claivaux lebte in Deutschland die Äbtissin Hildegard von Bingen (1098 – 1179). Ähnlich wie Bernhard, hat auch Hildegard beratend und helfend die Geschichte des Hochmittelalters mitgestaltet; auch sie hat zahllose Briefe an Kaiser und Könige geschrieben, nach Österreich und Griechenland, nach England und Dänemark, in die Fürsten- und Grafenstädte Deutschlands und, mehrere Male, an den Papst in Rom. Der Kaiser Barbarossa suchte sie auf. Er lud sie zu sich in die Pfalz Ingelheim ein, wo er lange Gespräche mit ihr führte und sie um Rat fragte, bevor er sich eines Tages mit seinem Heer aufmachte, um den dritten Kreuzzug ins Heilige Land anzuführen, von dem er nicht lebend zurückkehren sollte…

Hildegard wurde in Bermersheim an der Nahe als zehntes Kind gräflicher Eltern geboren. Sie wurde erzogen im Benediktinerinnenkloster auf dem Disibodenberg bei Bingen, wo sie mit fünfzehn Jahren die Ordens-Gelübde ablegte und mit 38 Jahren Äbtissin wurde. Schon früh in ihrer Kindheit und dann immer wieder, ihr ganzes Leben lang, hatte sie Visionen, »Schauungen«, wie sie es nannte, in denen sie sich von Gott angesprochen fühlte. Zehn Jahre lang ließ Hildegard von einem Mönch aufschreiben, was sie in ihren Visionen sah. Dann fasste sie alles in einem Buch zusammen, das sie »Sci vias« nannte, das heißt: Wisse die Wege. Das in geheimnisvoller Rede und bildhafter Sprache geschriebene Betrachtungsbuch zum christlichen Glauben wird noch heute nach mehr als achthundert Jahren von vielen Menschen ehrfürchtig und mit Gewinn gelesen.

Zu Hildegards Lebzeiten jedoch hat man ihr Buch Sci Vias und auch andere Texte oft nicht richtig verstanden, und man zweifelte, ob ihre geistlichen Schriften hilfreich für die Menschen wären oder eher die Leser in die Irre führen könnten. Da nahm Bernhard von Clairvaux, der Hildegards Glauben und Weisheit hoch schätzte, sich der Streitfragen an. Er brachte ihre Schriften nach Trier, wo gerade Papst Eugen III. zu einer Synode weilte, und legte sie ihm zur Beurteilung vor. Der Papst studierte alles aufs sorgfältigste, hieß das Aufgeschriebene gut und sprach in Anwesenheit aller versammelten Bischöfe und Äbte: »Sage Hildegard, sie solle nicht mü-

Die Äbtissin Hildegard von Bingen, gemalt in einem Hildegard-Buch aus dem Jahre 1240. Es scheint, als schriebe sie, was sie als Mystikerin in ihren Visionen sieht, in ihrem Buch Sci Vias auf.

de werden und weiter alles aufschreiben, was Gott zu ihr spricht und was er sie in den inneren Bildern schauen lässt!«

In Hildegards Kloster meldeten sich so viele Mädchen und junge Frauen an, dass sie schon nach kurzer Zeit ein neues größeres Kloster bauen musste. Hildegard lehrte ihre Schwestern, neben dem Kloster einen Garten anzulegen und allerlei Kräuter anzupflanzen. Zu allen Jahreszeiten beobachteten sie das Wachsen, Blühen und Fruchttragen und probierten aus, ob von dieser Pflanze die Blätter, von jener die Blüte, von einer anderen der Stengel oder die Wurzeln heilkräftige Wirkung hatten. Hildegard richtete im Kloster ein Labor und eine Apotheke ein, in der sie mit den Schwestern Säfte, Salben und Pillen herstellte. Von weit her brachte man Kranke und Hildegard heilte viele. Über die von ihr erforschte Heilkraft von Pflanzen und Edelsteinen schrieb sie Bücher, die ähnlich berühmt wurden wie ihr Glaubensbuch Sci Vias. Aus den Naturkundlichen Schriften holen sich noch bis in unsere Zeit Mediziner und andere Heilkundige Informationen und richtungweisende Anregungen.

Doch Hildegard lebte nicht überwiegend in der Abgeschiedenheit des Klosters. Sie machte ausgedehnte Reisen in viele Städte und Landgebiete

Deutschlands. Damals hatten sich, wie schon in den Jahrhunderten vor ihr, Unsitten im christlichen Leben, vor allem im christlichen Leben vieler Priester und Mönche breitgemacht. Äbtissin Hildegard war die erste Frau, von der wir wissen, dass sie gegen diese Unsitten vorging: Was bisher nur Männer, nämlich die Benediktinermönche von Cluny, Gorze und Hirsau und von den vielen anderen Reformklöstern unternommen und was der Zisterziensermönch Bernhard und seine Ordensbrüder getan hatten, das wagte nun diese mutige und resolute Frau. Sie ging in die Pfarrhäuser und Klöster, redete Bischöfen und Äbten, Priestern und Ordensleuten ins Gewissen und forderte sie auf, von ihrem oberflächlichen und selbstgefälligen Leben abzulassen; sie drängte sie, bescheiden, arm und einfach zu leben, anstatt nach Geld, Besitz und Macht zu streben; sie ermahnte sie, die Sorge um das Seelenheil der ihnen anvertrauten Christen wieder ernst zu nehmen.

Hildegards Weisheit und Güte, aber auch ihr Freimut und ihre Strenge hatte sich im ganzen Land herumgesprochen. Wenn sie in eine Stadt kam, liefen die Leute auf dem Marktplatz zusammen, um »die Prophetin«, wie man sie gelegentlich nannte, zu sehen und ihr zuzuhören. Die Reichen hassten Hildegard, weil sie deren Prunksucht öffentlich anprangerte und sie unbarmherzige Raubvögel nannte. Manche Priester hätten die couragierte Äbtissin am liebsten aus der Stadt getrieben, wenn sie vor allen Leuten zu ihnen sagte: »Schämt euch! Ihr seid keine guten Hirten! Ihr denkt fast nur an euch selber und euer Wohlergehen! Eure Gottesdienste haltet ihr rasch und achtlos, statt schön und feierlich; eure Predigten bestehen zum großen Teil aus gestelzten, nichtssagenden Worten – wenn ihr euch denn überhaupt noch die Mühe macht, in der Messe zu predigen.«

Die Leute standen bei Wind und Wetter um Hildegard herum, zu Hunderten und zu Tausenden, und lauschten auf ihre Worte. Noch nie hatten sie eine Frau mit so gelehrten und doch für alle verständlichen Worten reden gehört. Das Herz ging ihnen auf, und am Abend gingen sie still nach Hause, wo sie noch lange in ihren Familien miteinander über alles sprachen, was Hildegard ihnen auf dem Marktplatz aus der Bibel vorgelesen und erklärt hatte. Manche bekehrten sich zu einem besseren Leben, und manche, die seit langem in Streit miteinander lebten, schlossen Frieden.

Ähnlich wie Bernhard von Clairvaux hat Hildegard ihr Leben lang unter oft unerträglichen Schmerzen und Krankheiten gelitten, die sie sich durch die Entbehrungen des harten Klosterlebens zugezogen hatte. Dennoch wurde sie achtzig Jahre alt. Kurz vor ihrem Tod nahm sie die Mühe

auf sich, von Bingen aus über den Rhein zu setzen und bei dem Ort Eibingen noch ein weiteres Kloster zu bauen für die vielen Mädchen und
Frauen, die bei ihr um Aufnahme baten. Im Lauf der Geschichte wurde
Kloster Eibingen und auch ihre beiden alten Klöster in Kriegen und Raubzügen zerstört. Vor ungefähr hundert Jahren aber wanderten andere Benediktinerinnen aus dem böhmischen Prag herüber an den Rhein und gründeten in der Nähe des zerstörten Klosters die »Hildegard-Abtei« zu
Eibingen neu. Dort führen sie Hildegards Werk mit Gebet und Arbeit
weiter.

Franz von Assisi

Zu der Zeit, als in Deutschland Hildegard von Bingen starb (1179), wurde
in Italien Franceso Bernardone geboren (1181), der allgemein Franz von
Assisi genannt wird. Sein Vater war Tuchgroßhändler, seine Mutter stammte aus einem südfranzösischen Adelshaus. Franz wuchs in seinen Kinder-
und Jugendjahren in Reichtum und ohne Sorgen auf: Wenn die jungen
Leute abends durch Assisi streiften und mit vollen Händen Geld für ihre
Vergnügungen ausgaben, stand der intelligente, gebildete und musisch hoch
begabte Franz stets im Mittelpunkt. Mit zwanzig geriet er in einem Krieg,
den die Reichen von Assisi gegen die Nachbarstadt Perugia führten, in
Gefangenschaft, aus der er erschöpft und schwer erkrankt heimkehrte.

In jenen bedrückenden Tagen hörte er in einer Kirche, wie ein Priester
aus der Bibel vorlas, was Jesus seinen Jüngern mit auf den Weg gab, als er
sie zu den Menschen aussandte: Geht und verkündet: Das Reich Gottes ist
nahe herbeigekommen! Geht zu den Kranken und Aussätzigen, geht zu
den Trauernden und Armen. Beschafft euch kein Gold, kein Silber und
keine Kupfermünzen für eure Wanderschaft, nehmt keinen Rucksack voll
Brot mit und keinen zweiten Rock, keine Sandalen und keinen Wander-
stock. Ihr sollt unterwegs von dem leben, was man euch gibt, wie die einfachen Arbeiter, die von ihrem geringen Lohn leben müssen. – Die Worte
von der Einfachheit und Armut trafen Franz bis ins Herz. Er gelobte, sich
von seinem oberflächlichen und gedankenlosen Leben abzuwenden und
ein anderer, ein neuer Mensch zu werden.

In der Nähe von Assisi stand eine kleine Kirche, San Damiano genannt, die alt und verfallen war. Als Franz eines Tages dort betete, war ihm,
als spräche Jesus vom Kreuz herunter zu ihm: Baue meine zerfallene Kirche
wieder auf! Da ging Franz hin und stahl in der Nacht seinem reichen Va-

ter drei Tuchballen sowie ein wertvolles Pferd und verkaufte alles an durchreisende Händler. Mit dem Geld wollte er San Damiano restaurieren. Der Vater war empört und ließ Franz von seinen bewaffneten Dienern einfangen und nach Hause bringen. »Du bist verrückt geworden!«, rief er, und um ihn zu belehren und ein für alle Mal abzuschrecken, führte er ihn vor das kirchliche Gericht des Bischofs von Assisi. Da zog Franz seine Kleider aus, warf sie dem Vater vor die Füße, legte auch das Geld, das seine Mutter ihm heimlich zugesteckt hatte, obenauf und rief: »Von nun an habe ich keinen Vater auf Erden mehr. Ich will nur noch Gott gehören, dem Vater aller Menschen.« Da hüllte der Bischof ihn in sein Mantelgewand und segnete ihn; Franz aber und sein unbeugsamer Vater begegneten einander von diesem Tage an niemals wieder.

Franz machte seinen Vorsatz wahr: Er ging in die nahe gelegenen Städte und bettelte an den Türen um Geld für den Aufbau von San Damiano. Er war sich nicht zu schade, laut auf dem Marktplatz lustige Lieder zu singen, mit einem dünnen Zweig auf einem dicken Ast wie ein Kind »Geige zu spielen«, barfuß zu tanzen und zu springen und sich von den Leuten auslachen zu lassen – wenn sie ihm nur Geld für seine Kirche gaben. Doch nicht alle lachten über den Verrückten von Assisi, wie sie ihn nannten; von Tag zu Tag schlossen sich ihm vielmehr junge Männer an, immer mehr, die mit ihm Geld sammelten, Steine schleppten, Balken sägten und ihm so lange beim Bau von San Damiano halfen, bis die kleine Kirche würdig und schön vollendet da stand.

Die Männer blieben zusammen und bauten in der Nähe von Assisi ein Hüttendorf, wo sie von da an gemeinsam lebten. Jeder hatte eine kleine Hütte für sich, in der er beten und schlafen konnte. Bevor der Tag zu Ende ging, versammelten sie sich auf dem Dorfplatz, teilten das Brot, das sie bei den Reichen erbettelt hatten, und aßen auf der bloßen Erde sitzend ihre einfache Abendmahlzeit. Tagsüber gingen sie in die Stadt und die umliegenden Dörfer, barfuß und in ihre selbst genähten Kutten gekleidet, und sprachen mit einfachen und dennoch begeisternden Worten zu den Menschen von Jesus Christus und vom gerechten und barmherzigen Vater im Himmel. Ihre Zahl wuchs ins Unermessliche. Da machte sich Franz auf, ging nach Rom zu Papst Innozenz III. und trug ihm eine Regel vor, die er für das Zusammenleben und Wirken seiner Brüder selbst verfasst hatte. Papst Innozenz III. galt damals als der mächtigste Mann der Welt. Als Papst war er nicht nur das geistliche Oberhaupt der Kirche, sondern war zugleich weltlicher Lehnsherr von England und Frankreich, von Portugal und Sizilien, von Dänemark und Ungarn und anderen Ländern. »Ich bin als Stellvertreter Christi der Gesalbte des Herrn«, sagte er stolz von sich, »ich stehe zwar unterhalb von Gott, aber oberhalb von allen Menschen.« Kein Wunder, dass Innozenz kein Ohr und kein Verständnis für den unbedeutenden Franz von Assisi hatte. »Geh hin, mein Bruder«, soll er, wie man in Berichten aus jenen Tagen lesen kann, zu ihm gesagt haben, »und such dir Schweine, denn mit diesen scheinst du mehr Ähnlichkeit zu haben als mit Menschen. Geh hin und wälze dich mit ihnen im Dreck und lies ihnen deine Armutsregel vor!« Doch dann – so heißt es in einer Lebensbeschreibung an anderer Stelle – änderte der Papst seine Meinung. Er hatte einen Traum: Er sah,

Im Traum sieht Papst Innozenz III., wie Franziskus die Kirche rettet, die einzustürzen droht. Ein Bild des Renaissance-Malers Giotto von 1300.

wie die aus festem Stein erbaute Lateranbasilika wankte, sich zur Seite neigte und einzustürzen drohte. Doch ein Mann eilte herbei und stützte die Kirche mit seiner Schulter, so dass sie standhielt und nicht zusammenbrach. Der Mann aber war Franziskus. Der Papst deutete den Traum richtig:

Die Lage der Kirche war wirklich so hoffnungslos wie der Zustand eines alten, vom Einsturz bedrohten Gebäudes. Das Ansehen der Christen in Europa hatte durch das menschenunwürdige Verhalten der Kreuzfahrer gegen Juden, Muslime und orthodoxe Christen sehr gelitten; auch, dass immer noch viele einflussreiche Männer in kirchlichen Ämtern nach Macht und Reichtum und nach äußeren Ehren strebten, war vor allem den armen Leuten im Land ein ständiges Ärgernis. Hinzu kam, dass viele Christen verwirrt waren über die Lehren der Waldenser und Albigenser in Frankreich, die sich gegen den unverantwortlichen Reichtum der Kirche richteten, vom Papst aber zu Irrlehrern erklärt worden waren. Nur ein aufrechter Mann, der die Botschaft des Evangeliums wieder radikal ernst nahm und der Welt ein wahrhaft christliches Leben vorlebte, konnte den drohenden Verfall der Kirche wirksam aufhalten.

So genehmigte Papst Innozenz denn doch noch die Regel, die Franz ihm vorgelegt hatte. Sein Nachfolger Honorius III. bestätigte am 29. November 1223, drei Jahre vor dem Tod des Franziskus, die Brüdergemeinschaft der Franziskaner offiziell als »Orden der Minderen Brüder«.

In der Ordensregel der Franziskaner werden die Mönche nicht in erster Linie zur feierlichen Durchführung der Liturgie, nicht so sehr zum geregelten Stundengebet und auch nicht zum ständigen Zusammenwohnen am selben Ort und im selben Kloster verpflichtet; in all dem weichen die Franziskaner von dem großen und früher einzigen Orden der Benediktiner ab. Sie bauen auch keine Klöster in der Abgeschiedenheit und Einsamkeit sumpfiger Landschaften, um dort zurückgezogen zu leben wie die Zisterzienser. Sie leben vielmehr in kleineren Ordenshäusern nahe bei den Menschen in den damals überall aufblühenden großen Städten. Dort, so wird

Franziskus auf einer Darstellung des 13. Jahrhunderts. In der Hand trägt er eine Schrift mit dem Friedensgruß, den die Brüder zu den Leuten brachten: Pax huic domui = Friede diesem Hause.

in der Ordensregel bestimmt, besteht ihre Hauptaufgabe in der »Seelsorge«, vor allem im Predigen. In ihren Predigten gegen das egoistische Besitzstreben riefen sie ihren Zuhörern in den überfüllten Kirchen immer wieder die Worte des Evangeliums zu, in denen überliefert wird, was Jesus über die Armut, die Einfachheit und das Vertrauen auf die sorgende Liebe des himmlischen Vaters für seine Kinder sagt: »Sorgt euch nicht um euer Leben, was ihr essen werdet, noch um euren Leib, was ihr anziehen sollt. Schaut auf die Vögel des Himmels: Sie säen nicht, sie ernten nicht und sammeln nicht in Scheunen – euer himmlischer Vater ernährt sie. Seid ihr nicht viel mehr wert als die Vögel? Und was sorgt ihr euch um die Kleidung? Betrachtet die Lilien des Feldes, wie sie wachsen: Sie arbeiten nicht und spinnen nicht. Ich aber sage euch: Selbst König Salomo in all seiner Pracht war nicht gekleidet wie eine von ihnen!« Wer nicht auf diese Worte achtet, so schärften die franziskanischen Prediger den Christen in den reichen Städten ein, wer nur an sein Geld denkt und die Armen vergisst, kommt in die Hölle. »Eher geht ein Kamel durch ein Nadelöhr«, zitierten sie das Evangelium, »als dass ein Reicher in den Himmel eingeht!« Oft saßen die Franziskanerpatres den ganzen Tag und die ganze Nacht in den Beichtstühlen, denn sehr viele Menschen gingen in sich und taten Buße für ihr eigensüchtiges sündiges Leben. Sie bekehrten sich, weil der heilige Franziskus und weil seine Ordensbrüder nicht nur gut predigten, sondern allen Menschen Armut, Einfachheit und Nächstenliebe Tag um Tag praktisch

vorlebten. Weder der einzelne Franziskaner noch die gesamte Mönchs-
gemeinschaft besaß nennenswertes Eigentum; sie lebten von dem, was die
Leute ihnen schenkten oder von den Entgelten, die sie für handwerkliche
Arbeiten und Hilfsdienste bekamen. Die Franziskaner werden (neben den
Dominikanern, den Klarissinnen, den Augustiner-Eremiten, den Karmeli-
ten und den Kapuzinern, die ein Zweig der Franziskaner sind) »Bettelorden« genannt.

Als Franz seine Minderen Brüder zum ersten Mal zu einer Generalver-
sammlung zusammenrief, waren es bereits 4000. Zusammen mit seiner
Jugendfreundin Klara Offreducci gründete er 1212 einen Zweiten Orden:
den Frauenorden der Klarissen. Später kam ein Dritter Orden dazu, der
sich aus Männern und Frauen zusammensetzte, die nicht in ein Kloster
eintraten und keine Ordenstracht trugen, sondern – noch heute – in ihren
Familien leben und im Alltag ihrer Berufsarbeit nachgehen, sich aber den
Idealen des bescheidenen Lebens, der Nächstenliebe und des Gebets verpflichtet haben. – Außerdem gibt es noch 173 weibliche Ordensgemein-
schaften, die sich Franziskanerinnen nennen und in denen viele Tausend
Schwestern nach der Regel des heiligen Franziskus leben und in Schulen
und Krankenhäusern, in Obdachlosenwohnheimen und – in Übersee – auf
Missionsstationen ihren Dienst tun.

Ähnlich wie der heilige Bernhard und die heilige Hildegard war auch
Franziskus viele Jahre seines Lebens schwer krank. Er litt an heftigen Ma-
genschmerzen und an einer unheilbaren Augenentzündung. Dennoch predigte er jeden Tag in den Städten Italiens, aber auch in Frankreich, wo er
mit Petrus Waldes und den Waldensern um die rechte Auffassung von
Armut und christlichem Leben stritt, und in Spanien, wo er versuchte, die
Mauren, wie man dort die Anhänger des Islam nannte, zum Christentum
zu bekehren. Er begleitete unbewaffnet das Heer der Krieger des fünften
Kreuzzugs bis nach Ägypten; in der Schlacht von Damiette im Jahre 1219
drang er furchtlos durch die Reihen der Kämpfenden zum Sultan Al Kamil
vor und sprach lange mit ihm über den gemeinsamen Gott der Christen
und Muslime und über Jesus Christus und die Friedensbotschaft der Bergpredigt. Tief betrübt musste er mit ansehen, wie die Kreuzfahrer die Stadt
Damiette eroberten und zerstörten und unter den Muslimen ein schreck-
liches Blutbad anrichteten. Als am Ende das gesamte christliche Heer gefangen genommen wurde und schon auf blutige Vergeltung gefasst war, erreichte Franziskus durch seine Freundschaft mit dem Sultan, dass er alle
Christen am Leben ließ und seinen Soldaten befahl, ihnen nichts Böses an-
zutun.

118

Nach seiner Rückkehr versuchten die Ärzte vergeblich, seine Augen mit einem glühenden Eisen zu operieren. Erschöpft zog sich Franz in die Einsamkeit zurück und übergab die Leitung des Ordens einem Nachfolger mit Namen Elias. In der Nähe von Assisi betete er viel und versenkte sich, alles um sich herum vergessend, in das Leiden und Sterben von Jesus.

Am 3. Oktober 1226, als Franziskus spürte, dass er sterben würde, rief er die Ordensbrüder des Klosterdorfs von Assisi zusammen und bat sie, ihm das Sterbelager zu bereiten. Er wollte aber kein Bett und auch kein Totengewand: Sie mussten ihn auf dem Fußboden vielmehr auf ein hartes Holzbrett legen, nackt, wie er damals vor seinem Vater gestanden war, als er auf seinen Besitz und den Reichtum seines Erbes verzichtete. Schließlich gab er ihnen ein Zeichen: Sie sollten nicht weinen, sondern singen. Da stimmten sie den Sonnengesang an, das vielstrophige Gebet, das Franziskus selbst gedichtet hatte und in dem er die Geschöpfe Gottes, Sonne, Mond und Sterne, Regen und Tau, Wind und Wolken, Feuer und Wasser seine Brüder und Schwestern nennt. Bei den letzten Versen »Preiset und lobt meinen Herrn und sagt ihm Dank, dient ihm in großer Demut!« starb Franz von Assisi, fünfundvierzig Jahre alt. Der große italienische Dichter Dante rühmte ihn später als »einen Heiligen, der wie eine Sonne der Welt aufging«. Wäre Franziskus nicht bloß ein einfacher frommer Mann gewesen, sondern ein gebildeter, beredter Theologieprofessor, hätten einflussreiche Fürsten sich seiner Sache angenommen; wäre die Buchdruckerkunst schon erfunden gewesen, durch die im ganzen Abendland hätte verbreitet werden können, was er in den kleinen Städten und Dörfern Norditaliens lehrte und tat (und hätte er vielleicht über die Alpen hinaus etwas weiter weg von Rom gelebt, wo er mit seinen vielen Tausend Minderen Brüdern den kirchlichen Würdenträgern ein ständiger Dorn im Auge sein musste) – womöglich wäre Franz ein Reformator geworden wie Martin Luther, der sich 300 Jahre nach ihm in Deutschland daran gemacht hat, nicht das Kirchlein von San Damiano, sondern die ganze »zerfallene Kirche wieder aufzubauen«.

Härtikerverfolgungen –
Inquisition – Hexenwahn

Am Bodensee – und zugleich am Rhein – liegt die schöne Universitätsstadt Konstanz. Wer hier von Norden kommend Rast macht, um dann weiter in die angrenzende Schweiz oder in das nahe gelegene Österreich zu fahren, kann sich in Konstanz

Die »Imperia« am Bodenseehafen von Konstanz mit Symbolfiguren der kirchlichen und staatlichen Macht des Mittelalters in ihren Händen.

interessante Stellen ansehen, die an Ereignisse und Personen in der Geschichte der Christen in Europa erinnern. Auf die Zeit, da Konstanz einmal das größte Bistum Deutschlands war, weisen das romanisch begonnene und gotisch weiter gebaute Münster und mehrere alte Kirchen und Klöster hin. Am Hafen steht auf einem früheren Leuchtturmsockel die weithin sichtbare Bestonsteinfigur der Imperia, einer Hure, die auf ihren hoch erhobenen Händen zwei Spielpuppen trägt: Papst und Kaiser, stellvertretend für die mächtigen, der käuflichen Liebe und dem lockeren Lebenswandel zugetanen Männer jener sittenlosen Zeit.

Das Ereignis aber, um dessentwillen Konstanz in allen Kirchengeschichtsbüchern der Erde erwähnt wird, ist das »Konzil von Konstanz«, das vom deutschen König und späteren Kaiser Sigismund geleitet wurde. Damals wurde die unselige Zeit beendet, in der drei Männer an verschiedenen Orten für sich in Anspruch nahmen, der rechtmäßige Papst zu sein. Das Konzil (1414 bis 1418) war der größte Kongress, der bis dahin je im Abendland stattgefunden hatte. An den Sitzungen im Konstanzer Münster nahmen 365 Kardinäle, Patriarchen und Bischöfe teil, hunderte von Gelehrten und Politikern sowie Scharen von Männern, die mit dem Konzil zu tun hatten. Auf dem Konzil geschah aber auch etwas, dessen sich die katholische Kirche heute schämt: Der Reformator Jan Hus wurde zum Tode verurteilt und auf dem Scheiterhaufen verbrannt. In der Hussengasse ist das Haus zu sehen, in dem Hus eine Zeit lang gewohnt haben soll. Man kann den Weg nachgehen vom Münster, wo das Urteil gegen ihn gesprochen wurde, bis zu der Stelle, an der man am 6. Juli 1415 seinem Leben ein grausames Ende machte. Das große Kaufhaus, ganz in der Nähe der Imperia, in dem nach der Absetzung der drei Päpste ein neuer Papst gewählt wurde, wird noch heute »das Konzil« genannt.

Die Katharer, die »Ketzer von Albi«

Zu der Zeit, als die Heiligen Bernhard, Hildegard und Franziskus lebten, brachten Kreuzfahrer und Kaufleute auf dem Weg in ihre Heimatländer aus dem Orient eine Lehre mit, die in Deutschland und England, in Italien, Spanien und vor allem in Frankreich rasch Fuß fasste und um sich griff. Man nennt diese Lehre Dualismus – nach dem lateinischen Wort duo, zwei. Nicht der eine Gott, den Christen und Juden und Muslime als den Einzigen bekennen, regiert die Welt, so heißt es in der Lehre der Dualisten, sondern zwei Ur-Wesen, die miteinander um die Macht und Herrschaft kämpfen. Das eine Urwesen ist »der böse Gott des Alten Testaments«, nämlich der Teufel. Er hat die Welt erschaffen, daher ist die Welt Teufelswerk, sie ist schlecht, böse, unrein. Die Menschen in der Welt sind ebenfalls schlecht, böse und unrein und dazu bestimmt, nach ihrem Tod in die Hölle, das Reich des Teufels, einzugehen. Das andere Urwesen ist »der gute Gott des Neuen Testaments«. Er hat einen seiner Engel zur Errettung der Menschen in die Welt gesandt, nämlich: Jesus Christus. Dieser Engel Jesus Christus hat die Menschen gelehrt, wie sie gut und rein werden und in den Himmel eingehen können. Sie müssen sich, so deuten die Dualisten das Evangelium, ganz von der Welt abwenden und zurückgezogen leben; sie dürfen nichts essen und trinken, was mit Tieren zu tun hat, kein Fleisch und keinen Fisch, keine Eier, keine Milch, keinen Käse. Sie dürfen genaugenommen überhaupt nichts anfassen und bearbeiten, denn alles ist vom Teufel geschaffen, alles das, was man Materie nennt. Darum dürfen sie zum Beispiel auch kein Handwerk ausüben, weil sie da mit »Material« zu tun hätten, mit Eisen und Holz, mit Stoffen und mit Steinen. Sie dürfen nicht heiraten und keine Kinder zeugen, alles dies ist unrein. Sie lehnen die Todesstrafe ab, den Kriegsdienst, den Eid und alle weltliche und kirchliche Macht. Wie die Mönche im christlichen Altertum dürfen sie keinerlei Eigentum und nicht den geringsten Besitz haben.

Wenn sie so leben, sind sie ganz rein und haben die Chance, in das Ewige Leben einzugehen. Das griechische Wort für »Die Reinen« lautet katharoi; die Anhänger der mittelalterlichen dualistischen Reinheitslehre werden daher Katharer genannt. Von Katharer leitet sich das verächtlich klingende Wort Ketzer ab: Anhänger und Verbreiter einer Lehre, die nicht mit der offiziellen Lehre der Kirche übereinstimmt. Eine solche Lehre nennt man auch Irr-Lehre, oder Häresie, ihre Vertreter heißen Häretiker.

Die streng-reine Lebensführung war allerdings nicht für alle verbindlich, die sich zur Glaubensgemeinschaft der Katharer bekannten. Wie hätten sie auch ohne Ehe und Kinder, ohne Arbeit und ein gewisses Maß an Besitz weiter existieren können? Nur »die Vollkommenen« hielten alle Vorschriften ohne Wenn und Aber ein. Die Übrigen – und das war mit Abstand die größte Zahl – erfüllten die Regeln und Reinheitsgebote nur so

Neben der Stadt Albi war Carcassonne eines der Zentren der Katharer. Auf dem Burghof hielt ein Bischof der Katharer 1204 mit dem Volk ein öffentliches Religionsgespräch ab.

weit, wie ihr schwacher Wille es vermochte. Sie nannten sich »die Gläubigen«. Den Vollkommenen wurde nach einer Probezeit von den Vorstehern die Hand aufgelegt; auf diese Weise empfingen sie, ohne dass man die Materie Wasser benutzte, die so genannte Geist-Taufe. Die Gläubigen hingegen brauchten nur den Vorstehern fest zu versprechen, im Alter, wenn sie ihren Tod nahen fühlten, sich ebenfalls dem Akt der Geisttaufe zu unterziehen. Was aber allen gemeinsam war, den Vollkommenen wie den Gläubigen, war ein bescheidenes Leben ohne Genuss und überflüssige Dinge – und die selbstverständliche Hilfsbereitschaft und Nächstenliebe gegenüber Kranken und Gebrechlichen, Armen und Alten.

So sehr die Tugenden der Anspruchslosigkeit und der Nächstenliebe und das Streben nach Armut und Gewaltlosigkeit mit den Aussagen des Evangeliums und den Idealen eines christlichen Lebens in Einklang standen, so sehr widersprachen – was die Glaubens-Lehre betrifft – die Katharer den Grundwahrheiten des christlichen Glaubens und den formulierten Lehren der christlichen römischen Kirche. Die Katharer, die nach Albi, der südfranzösischen Hauptstadt ihres Verbreitungsgebiets auch Albigenser genannt werden, verwarfen nicht nur die Lehre vom einen Gott, dem alleinigen Schöpfer des Himmels und der Erde, sondern das ganze Alte Testament überhaupt. Auch dass Jesus als der Sohn Gottes »Fleisch angenommen hat« und Mensch geworden ist, glaubten sie nicht; Jesus sei zwar vom guten Gott gesandt und habe die Menschen Gutes gelehrt, habe sie jedoch nicht gerettet und erlöst. Retten und erlösen müssten die Menschen sich selbst – und zwar durch gute Werke und durch ein reines Leben. Sie glaubten an den Himmel und an die Hölle, nicht aber, wie die Katholiken, an den Reinigungsort des so genannten Fegfeuers. Auch die bei den Katholiken verbreitete Heiligenverehrung verwarfen sie, sowie die Sitte, für die Verstorbenen zu beten. Andachtsformen wie das Kreuzzeichen-Machen, das Knie-Beugen und Verehren von Reliquien lehnten sie als nutzlosen Spuk ab. Wer seine Sünden bereute und beichten wollte, brauchte zu keinem Priester zu gehen, beichten konnte man bei jedem gläubigen Katharer. Sie bauten keine Kirchen, sondern hielten ihre Gottesdienste im Freien oder, wie die frühen Christen, in gewöhnlichen Häusern. Die »römische Messe« war ihnen ein Gräuel, weil in ihr die Rede war vom Leib und vom Blut Jesu; ihre Gottesdienste bestanden aus einem gemeinsamen Mahl, aus Gebeten und der Predigt.

Petrus Waldes und die »Armen von Lyon«

Eine den Katharern verwandte Lehre, die mit den Auffassungen der Kirche nur bedingt in Übereinstimmung zu bringen war und für mancherlei Verwirrung bei den Frommen sorgte, ging von der ebenfalls im Süden Frankreichs gelegenen Stadt Lyon aus. Ihr Stifter hieß Petrus Waldes und die Anhänger wurden »die Armen von Lyon« oder einfach Waldenser genannt.

Petrus Waldes war der reichste Mann von Lyon, er war ein Wucherer, der durch Geldverleihen zu seinem großen Vermögen gekommen war. Am Abend, nach Beendigung seiner Geschäfte, trank er gern mit seiner Frau und seinen beiden erwachsenen Töchtern ein Glas Burgunderwein. Oft hörten sie dabei einem Spielmann zu, der ihnen am Kaminfeuer Gedichte aus Frankreich und Sagen und Legenden aus fernen Ländern vortrug. Eines Abends sang der Spielmann ihnen das Chanson vom heiligen Alexios vor. Darin wird von einem jungen Mann aus Rom erzählt, den die reichen Eltern zwingen wollen, ein Mädchen aus ebenso reichem Hause zu heiraten, damit sich der Reichtum des Alexios verdoppele. Alexios aber liebt das Mädchen nicht. Am Tag vor der geplanten Hochzeit flieht er übers Meer nach Edessa. Dort verschenkt er seine mitgeführten Schätze an Arme, kehrt heimlich nach Rom zurück und lebt von da an bis zu seinem Tode siebzehn Jahre lang unerkannt in strenger Armut und im Dienst an den Menschen in den Elendsvierteln der Stadt.

Die Legende des Alexios von Edessa machte auf Waldes einen tiefen Eindruck und verwirrte ihn zugleich. »Ich«, sagte er zu dem Spielmann, »ich hätte ganz anders gehandelt. Ich hätte jede Gelegenheit dazu genutzt, mein Vermögen zu vergrößern oder gar zu verdoppeln! Was konnte einen Mann wie Alexios nur dazu bringen, alles wegzugeben und arm unter den Armen zu leben?« – »Ich will versuchen«, sagte der Spielmann, »dir morgen eine Antwort auf deine Frage zu geben.« Am nächsten Tag kam er wieder, nicht allein, sondern mit zwei Lyoner Theologen, die Petrus Waldes ein Kapitel aus dem Evangelium des Matthäus aus dem griechischen Urtext übersetzten und vorlasen:

Ein junger Mann kam zu Jesus und fragte: »Meister, was muss ich Gutes tun, um das Ewige Leben zu erlangen?« Jesus antwortete ihm: »Was fragst du mich über das Gute? Nur einer ist gut: Gott. Willst du aber in das Leben eingehen, so halte die Gebote.« Der junge Mann fragte: »Welche Gebote soll ich halten?« Jesus sagte: »Du sollst nicht morden, du sollst die Ehe nicht brechen, du sollst nicht stehlen, du sollst kein falsches Zeugnis geben, du sollst Vater und Mutter ehren und du sollst deinen Nächsten lieben wie dich selbst.« Der Mann erwiderte ihm: »Das habe ich alles beachtet und befolgt. Was fehlt mir denn noch?« Da sprach Jesus zu ihm: »Willst du vollkommen sein, so geh hin, verkaufe alles was du hast und gib den Erlös den Armen, so wirst du einen Schatz im Himmel haben. Dann komm, und folge mir nach.« Als der junge Mann das gehört hatte, ging er traurig fort, denn er war sehr reich.

Waldes dachte viele Tage und auch manche Nacht über die Worte des Evangeliums nach und erkannte, dass er in seinem Leben fast alles falsch gemacht hatte. Dann beriet er sich mit seiner Frau und seinen Töchtern, gab ihnen reichlich, was sie zum Leben brauchten, zahlte auch allen, die er als Wucherer übervorteilt hatte, das zu Unrecht Erworbene zurück und verkaufte all sein noch übriges Hab und Gut.

In weiten Teilen Südfrankreichs war in jenem Jahre 1175 eine Hungersnot ausgebrochen: Ein lang anhaltender Frühlingsregen hatte das meiste ausgesäte Getreide verfaulen lassen, und eine spätsommerliche Hitzewelle hatte den verbliebenen Rest versengt und unbrauchbar gemacht. Da ging Petrus Waldes hin, kaufte im Ausland vom Erlös aus seinen Gütern Korn, Mehl und Brot und verteilte es an die Hungernden in Lyon und in den umliegenden Städten und Dörfern. Einige seiner Freunde, darunter sechs ehemalige Wucherer, taten es ihm nach: Auch sie verkauften, was sie besaßen, zogen mit Waldes von Stadt zu Stadt und von Dorf zu Dorf und halfen den Notleidenden. Nach dem Jahr der Hungersnot blieben sie zusammen, bettelten bei Reichen und teilten mit den Armen, was sie erbettelt hatten. Ihre Idee, getreu dem Evangelium einfach und bedürfnislos zu leben, miteinander zu teilen und einander in der Not zu helfen, fand viele Nachahmer und Anhänger; die Glaubens- und Lebensgemeinschaft der Waldenser wuchs von Tag zu Tag. Zu zweit zogen sie aus, Männer und Frauen, ohne Geld und ohne Essensvorräte, ohne Wanderstab und ohne Sandalen – ganz im Vertrauen auf Gott, wie es ungefähr zur selben Zeit drüben in Italien Franz von Assisi und seine Minderen Brüder taten. Auf Straßen und Markplätzen, in Häusern und manchmal auch in Kirchen verkündeten sie den Leuten die Frohe Botschaft vom Reich Gottes, in dem vor allem die Armen und Trauernden, die Hungernden und Unterdrückten, die Friedliebenden und alle diejenigen ihren Platz haben, die Gott und ihren Nächsten, ja die sogar ihre Feinde lieben.

Die Waldenser lösen sich von Rom

Inzwischen hatte Petrus Waldes von den beiden Lyoner Theologen das ganze Neue und wichtige Teile des Alten Testaments in den französisch-provenzalischen Dialekt, die Muttersprache der Südfranzosen übersetzen lassen. Aus den heiligen Schriften lasen die waldensischen Wanderprediger den Leuten vor. Die Leute hörten ihnen aufmerksam zu. Die meisten hatten nie zuvor die Bibel in ihrer Muttersprache kennen gelernt. Sie hörten immer nur die kurzen Textabschnitte der Evangelien, die der Priester auf Latein in der Sonntagsmesse vortrug; nur die Predigten, nicht aber die Worte aus der Heiligen Schrift, wurden auf Französisch gehalten. Nicht wenige Priester und Ordensmänner waren verärgert, dass die Waldenser aus der Bibel vorlasen und das Volk lehrten, und dass die Menschen auf sie hörten und ihnen in Scharen nachfolgten. Sie zeigten Waldes beim Erzbischof von Lyon an. Der Erzbischof fand aber an ihren Lesungen und Predigten nichts Anstößiges. Er wusste nicht so recht, ob er den Männern das Predigen erlauben oder verbieten sollte. Darum schickte er Waldes zum Papst nach Rom, der sollte entscheiden. Waldes zog mit zwölf seiner Mitarbeiter, die zu den Waldenser Oberen gehörten und sich – ähnlich wie es auch die Katharer taten – »die Vollkommenen« nannten, nach Rom. Der Papst nahm sie freundlich auf und lobte sie, dass sie so arm und einfach und streng nach den Weisungen des Evangeliums lebten. Er verbot ihnen aber, fortan über Glaubensfragen zu predigen; nur so genannte Sittenpredigten durften sie halten, Predigten über das menschliche gute Verhalten im alltäglichen Leben.

Petrus Waldes nahm jedoch die Einschränkungen, die ihm in Rom auferlegt worden waren, nicht hin. Nach Frankreich zurückgekehrt, wies er seine Jünger an, die Bibel als das Buch des christlichen Glaubens heilig zu halten und die Menschen einzig nach den Worten der Bibel glauben und leben zu lehren. Sein Zorn gegen den Papst von Rom und gegen den Erzbischof von Lyon, aber auch gegen alle anderen geistlichen Herren der Kirche, die ihm die Glaubenspredigt verbieten wollten, war groß. »Nur wer lebt, wie Jesus von Nazaret gelebt hat«, rief er ihnen zu, »der allein kann das Evangelium glaubwürdig verkündigen! Sagt nicht die Bibel, die Füchse hätten ihre Höhlen und die Vögel ihre Nester, Jesus aber besäße nicht einmal einen Stein, auf den er sein Haupt betten könnte, um sich auszuruhen? – Wie aber ist es heute mit denen, die sich auf Jesus berufen und in seinem Namen predigen? Der Papst residiert in einem prunkvollen Palast, die Bischöfe und Prälaten wohnen in stattlichen Herrenhäusern, wo sie ihre untertänigen Schmeichler empfangen. Sie kleiden sich aufs Feinste und gehen in ihren Gottesdiensten und Prozessionen in prächtigen Gewändern einher. In guten wie in schlechten Zeiten essen und trinken sie mit ihren Günstlingen und kennen die Not der Armen nicht. Haben so die Jünger Jesu, haben so die Apostel, haben so die Christen in den ersten frühen Gemeinden gelebt? Nur wer wegzugeben bereit ist, was er hat und radikal mit den Armen teilt«, sagte Waldes, »der darf es wagen, das Evangelium von der Gerechtigkeit und der Barmherzigkeit im Reiche Gottes zu predigen.«

Immer häufiger und immer unnachsichtiger prangerte Petrus Waldes das sitten- und gewissenlose Leben der Priester an. Zwar folgte er nicht wie die Katharer der dualistischen Lehre von einem guten und einem bösen Gott, zwar verwarf er nicht das Alte Testament, doch ließ er für den Glauben und das Leben der Christen nichts gelten außer dem in der Bibel aufgeschriebenen Wort Gottes – nicht die kirchlichen Lehrsätze und Dogmen und das kirchliche Lehramt, das die Lehrsätze und Dogmen verkündete und hütete, nicht die Tradition der Heiligenverehrung und des Reliquienkults, nicht die Lehre vom Fegfeuer nicht den Ablass für die Tilgung von Sündenstrafen. Er verbot seinen Gläubigen, Zinsen auf ausgeliehenes Geld zu erheben und ächtete die Wucherer; wie die Katharer, so durften auch die Waldenser keine Eide schwören und keinen Kriegsdienst leisten, und wenn sie Richter waren, durften sie über keinen Menschen die Todesstrafe verhängen. Als er schließlich verkündete, die Christenheit brauche keinen Papst, der über sie herrscht, als er daran ging, die katholischen Sakramente abzuschaffen – außer der Erwachsenentaufe, der Buße und dem Abendmahl – und als er für seine Waldenser mit eigener Hand Bischöfe und Priester weihte und die Ehelosigkeit der Priester verwarf, wurde er im Jahre 1184 vom Papst als Irrlehrer, als »Häretiker« exkommuniziert. Kurz zuvor noch hatte Franz von Assisi seinen Freund Waldes aufgesucht, dessen Apostolisches Leben und dessen Lehre von der Armut und Nächstenliebe er sehr schätzte. Doch es war ihm nicht gelungen, ihn von seinen gegen die »offizielle« Kirche gerichteten, scharfen Angriffe abzubringen.

Waldes von Lyon starb um 1217. Wenn es ihm auch nicht gelungen ist, eine weitgehende und tief greifende Reform durchzuführen wie vor ihm die Cluniazenser nach ihm Martin Luther, so hat er doch mitgeholfen, die Christen gegen den Ungeist des weltlichen Besitzstrebens wachzurütteln und zur Nachfolge Christi im guten, heiligen Geist des Evangeliums aufzurufen.

Jan Hus und die »Böhmischen Brüder«

Außer den Armuts- und Reformbewegungen des heiligen Franziskus, der Albigenser und der Waldenser hat es im Mittelalter noch andere Bewegungen und Gemeinschaften gegeben, die das Evangelium des Jesus von Nazaret in den Mittelpunkt ihrer Lehre stellten und sich gegen alles wandten, was in den Jahrhunderten nach Kaiser Konstantin und seinem großzügigen Toleranzedikt an Besitzgier und weltlichem Machtstreben unter den Christen hatte um sich greifen können. Zu den Reformatoren, welche die Kirche von den Irrwegen abzubringen und auf den Weg der apostolischen und urchristlichen Gemeinden zu verweisen versuchten, gehörte – etwa 200 Jahre nach den albigensischen Katharern und den Waldensern von Lyon – der böhmische Priester Jan Hus.

Der im Jahre 1370 geborene, von seinen Eltern Jan gerufene und auf den Namen Johannes getaufte Hus war ein Kind armer Leute; sein ursprünglicher Familienname ist vergessen. Seit er mit siebzehn Jahren aus dem Dorf Husinec nach Prag, der Hauptstadt der heutigen Tschechischen Republik und des damals zu Deutschland gehörigen Landes Böhmen übersiedelte, um an der Universität Philosophie und Theologie zu studieren, wird er nach seinem Geburtsort Hus genannt. Bei den Prager Studenten und Professoren lernte Hus die Lehren des Oxforder Reformators John Wiclif kennen. Als Hus seine Studien beendet hatte, zum Priester geweiht und Professor geworden war, wurde Wiclif sein ständiges Vorbild. Wie Wiclif und wie auch Waldes, den Hus hoch schätzte, begann er schon bald, scharfe Angriffe gegen die niederen und höheren Priester zu richten, wenn sie ihr Amt und ihre Aufgabe nicht ernst nahmen, ihre Seelsorgspflichten vernachlässigten und alle Mühen nur noch darauf verwandten, Reichtum aufzuhäufen und ein luxuriöses Leben zu führen. Wiclif hatte in Oxford die Bibel ins Englische übersetzt; Waldes hatte das Neue Testament ins Südfranzösische übertragen lassen. Auch Jan Hus bemühte sich darum, der jeweiligen Volks- und Landessprache an Stelle des Gelehrten-Lateins in der Kirche ihren Platz zu geben. In der ständig überfüllten Prager Betlehemskapelle hielt er auf Tschechisch so genannte Volksmissionen ab und verfasste ebenfalls in der Landessprache verständlich formulierte religiöse Schriften für die einfachen Leute. Hus hat sich um die tschechische Sprache ähnlich verdient gemacht wie später Martin Luther um das Hochdeutsche. Wie Wiclif und Waldes nannte auch Hus die Heilige Schrift die alleinige »Autorität« des Glaubens und des christlichen Lebens: Päpstliche und andere kirchliche Lehren, die über die Texte der Bibel hinausgingen und sich im Lauf der Jahrhunderte in den Dogmen niedergeschlagen hatten, lehnte er ab. Die Kirche, so lehrte Hus, ist eine unsichtbare geistige Gemeinschaft; alle getauften Christen sind vom heiligen Geist erfüllt; der leitet sie, und darum brauchen sie keinen Papst, der als Stellvertreter Christi ihnen sagt, wie sie die Bibel auslegen sollen. Auch was richtig ist und was falsch, was Sünde ist und was nicht – das dürfe sich ein mündiger Christ von keinem Lehrer vorschreiben lassen, sondern das müsse jeder in seinem Gewissen selbst entscheiden. Der damalige Papst Johannes XXIII. – der später als unrechtmäßig aus der Liste der Päpste gestrichen wurde – befahl dem Erzbischof von Prag, dem Häretiker Jan Hus das Predigen zu verbieten, ihn zu exkommunizieren und mit dem Bann zu belegen.

Hus musste seine Stellung als Lehrer an der Universität aufgeben und Prag verlassen. Er floh nach Südböhmen, wo ihn adlige Freunde aufnahmen. Der Papst aber ließ nicht locker. Er ließ Hus nach Konstanz vorladen, wo er auf dem Konzil seine Lehren widerrufen sollte. Als König Sigismund ihm freies Geleit für die Hin- und Rückreise nach Konstanz zusicherte, machte sich Hus auf den Weg. In Konstanz aber ließen ihn die Konzilsväter ergreifen und in den Kerker sperren.

Die Versammlung machte Jan Hus Vorschläge, wie er seine Lehre abändern solle, um vom Bann gelöst und wieder in die Kirche aufgenommen zu werden. Doch Hus weigerte sich: Er könne aus der Bibel belegen, dass die 32 Sätze, die das Konzil für Irrlehren hielt, wahr und richtig seien,

Ulrich von Richental, Sohn eines Konstanzer Rats-Schreibers, verfasste als Augenzeuge des Konzils eine Chronik (1424). Darin ist auch dieses Bild von der Verbrennung des Jan Hus zu sehen.

daher werde er nicht abschwören. Daraufhin verurteilten sie ihn zum Feuertod. In einem Bericht von der letzten Stunde seines Lebens kann man nachlesen: »Der Vogt von Konstanz befahl dem Henker, den Hus hinauszuführen und zu verbrennen. Man setzte ihm eine weiße Bischofsmütze auf, auf der waren zwei Teufel gemalt und in der Mitte stand geschrieben: Erzbischof aller Ketzer. Sie führten ihn aus Konstanz hinaus mit mehr als tausend bewaffneten Männern, und die Fürsten und Herren, die dabei waren, waren auch alle bewaffnet. Auf dem Feld vor dem Tor fragte man ihn, ob er beichten wolle. Hus antwortete, es sei nicht nötig, er sei kein Todsünder. Da nahm ihn der Henker, band ihn an ein aufrecht stehendes Brett und stellte ihm einen Schemel unter die Füße. Dann legte er Holz und Stroh um ihn, schüttete etwas Pech darauf und zündete es an. Da hob der Hus furchtbar zu schreien an und war bald verbrannt. Als er verbrannt war, war immer noch die Bischofsmütze ganz. Da zerriss sie der Henker und warf sie ins Feuer, und es gab den bösesten Gestank, den man sich nur denken kann. Später warf man die Asche, die da lag, in den Rhein.«

Die Anhänger der Lehren von Jan Hus nannte man Hussiten. Nach dem Tode ihres Meisters schlossen sie sich den »Böhmischen Brüdern« an, einer christlichen Glaubensgemeinschaft, die ähnlich wie die Albigenser und Waldenser ein urchristliches Leben in Einfachheit, Armut und Hilfsbereitschaft streng nach der Botschaft des Evangeliums zu führen sich bemühten. Sie versuchten zunächst in Verhandlungen mit der offiziellen Kirche die Anträge durchzusetzen, die Hus an die geistlichen Oberen gestellt hatte, vor allem die Erlaubnis, in der tschechischen Sprache zu predigen und das Evangelium zu verkünden und im eucharistischen Abendmahlsgottesdienst nicht nur den Priestern, sondern auch den Laien die Kelchkommunion zu gestatten. Als die Verhandlungen fehlschlugen, griffen sie zu den Waffen. Siebzehn Jahre lang wurde in den Hussitenkriegen um die Anerkennung der Forderungen gekämpft. Die Kämpfe hatten allerdings nicht nur religiöse, sondern auch politische Hintergründe. Sie richteten sich gegen die Heere des Kaisers Sigismund, der ein Deutscher war und durch den sich die Böhmen benachteiligt fühlten. Sigismund unterlag den Hussiten; nach nicht einmal einem Jahrhundert gehörte die Hälfte der tschechischen Bevölkerung zur Glaubensgemeinschaft der Böhmischen Brüder. Die Ideen der Böhmischen Brüder wurden aufgegriffen und weiter entwickelt in der Herrnhuter Brüdergemeine, die 1722 in Deutschland von Nikolaus Ludwig Graf von Zinzendorf gegründet wurde. Die Herrnhuter, die sich große Verdienste um die Menschenrechte der Sklaven erworben haben und die in Demut und Bescheidenheit leben, zählen heute 350000 Mitglieder, davon etwa 9000 in Deutschland.

Der Beginn der Häretikerverfolgungen und die Schande von Béziers

Schon lange vor der Verbrennung des Jan Hus war man gegen die Häretiker und die Gläubigen, die ihnen folgten, mit friedlichen und militärischen Mitteln vorgegangen. Die weltlichen Herrscher einerseits fühlten sich in ihren Rechten und in ihrer Macht bedroht, vor allem dadurch, dass die Katharer und Waldenser keinen Eid, also auch keinen soldatischen Fahnen- und Treueid leisteten und den Waffendienst verweigerten, und weil sie die handwerkliche Arbeit gering schätzten, die den Wohlstand in den Städten garantierte. Auch waren sie gegen jede Art von Macht und Herrschaft, vor allem gegen die Staatsgewalt; sie nannten den König den Stellvertreter des Satans auf Erden, seine Reichsfürsten nannten sie Handlanger des Teufels. Als sich gegen Ende des 12. Jahrhunderts die Adligen in Frankreich, die schon länger mit dem König und den Fürsten unzufrieden waren, gegen den König erhoben, stellten sich die Albigenser und Waldenser auf die Seite der Adligen und schlossen sich ihnen an. König Ludwig von Frankreich wandte sich an den

Papst und bat ihn, die Katharer und Waldenser zu verurteilen und zu Staatsfeinden zu erklären.

Papst Innozenz III., ein weiser, aber auch strenger Mann, sandte Mönche nach Südfrankreich, sie sollten bei den Häretikern um Einsicht und Ruhe werben. Auch der Legat Petrus von Castelnau wurde als Vertreter des Papstes nach Frankreich geschickt, nach einem heftigen Streitgespräch jedoch von aufgebrachten Katharern totgeschlagen. Da riefen der Papst und der König zum Albigenser-Kreuzzug auf. Dem König kam der Kreuzzug politisch sehr gelegen: Er konnte mit Waffengewalt gegen seine aufmüpfigen Grafen vorgehen und hatte dafür den Segen des Papstes; der Papst seinerseits, der ja selber keine Soldaten und Armeen hat, hatte in den Heeren des Königs eine schlagkräftige Waffe gegen die Irrlehrer, die »Feinde des Glaubens« in der Hand. Zentrum der rebellischen Grafen und der häretischen Albigenser war die Stadt Béziers. Am 21. Juli 1209 eroberten die königlichen Soldaten Béziers und wüteten dort unter den Bewohnern schlimmer, als die Kreuzfahrer je in Jerusalem, Edessa und Konstantinopel gewütet haben. In den Stadtgeschichtsbüchern wird berichtet, dass die unbarmherzigen Krieger siebentausend Frauen, Greise und Kinder in eine Kirche pferchten und hinmetzelten, und dass sie die Kathedrale von Béziers einäscherten und dem Erdboden gleichmachten. Zwanzig Jahre tobte der Albigenserkrieg, in welchem Christen gegen Christen kämpften. Die wenigen Katharergemeinden, die nicht ausgerottet und vernichtet wurden, unterwarfen sich schließlich den Siegern. Eine Gruppe von Waldensern indessen söhnte sich mit dem Papst aus und überlebte. Später waren sie nicht mehr in Südfrankreich zu finden, sondern eher in den Schweizer Alpentälern, wohin sie geflohen waren, sowie in Italien, in Böhmen, in Ungarn und im Südosten Deutschlands. Dort schlossen sich nach der Reformation die meisten den Calvinisten an. Heute gibt es in Europa und in Nord- und Südamerika etwa 50000 Waldenser; ihre weithin bekannte Theologische Hochschule befindet sich in Rom.

Den Häretikern auf den Fersen: Die Inquisition

Im Zusammenhang mit den Albigenserfeldzügen in Südfrankreich hatten Papst und Kaiser darüber beraten, ob man nicht besser – statt gegen ganze häretische Gruppen kriegerisch vorzugehen – gezielt einzelne Häretiker ergreifen und ausschalten könnte, um auf diese Weise die Verbreitung, womöglich schon das Entstehen von Häresien zu verhindern. Diese

Überlegungen führten zur Gründung der Inquisition. Der Name Inquisition ist lateinischer Herkunft und heißt so viel wie hartnäckige Befragung, gründliche Untersuchung. Die Inquisition selbst war ein päpstliches Gericht; die praktische Durchführung der Inquisitionsverfahren war aber von Anfang an gemeinsame Sache der kirchlichen und weltlichen Macht.

Wenn eine Frau oder ein Mann als Irrlehrer verdächtigt und – gewöhnlich anonym – beim Pfarrer angezeigt wurde, leitete der Pfarrer den Fall an seinen Bischof weiter. Der Bischof sandte daraufhin so genannte Inquisitoren aus; meistens waren das juristisch geschulte und redegewandte Dominikaner-Mönche. Sie versuchten, die Irrenden vielleicht doch noch zu der einen Wahrheit zu bekehren, wie sie die Kirche lehrte. Beugten sie sich nicht, wurden sie exkommuniziert. Man gewährte ihnen noch eine »Reuefrist« von dreißig Tagen. Dann lieferte man sie an das staatliche Gericht aus. Dort mussten die Angeklagten ein Geständnis ablegen, das man nicht selten durch Folter aus ihnen herausholte. Nach dem Geständnis ging das Verfahren so weiter, wie es in einem kaiserlichen Erlass festgeschrieben war: »Wer vom Bischof als Häretiker überführt worden ist, soll vom weltlichen Gericht alsbald ergriffen und dem Scheiterhaufen überliefert werden. Falls die Richter in ihrer Barmherzigkeit ihm das Leben schenken, soll man ihm wenigstens die Zunge, mit der der katholische Glaube gelästert worden, herausreißen.« An anderer Stelle des Erlasses wird verfügt, dass zugleich mit dem Todesurteil jeglicher Besitz der Verurteilten »confiscirt« werden soll: Alle bewegliche Habe, also Möbel und Geräte, Kaufläden und Werkstatteinrichtungen, wurde verbrannt; Grundbesitz und erspartes Geld wurde zu je einem Drittel an den Staat, an die Kirche und an diejenige Person ausgeteilt, die den Häretiker beim Pfarrer angezeigt hatte. Das Todesurteil wurde, wie es damals üblich war, durch Erhängen oder Erwürgen mit einem Strick, durch Kopfabschlagen oder Ertränken im Fluss, meistens aber durch Verbrennen auf dem Scheiterhaufen vollstreckt. Man rief dazu die Bewohner zusammen, damit sie das Sterben der verabscheuungswürdigen Ketzer anschauen und sich hüten lernen sollten, jemals einem Irrlehrer nachzulaufen.

Am ärgsten ist Spanien von der Inquisition betroffen worden. Durch mehrere königliche Erlasse waren in Spanien – wie auch in Portugal – die Juden unterdrückt und in ihren Rechten beschnitten worden. Viele Juden wanderten aus, mehr noch aber blieben im Land, traten zum Christentum über und ließen sich taufen. Offiziell hießen die getauften Juden Neu-Christen; die Leute riefen ihnen aber gewöhnlich das Schimpfwort Marranen nach, das heißt: Schweinekerle. Man sagte ihnen nach, sie hätten den christlichen Glauben nur zum Schein angenommen, um daraus Nutzen zu ziehen. Von der spanischen Inquisition wurden die Neu-Christen streng überwacht, eingesperrt und vor Gericht gestellt. Wenn sich der Verdacht bestätigte, dass sie tatsächlich nur zum Schein Christen geworden, in ihrem Herzen aber Juden geblieben waren, wurden sie zum Tode oder zu lebenslanger Zwangsarbeit auf der königlichen Galeerenflotte verurteilt. In Büchern kirchenkritischer Forscher kann man lesen, dass durch den gefürchteten damaligen Großinquisitor Thomas de Torquemada in dessen zwölf Jahre währenden Amtszeit fast 10 000 verurteilte Häretiker verbrannt und weitere 97 000 lebenslang auf die Galeeren geschickt wurden. Im Jahre 1492 schließlich wurden durch einen erneuten königlichen Erlass sämtliche Marranen aus Spanien ausgewiesen; wenig später dann auch die Alt-Juden und eine große Zahl Muslime. Die Juden- und Muslimenvertreibung war ein großer Verlust, an dem die Wissenschaft und das kulturelle Leben Spaniens und Portugals lange schmerzlich zu tragen hatten.

Hexenglaube – Hexenprozesse – Hexenmord

Nach den Feldzügen gegen die Häretiker in Südfrankreich, nach den blutigen Hussitenkriegen und nach der Verfolgung und Vertreibung der Juden und Muslime in Spanien kam es zum sicherlich Traurigsten, das es bis dahin in der Geschichte der Christenheit gegeben hat: zu den Hexenverfolgungen und Hexenverbrennungen im Verlauf des Inquisitionszeitalters.

Das Wort Hexe geht entweder auf das isländische Wort haegstesse (in der Hecke versteckte, oben auf der Hecke reitende Frau) oder auf das lateinische Wort herbaria (die Kräuterkundige) zurück. Zu allen Zeiten ist von Hexen die Rede: Männer gingen zu Hexen, um sich einen Zaubertrank zu holen, mit der sie eine Frau zur Liebe verführen wollten; Frauen holten sich bei ihnen Teekräuter und Salben, um damit ihre kranken Kinder zu heilen; Alte und Junge, Männer und Frauen suchten Hexen auf, um sich Rat zu holen, sich die Zukunft weissagen zu lassen oder sich zu erkundigen, wie es ihren verstorbenen Verwandten im Totenreich erging. Hexen waren beliebt – wegen ihrer Zauberkunststücke aber auch gefürchtet.

Im Jahre 1275, in der Zeit, in der man in Europa die großen gotischen Dome baute, wurde in Toulouse im Süden Frankreichs zum ersten Mal eine Frau, von der man sagte, dass der Böse in ihr sei, von der Inquisition aufgegriffen, verurteilt und als Hexe verbrannt: Durch die Hitze des Feuers sollte der in ihr schlummernde Satan aufgeschreckt, erzürnt und zum Ausfahren gezwungen werden.

Von da an nahm der Hexenwahn seinen Lauf, zuerst nur an wenigen Orten, dann weit und breit in Deutschland und Frankreich, am Königshof von Paris genau so wie in den abgelegenen Bergtälern von Tirol, in Schweden und auf dem Balkan, in England und in Schottland, in Dänemark und in den Niederlanden und, etwa ab dem Jahr 1600, da die Massenhysterie gegen die Hexen auf dem Höhepunkt war, auch in Amerika. Überall, wo

Hexenwahn: Auf einer Grafik von Hans Baldung Grien von 1510 sieht man Hexen, wie sie Zaubertränke für die Walpurgisnacht bereiten.

etwas Unerklärliches geschah, wurde nach Verdächtigen, fast immer: nach verdächtigen Frauen gesucht, denen man alles Unheil in die Schuhe schieben konnte. Eine Hexe war schnell gefunden:

Eine Frau, die hinkte, die einen Buckel oder eine krächzende Stimme hatte, Rothaarige und Schieläugige, Taube und Stumme – jede kam als Hexe in Frage. Doch nicht nur unansehnliche, sondern auch besonders schöne Frauen waren vor dem Verdacht nicht sicher, als Hexe zu gelten, denn – so glaubte man – ihrer bediente sich der Satan, um die Männer anzulocken und zu Untaten anzustiften. Ein Wink, ein Wort, ein Hinweis, eine Verdächtigung, und die Inquisitoren waren zur Stelle. Der Papst gab 1484 einen Erlass, die so genannte Hexenbulle heraus, in der Hexen mit Ketzern gleichgesetzt wurden und dass Hexen wie Ketzer zu verfolgen seien; zwei Dominikanermönche aus Konstanz verfassten ein grausiges Buch mit dem Titel Hexenhammer, in dem alle Merkmale aufgeführt waren, an denen man Frauen als Hexen erkennen konnte, und in denen die Strafen aufgelistet waren, mit denen Hexen zu peinigen, zu foltern und zu Geständnissen zu zwingen seien. Da zu den Hexenprozessen keine Verteidiger zugelassen waren, hatten die Frauen nur ganz selten die Chance, bei einem gnädigen Richter mit dem so genannten Stäupen davon zu kommen: Sie wurden an einen Pfahl gebunden – den Pranger – und durften von jedem Vorübergehenden beschimpft, angespuckt und mit einem Besen geschlagen werden. Was das Hab und Gut der Hexen betraf, so erging es ihnen wie den Ketzern: Es wurde entweder zerstört oder zu Gunsten der Staats- oder der Kirchenkasse und der Denunzianten beschlagnahmt.

Gegen den Hexenwahn: Balthasar Bekker und Friedrich Spee

Der Jesuitenpater Friedrich Spee von Langenfeld. Er veröffentlichte sein Buch zum Schutz der als Hexen angeklagten Frauen aus Furcht vor der Inquisition mit: »Von einem unbestimmten rechtgläubigen theologischen Autor«.

Einige mutige Männer wagten es, ihre Stimme gegen die Hexenprozesse zu erheben. Die bedeutendsten sind wohl der protestantische Amsterdamer Prediger Balthasar Bekker, der wegen seines öffentlichen Aufbegehrens gegen das, was den Hexen angetan wurde, von der evangelischen Kirchenleitung seines Predigeramtes enthoben wurde, und der katholische Dichter und Jesuitenpater Friedrich Spee. Er kannte die furchtbare Not der unschuldig verurteilten Frauen, weil viele von ihnen vor ihrer Verbrennung bei ihm die Beichte abgelegt hatten. Ohne seinen Namen zu nennen schrieb er in Paderborn ein erschütterndes Buch mit dem Titel: »Lasst Vorsicht walten bei Kriminalprozessen!« Als der Name des Verfassers bekannt wurde, entging Spee nur um Haaresbreite einer Verurteilung durch die Inquisition. Im Sommer 1635, mitten im Dreißigjährigen Krieg, starb Spee an der Pest; sein Grab ist in der Jesuitenkirche zu Trier. Spees Buch hat schon früh dazu beigetragen, dass manche Frauen, die man unbedacht der Hexerei bezichtigte, weniger Vorurteilen ausgesetzt waren als bisher, und dass die Gerichte bei ihren Prozessen mehr Vorsicht und Gründlichkeit bei der Urteilsfindung walten ließen. Seit Spee gingen vor allem die Folterungen und die anderen Gewaltanwendungen gegen die als Hexen Angeklagten deutlich zurück. Doch erst im Jahre 1793 wurde zum letzten Mal – und zwar in Posen – eine Frau als Hexe verbrannt.

Nicht selten mussten Urteile des Inquisitionsgerichts nachträglich revidiert und zurückgenommen werden: So ist zum Beispiel der Prozess gegen die französische Nationalheilige Johanna von Orleans, die im 15. Jahrhundert gefoltert und auf dem Scheiterhaufen verbrannt wurde, schon kurz nach ihrem Tod neu aufgerollt worden; Johanna wurde für unschuldig erklärt und später von der katholischen Kirche »heilig gesprochen«. Der hoch angesehene Theologe Thomas von Aquin wurde von der Inquisition ketzerischer Lehren verdächtigt; nur knapp entging er der Verurteilung. Heute gilt er als Heiliger und zählt mit seinem Titel Kirchenlehrer zu den größten Persönlichkeiten der Kirchengeschichte. – Ignatius von Loyola, der spätere Gründer des Jesuitenordens, stand vor dem Inquisitionsgericht und musste im Gefängnis auf sein Urteil warten, weil er einer Bewegung angehörte, die eine Reform der Kirche forderte. Hundert Jahre danach wurde auch er heilig gesprochen. – Einem der weltweit größten Forscher und Wissenschaftler, dem Italiener Galilei, wurde vom Inquisitionsgericht verboten, die Entdeckung des Kopernikus weiter zu verbreiten, dass die Erde nicht der Mittelpunkt des Weltalls sei; erst vor wenigen Jahren korrigierte die katholische Kirche das Fehlurteil und bat den im 1614 als Ketzer Eingekerkerten nachträglich um Entschuldigung – ähnlich wie Papst Johannes Paul II. im Jahre 1979 den tschechischen Reformer Jan Hus posthum, das heißt nach seinem Tode, vom Vorwurf der Häresie freisprach und seinen Feuertod bedauerte.

Die Zeitspanne zwischen der ersten öffentlichen Hinrichtung von 13 Häretikern durch den damaligen König Robert von Frankreich im Jahre 1010 und dem letzten offiziellen Inquisitionsprozess, der 1834 in Spanien stattfand, umfasst mehr als 800 Jahre. Es ist nicht abwegig anzunehmen, dass die Zahl der in diesen acht Jahrhunderten getöteten Unschuldigen bis nahe an die Millionengrenze geht. Was damals von kirchlichen und weltlichen Herrschern an Gewaltsamkeiten gegen Andersmeinende verübt worden ist, wirft bis heute seine Schatten auf die Geschichte der Christen. Manchmal ist es schwer, in all dem Dunkel das wohltuende und heilbringende Licht wahrzunehmen, das zur selben Zeit durch christliche Männer und Frauen unter den Menschen des Mittelalters verbreitet worden ist.

Mit Herz und Verstand
auf der Suche nach Gott

Wenn man fragt: »Was fällt Ihnen ein, wenn Sie das Wort Köln hören?«, wird man allerlei verschiedene Antworten bekommen. Der Kölner Dom! Er wird mit Sicherheit sogleich und bei den meisten genannt werden. Der Kölner Karneval, werden andere

Grab des Kirchenlehrers Albertus Magnus (1200 bis 1280) in der St.-Andreas-Kirche zu Köln.

sagen; mir fällt der 1. FC Köln ein, mir der Eishockeyclub Kölner Haie, sagen andere. Dass Köln der Sitz des WDR ist, weiß jeder Fernsehzuschauer, und dass in Köln seit vielen Jahrhunderten das weltberühmte Kölnisch Wasser 4711 hergestellt wird, das fällt jedem ein, wenn man es nur antippt. Einigen werden die bedeutsamen Museen für alte und für moderne Kunst bekannt sein, andere haben vielleicht bei einer Klassenfahrt das Römisch Germanische Museum besucht, oder eine der vielen bedeutenden romanischen Kirchen. Vielleicht waren sie auch in der Minoritenkirche am Grab des Adolf Kolping, der in den harten Zeiten der »Industriellen Revolution« den Handwerkern in ihren Nöten und Sorgen geholfen hat.

 Nur wenige werden allerdings schon in der St.-Andreas-Kirche gewesen sein und dort das Grab des heiligen Albertus Magnus gesehen haben. Albertus Magnus gehört zu den größten Theologen der Kirchengeschichte. Und an noch einen anderen kann man in Köln denken: An Meister Eckhart, der mehrere Jahre an der Kölner Universität gelehrt hat, bevor er in Rom in Ungnade fiel, weil die Inquisitoren in seinen Schriften Irrlehren entdeckt zu haben glaubten. Die theologische Geistesrichtung, für die Albertus Magnus steht (neben dem bedeutendsten Theologen, nämlich Thomas von Aquin, der ebenfalls in Köln gelehrt hat, aber nicht in Köln begraben ist) nennt man Scholastik. Die Geistesrichtung, für die neben vielen anderen Männern und vor allem Frauen Meister Eckhart zu nennen ist, heißt Mystik.

Anselm von Canterbury, der Vater der Scholastik

Am Beginn des Hochmittelalters, im Jahre 1033, wurde in der Grafschaft Piemont im Norden Italiens Anselmo von Aosta geboren, der später Benediktinermönch wurde und unter dem Namen Anselm von Canterbury weltbekannt geworden ist. Im Investiturstreit – als in Canossa Papst Gregor VII. und Kaiser Heinrich IV. aufeinander trafen – stand Erzbischof Anselm auf der Seite des Papstes: Er trat vor den englischen König und forderte ihn im Namen der Kirche auf, von der Unsitte der Laien-Investitur abzulassen und nicht mehr eigenmächtig Bischöfe einzusetzen. Erzbischof Anselm wurde wegen seines furchtlosen Auftretens vor das königliche Gericht gestellt und zwei Mal in die Verbannung geschickt. Doch nicht seine kirchenpolitischen Taten und auch nicht seine künstlerischen Verdienste um den Bau der gotischen Kathedrale von Canterbury – an deren Erweiterung und Vollendung er maßgeblich beteiligt war – haben ihn berühmt gemacht, sondern die bahnbrechenden Anstöße, die er der abendländischen Theologie zu Beginn des Hochmittelalters mit seinem Denken und Forschen und seinen zahlreichen wissenschaftlichen Schriften gegeben hat.

Schon im christlichen Altertum hatte der Kirchenlehrer Augustinus – der noch in der Zeit vor dem Untergang des Weströmischen Reiches Bischof von Hippo in Nordafrika war – geschrieben, dass Glaube und Vernunft einander nicht widersprechen dürften. Sein Lehrsatz hieß: »Ich glaube – um zu erkennen.« Anselm von Canterbury griff diesen Satz auf, indem er sagte, dass der Glaube immerfort die Auseinandersetzung mit dem Verstand suchen müsse.

Bis hinein in die Zeiten des Mittelalters verstand man unter Glauben: Fest für wahr halten, was Gott uns »geoffenbart« hat, alles das, was in den Büchern des Alten Testaments geschrieben steht, über die Erschaffung der Welt (die, wie man damals glaubte, im Jahre 3761 vor Christus stattfand) bis hin zu dem, was im Neuen Testament von Jesus überliefert wird, und auch bis zu dem, was darüber hinaus über das Ende der Welt und das Ewige Leben nach dem Tode gesagt wird. Auch Anselm glaubte wie alle Theologen und auch alle Christgläubigen seiner Zeit alles dies uneingeschränkt. Doch er regte an, nicht nur die Bibel und die Texte der christlichen Theologen zu lesen, sondern auch die Lehren und Schriften anderer frommer und gottsuchender Menschen zu studieren: die Schriften der Muslime zum Beispiel, die man seit einiger Zeit durch den Kontakt mit den Arabern in Spanien kennen gelernt hatte; ferner die außerbiblischen Weisheitsbücher der Juden, und schließlich auch die Schriften der griechischen Philosophen, die schon vor der christlichen Zeit von Gott gesprochen und geschrieben hatten.

Die Vorgehensweise des suchenden und vergleichenden Lernens, die an das Lernen in der Schule erinnert, nannte man »Scholastik«; Anselm von Canterbury, der dazu wenn nicht den ersten und einzigen, so doch den entscheidenden Anstoß gegeben hat, gilt als der Vater der Scholastik.

Bedeutende scholastische Gelehrte – nach Anselm – waren der Schotte Duns Skotus, der Franzose Abaelard, der Italiener Bonaventura und der Spanier Lullus von Mallorca (der 300 theologische Werke in spanisch-ka-

Albertus Magnus war – neben Thomas von Aquin – der bedeutendste Theologe des Mittelalters. Das »Fresko« (Wandgemälde) von Tomasso de Modena aus dem Jahr 1352 zeigt ihn an seinem Schreibpult.

talanischer, lateinischer und arabischer Sprache verfasste). Die beiden größten aber waren Albert aus Lauingen an der Donau und sein ihn überragender Schüler Thomas von Aquin.

Albert wurde wegen seines umfassenden Wissens schon zu seinen Lebzeiten »Magnus« genannt, der Große. Bei den Gelehrten seiner Zeit hieß er »Doctor universalis«, Lehrer allen Wissens. Er forschte vor allem in den Naturwissenschaften der Botanik, Biologie und Zoologie und brachte die Ergebnisse seiner Studien und seine enormen Kenntnisse der antiken Philosophie in die Gedankenwelt der scholastischen Theologie ein. – Thomas von Aquin war Dominikanermönch wie sein Lehrer Albertus Magnus; er studierte in Köln, war Professor in Paris, in Rom, in Neapel und an zwei italienischen Dominikanerhochschulen. Galt Anselm als Begründer der Scholastik, so gilt Thomas als deren Vollender. Er versuchte noch intensiver als seine Vorgänger, die christliche Theologie zu bereichern, indem er die Lehren des Griechen Aristoteles, des Juden Maimonides und des islamischen Arabers Averroes in die christliche Theologie mit einbezog. Aus seinen Studien, seinen Erfahrungen und seinem Wissen stellte er eine »Summa Theologica« auf, in der die gesamte christliche Gotteslehre in Lehrsätzen aufgeschrieben ist. Die Summa des Thomas, der wohl der genialste Theologe des Mittelalters war, ist noch heute in vielem die Grundlage der Wissenschaft der Theologie, wie sie an den Universitäten gelehrt wird – freilich ergänzt und erweitert und um manche zeitgeschichtlich bedingten Kenntnisse bereichert.

Die Entstehung der hochmittelalterlichen Universitäten

In dem Buch-Miniatur eines unbekannten Malers aus dem 14. Jahrhundert sieht man einen Universitätsprofessor bei der Vorlesung. Einer der Studenten denkt angestrengt nach - oder ist schon eingeschlafen.

Die Zeit der Scholastik war zugleich die Gründungszeit der frühen abendländischen Universitäten. Seit den Tagen Kaiser Karls des Großen gab es wohl so etwas wie ein Schulwesen in vielen Orten seines Reichs, es gab Höhere Dom- und Kathedralschulen in den Bischofsstädten, es gab eine Hof-Akademie in der Aachener Pfalz, die man fast eine Vorläuferin der späteren Universitäten nennen könnte. Die eigentliche erste Universität aber wurde zu Beginn des Hochmittelalters in der italienischen Stadt Parma gegründet, und zwar im Jahre 1065. Erst hundert Jahre später folgten weitere Gründungen, hauptsächlich in Italien: in Bologna und Modena, in Padua und in Neapel. Danach entstanden Universitäten in Paris und Toulouse, in Oxford und Cambridge, im spanischen Salamanca und im portugiesischen Coimbra. Die ersten beiden deutschen Universitäten wurden 1348 in Prag und 1365 in Wien errichtet; danach folgten, ebenfalls noch im 14. Jahrhundert, Heidelberg, Köln und Erfurt.

Ursprünglich hatte jede Universität nur einen einzigen Studienschwerpunkt. Hier war es die Rechtswissenschaft, da die Philosophie, dort die Medizin. In den Universitäten, die nicht von einer Stadt, von einer unabhängigen Gelehrten- und Studentengruppe oder von einem Landesfürsten, sondern von der Kirche gegründet wurden, lehrte man vor allem die Theologie. Die hochmittelalterlichen Theologieprofessoren kamen hauptsächlich aus den Bettelorden der Franziskaner und Dominikaner. Nach Anselms Vorbild gingen sie über die Aussagen der Bibel hinaus und versuchten, die Theologie in Einklang zu bringen mit der Philosophie, der Lehre von der Weisheit, von der Erkenntnis, vom denkenden Durchdringen. Sie stellten an den Anfang ihrer Universitätsvorlesungen nicht eine Behauptung, sondern eine Frage. Zwar begannen sie mit der Bibel, wo zum Beispiel der lapidare erste Satz sagt, dass Gott »Im Anfang« da war und die Welt erschuf. Dann aber setzten sie sogleich mit ihren Erörterungen der Philosophie vor allem des Aristoteles an (der von 383 bis 323 vor Christus in Griechenland lebte und lehrte). Sie stellten die Frage: »Gibt es einen Gott?« und befassten sich eingehend mit den schwerwiegenden Einwänden, die man immer wieder gegen die Existenz Gottes vorbringt:

Wenn es für die ganze Welt und für alle Menschen einen einzigen Gott gibt, so lautete einer der Einwände, warum hat er denn nur zu den Juden gesprochen, warum hat er denn, wie man sagt, nur zu uns Christen seinen Sohn gesandt, warum nicht auch, um sich allen Menschen zu offenbaren, zu anderen Völkern? – Wenn es einen guten, gerechten, weisen und barmherzigen Gott gibt, der alles geschaffen hat, woher kommt dann das Böse? – Wie ist die unendliche Liebe Gottes zu vereinbaren mit dem unsäglichen Leid, das über einzelne Menschen und über ganze Länder und Völker kommt? – Warum hat dieser Gott die Natur so geschaffen, dass das Leben seiner Geschöpfe ein einziges Jagen und Gejagtwerden, ein einziges Fressen und Gefressenwerden, ein einziges sinnloses immer wiederkehrendes Geborenwerden und Sterbenmüssen ist?

Die Scholastiker sagten: Gerade diese Einwände gegen die Existenz Gottes können indirekt Gründe für seine Existenz sein. Weil wir unter der ärgerlichen Unvollkommenheit der Welt leiden und wir allesamt die Unvollkommenheiten nicht »aus der Welt schaffen« können – richtet sich eben darum nicht alles Hoffen und Wünschen und Sehnen der gläubigen Menschen auf den Einen, der hinter der Unvollkommenheit der Vollkommene ist? Hinter der Ungerechtigkeit der Gerechte? Hinter allem Bösen der Gute? Hinter allem Unheiligen der Heilige? In solche Antwortversuche auf die Frage nach der Existenz Gottes mündeten schließlich meist die Vorlesungen der Scholastiker als Schlussfolgerung ein.

Um von der Existenz Gottes zu sprechen, befassten sich die Scholastiker indessen nicht bloß mit solchen, man könnte sagen: negativen oder indirekten Wegen des Zweifelns und der Einwände, des Fragens und des

Suchens. Sie stellten vielmehr eine Reihe von positiven, direkten Beweisen für die Existenz Gottes auf, um den Satz zu stützen, dass Gott »im Anfang war, dass er so auch jetzt und allezeit und in Ewigkeit« ist und sein wird.

Einer der ältesten Gottesbeweise, den man schon bei Aristoteles nachlesen kann und den die scholastischen Professoren in ihren Vorlesungen vor den Studenten und den die franziskanischen und dominikanischen Bettelmönche gern in ihren Predigten vor dem einfachen Volk anführten, war der so genannte Bewegungs-Beweis. Alles was sich bewegt, so sagten sie, ist von irgendjemandem angestoßen worden: Ein ruhig liegender Stein kommt nicht von selbst ins Rollen, sondern weil er angestoßen wird oder weil die ebene Stelle, auf der er liegt, angehoben wird, so dass er abwärts rutscht. Auch dass die Pflanzen und Tiere und Menschen zu Beginn ihrer Existenz zu leben und sich zu bewegen anfangen, beruht auf einem Anstoß, der von der jeweils voraufgegangenen Pflanzen-, Tier- und Menschengeneration gegeben worden ist. So könnte man alles, was existiert, über Millionen von Generationen zurückverfolgen bis zu dem gedachten Augenblick, da der allererste Anstoß zum Leben und Sich-Bewegen erfolgt sein muss. Weil aber auch die allererste Bewegung nicht aus sich zustande gekommen sein kann, muss es einen Erst-Beweger geben, und man kann sich, ohne dass etwas dagegen spräche, gutwillig darauf verständigen, den Erst-Beweger Gott zu nennen.

Anselm konnte von seinem Elternhaus in der Ferne den Mont Blanc sehen, den höchsten Berg Europas. Als Kind sagte er: Einen höheren Berg als den da vor mir gibt es nicht. Später sagte er dann: Vielleicht gibt es doch einen höheren Berg, aber er liegt woanders, ich kann ihn nicht sehen. Dann, als er Philosophie und Theologie studierte, sagte er schließlich: Selbst wenn ich den höchsten Berg der Welt sähe oder gar erstiege, könnte ich mir morgen einen noch höheren Berg denken, und übermorgen und überübermorgen einen immer noch höheren Berg. Aber irgendwo und irgendwann stoßen mein Denken und meine Vorstellung an die Grenze: Der höchste von mir denkbare Berg ist immer noch – im Denken – übertreffbar. So ist es mit allen anderen Dingen: Nach dem längsten Fluss ist immer noch ein längerer denkbar, hinter dem Schönsten ist Schöneres denkbar, hinter dem Kleinsten Kleineres, hinter dem Heißesten Heißeres, hinter dem Schnellsten Schnelleres, hinter den letzten Sternen, die ich in der Nacht am Himmel sehe, andere Sterne, und hinter den anderen für mich nicht sichtbaren Sternen weitere ausdenkbare. Das Denkbare über allem Denkbaren, das Letzt-Denkbare, ja, das mit meinem Verstand Un-Denkbare will ich Gott nennen. Auch dieser Weg über das Letzt-Denkbare war neben dem Bewegungs-Beweis ein sehr gebräuchlicher Gottesbeweis in der Scholastik.

Und auch, dass die zahllosen Gestirne im Weltall seit unvordenklicher Zeit ihre Bahnen ziehen und nicht zusammenstoßen, galt als Gottesbeweis: Einer musste ihre Ordnung ersonnen, entworfen und festgelegt haben. Dass die Sonne morgens aufgeht und abends hinterm Horizont im Meer versinkt, wie damals viele glaubten, auch das musste einer mächtigen ordnenden Hand unterstehen. Dass alles, was man loslässt, nach unten herunterfällt, so dass man es wieder aufheben kann, und nicht nach oben ins Unwiederbringliche steigt – das nannten manche ein »Natur-Gesetz«, über das man nicht nachzudenken braucht; andere jedoch nannten es einen Teil im Plan, den Gott ersonnen hat zum Wohl des Menschen. Dass in einem winzigen Samenkorn der ganze spätere riesige Baum enthalten und verborgen ist; dass das Herz schlägt, hunderttausendmal am Tag, ohne dass wir bewusst etwas dazu tun; dass ein erbsengroßer Stein im Wasser versinkt, während eine Galeere mit 80 Ruderern wie selbstverständlich vom Wasser getragen wird, das konnte man für nicht weiter nachdenkenswert, konnte man für physikalisch errechenbar, konnte man aber auch für etwas bestaunenswert Wunderbares halten, das Einer – und wenn nicht Gott, wer denn sonst? – für alle so eingerichtet hat.

Einswerden mit Gott: die Mystik

Viele Wege können unterdessen zu Gott führen. Der eine Weg ist der Weg, den die Scholastiker anbieten: Sie lesen in den Schriften der Juden und Christen, der Muslime und der antiken Philosophen, sie studieren die Dogmen und die Werke der Kirchenväter und entwickeln schließlich aus dem Gelesenen eine übersichtliche Summe der Theologie, der Gotteslehre. An den Universitäten disputieren und argumentieren sie, ziehen Schlüsse und formulieren geistreiche, mal mehr, mal weniger überzeugende Gottesbeweise. Ein anderer Weg, Gott zu finden, ist der Weg der Mystikerinnen und Mystiker. Sie gehen nicht auf Gott zu, um ihn mit den Gaben des Verstandes zu »erfassen«, sondern, man könnte sagen: Sie werden leer und still, öffnen sich für Gott und lassen sich von ihm »leise berühren«.

Das Wort Mystik ist griechischen Ursprungs und kann sowohl »sich Augen und Mund zuschließen lassen« als auch »sich in ein Geheimnis einweihen lassen« bedeuten: Der mystische Mensch schließt die Augen und lässt nicht die Blicke umherschweifen, sondern schaut mit seinem geistigen

Auge in sich hinein, nach innen. Auch »hält er den Mund« und plappert nicht, sondern schweigt, um in sich die Stimme Gottes zu vernehmen und sich in die Geheimnisse Gottes einweihen zu lassen. Scholastik, so sagen manche, ist aktives, verstandesklares Denken; Mystik ist passive, versunkene Gottes-Schau.

Mystische Elemente und mystische Praktiken gibt es in allen Religionen. In den religiösen Bräuchen der Naturvölker findet man Mystisches so gut wie in den großen Religionen in China und Japan, in Indien und im Innern Asiens, in den Götterkulten der griechischen und römischen, der

Auf dem Bild (fünfzig Jahre nach Hildegards Tod gemalt) ist eine ihrer Visionen dargestellt: Gott umfasst mit seiner Liebe die Welt; der Mensch in der Mitte gibt die Liebe Gottes mit ausgebreiteten Händen weiter.

ägyptischen und persischen Antike. Auch in den biblischen Schriften der Juden und Christen gibt es Texte, aus denen man mystische Erfahrungen der Menschen mit Gott heraushören kann: Träume der Patriarchen, Visionen der Propheten, und die große Gottesschau des Johannes in der Geheimen Offenbarung. Frühe christliche Märtyrer und Märtyrerinnen hatten im Kerker oder auf dem Richtplatz mystische, ihren Glauben stärkende Begegnungen mit Gott oder Jesus Christus.

In der christlichen Mystik wird das Einswerden mit Gott Unio mystica genannt, geheimnisvolle Vereinigung. Die Sehnsucht nach der Vereinigung des Menschen mit Gott kommt daher, so sagen die Mystiker, dass wir von Gott geschaffen sind, dass Gott unser Ausgangspunkt ist, unser Ursprung, und dass wir uns in der unvollkommenen Welt nach dem vollkommenen Gott sozusagen zurücksehnen. Augustinus hat es so formuliert: »(Herr,) du hast uns auf dich hin geschaffen, und unser Herz ist unruhig, bis es Ruhe findet in dir!« Die Ruhe in Gott aber, so lehren die Mystiker, ist nicht nur der Zeit nach unserem Erdenleben vorbehalten, sondern kann in unserem Erdenleben gefunden werden, dann und wann, hier und da, wenn wir – zum Beispiel in einer Meditation – still werden und bereit sind, Gott in unser Herz einzulassen.

Meister Eckhart, der Vater der Mystik

Ähnlich wie Anselm von Canterbury Vater der Scholastik genannt wird, gibt es auch einen »Vater der mittelalterlichen Mystik«, nämlich den Dominikanermönch Meister Eckhart (wenn gleich es schon hundert Jahre vor ihm bedeutende Männer und Frauen gab, die man der Mystik zuordnet, zum Beispiel Hildegard von Bingen und Bernhard von Clairvaux). Eckhart wurde um 1260 in Hochheim, einem Ort entweder nahe bei Erfurt oder nahe bei Jena als Sohn adliger Eltern geboren. Er studierte in Köln und wurde, als er ungefähr 30 Jahre alt war, Professor an der Sorbonne-Universität zu Paris. Danach schloss er sich nicht etwa in seine Klosterzelle ein, um dort ein Leben lang abgeschieden von der Welt seinen mystischen Gedanken nachzuhängen; er wurde vielmehr ein eifriger Diener und Reformer seines Ordens. Wie dreihundert Jahre vor ihm die Oberen von Cluny die Benediktinerklöster im Reich von den weltlichen Missständen gereinigt hatten, so reiste Eckhart unermüdlich zu den 47 Männer- und 70 Frauenklöstern der Dominikaner, die ihm unterstellt waren, besonders in Sachsen und Böhmen, im Elsass und in der Schweiz und an mehreren Orten in Norddeutschland, wo er nach Recht und Ordnung sah und aber immer auch die Mönche und Nonnen die mystische Versunkenheit lehrte und viel mit ihnen meditierte und betete. Berühmte Frauenklöster, die im Geiste Eckharts der Mystik zugetan waren und deren Reden und Schriften die Frömmigkeit des Hochmittelalters in hohem Maße geprägt haben, waren Thöss in der Schweiz, Engelthal bei Eichstätt, Medingen bei Augsburg und das Zisterzienserinnenkloster Helfta im damaligen Bistum Halberstadt. Die größten Frauen in der Blütezeit der Mystik waren wohl Mechtild von Magdeburg und Mechtild von Hackeborn, sowie Getrud die Große von Helfta, die Litaneien und geistliche Liebesgedichte zum »Herzen Jesu« geschrieben hat, die aber auch alles Beten und Dichten zurückstellte, wenn es galt, einem Menschen zu helfen, der in Not war.

Meister Eckhart ging immer mehr und immer weiter über die Lehren der anderen Mystiker hinaus. Er sagte, die mystische Vereinigung des Menschen mit Gott sei nicht nur deshalb möglich, weil sich der Mensch nach Gott, seinem Ursprung zurücksehne. Er sagte darüber hinaus: Der Leib eines jeden Menschen ist von Gott geschaffen. Die Seele eines jeden Menschen aber ist nicht geschaffen, sie ist nicht Geschöpf Gottes; sie ist viel mehr als das: Sie ist ein Teil Gottes! In der Seele eines jeden Menschen, so sagte er, kommt Gott ständig aufs Neue zur Welt, wird Gott ständig aufs Neue geheimnisvoll neu geboren. Wenn man sich Gott unter dem Bild eines ewig-brennenden Feuers vorstellt, so glüht in jeder Seele ein »Fünklein« (so nannte er es) von Gott, dem ewigen großen Feuer.

Den Satz, Gott werde in der Seele des Menschen geboren, weitete Eckhart später noch aus: Nicht nur in den Menschen, sondern in allem, so sagte er, ist Gott zu finden. Dieser Satz schien vielen gefährlich. Gott in allem! Könnte man das nicht so verstehen, Gott sei also nicht eine Person (oder ein Gott drei Personen), wie es im Glaubensbekenntnis der Christen und in den Dogmen der Kirche heißt, sondern er sei sozusagen un-persönlich, er sei überall in der Welt, in den Menschen und den Tieren, in den Pflanzen und den Steinen, im Wind, im Meer, in den Gestirnen des Weltalls. Meister Eckharts Lehre nannte man damals – etwas verkürzt und auch etwas ungenau – »die Lehre von der Vergöttlichung des Menschen«. Fünf Jahre lang vertrat er diese seine Lehre an der Universität zu Köln. Dort verkündigte er aber auch, das Lesen der biblischen Geschichten, das Studium der Lehren der Kirche, vor allem: das Verrichten guter Werke, mit denen sich der Mensch Gottes Zuneigung erkaufen zu können glaubte, dies alles sei zweitrangig und von nur geringer Bedeutung. An erster Stelle stehe die unmittelbare und unkomplizierte Begegnung zwischen der Seele und Gott. Dadurch geriet er unter Häresieverdacht, und schon bald wurde er von Gegnern aus Kreisen der Universität anonym bei der Inquisition angezeigt. Der Erzbischof von Köln ließ für das Gerichtsverfahren eine Liste mit 108 Sätzen aus Eckharts Predigten und Vorlesungen erstellen, die nach seiner Meinung grobe Glaubens-Irrtümer enthielten. Eckhart trat in der Kölner Dominikanerkirche vor das Volk und rief aus: »Ich werde alles, was ich gesagt und geschrieben habe, öffentlich widerrufen – falls mir nachgewiesen wird, dass ich gegen den rechten christlichen Glauben verstoßen habe!« Daraufhin musste er sich persönlich vor dem Papst verantworten. Dort wurden die Listen noch einmal geprüft. Meister Eckhart war zu dieser Zeit 68 Jahre alt und schwer erkrankt. Er unterwarf sich in Demut und Gehorsam »im Voraus« dem Papst, wie auch immer dieser über seine Lehren entscheiden würde; kurz darauf starb er. In einem päpstlichen Schreiben, der »Bulle« von 1329, wurden schließlich 26 Sätze aus seinen Vorlesungen und seinen Volkspredigten als Irrlehren verworfen.

Der Regierungssitz der Päpste
wird von Rom nach Avignon verlegt

Das Gesicht des großen einigen Europas, das Kaiser Karl der Große geschaffen hatte, veränderte sich im Lauf des Mittelalters zusehends. Schon als eine Generation nach Karl das Reich in drei Teile aufgespaltet wurde, hatte die Auflösung der europäischen abendländischen Gemeinschaft begonnen. Von da an bildeten sich in vielen Gebieten Europas eigenständige National-Staaten und erstarkten immer mehr. Das Ansehen Roms als ehemaliger Mittelpunkt eines einigen Abendlandes schwand dahin. Die italienischen Kultur- und Handelsstädte Florenz und Mailand, Venedig und Neapel waren allesamt bedeutsamer geworden als die alte »Ewige Stadt« Rom. Fast alle europäischen Reiche hatten damals mehr Einwohner als Italien, in dessen Herzen Rom lag: Deutschland hatte 8 Millionen Einwohner, Spanien 6 Millionen, England 2 Millionen, und auch die ehedem wenig bedeutenden Randländer Dänemark, Böhmen, Polen, Portugal und die Niederlande waren zu ansehnlichen Staaten emporgestiegen. Die unstrittig führende Rolle indessen spielte Frankreich: Mit 14 Millionen Einwohnern, mit starken Königen an der Spitze und mit seiner Hauptstadt Paris war Frankreich das neue politische, wirtschaftliche und geistige Zentrum des Abendlands geworden.

Die französischen Könige – deren bedeutendster Philipp der Schöne hieß – hatten mit List, Geschick und politischer Macht erreicht, dass der Papst das Kardinals-Kollegium nach und nach mit immer mehr wahlberechtigten Kardinälen besetzte, die aus Frankreich stammten. So kam es, dass im dreizehnten Jahrhundert erstmals ein Franzose zum Papst gewählt wurde. Der Einfluss, den Philipp der Schöne auf Rom ausübte, wurde schließlich so stark, dass der mit dem König befreundete Bischof, als er zum Papst gewählt worden war, es sich erlauben konnte, gar nicht erst nach Rom zu gehen, sondern sich in Anwesenheit des Königs und aller Kardinäle, die eigens nach Frankreich anreisen mussten, in der Kathedrale von Lyon die Tiara, die dreifache Papstkrone, aufsetzen zu lassen. Er nannte sich Klemens V. Kaum im Amt, erweiterte er das Kardinalskollegium beträchtlich, hauptsächlich mit Männern, die mit ihm verwandt waren. Zuletzt bestand das Kollegium aus 134 Kardinälen, 111 davon waren Franzosen. Dadurch sollte sichergestellt werden, dass in Zukunft nur noch Franzosen Päpste wurden. Im Jahre 1309 siedelte Klemens mit der ganzen Kurie, der päpstlichen Regierungsmannschaft, über nach Avignon an der Rhône. Er kaufte fast das gesamte Stadtgebiet auf und ließ um die Stadt herum eine Mauer errichten. An der Stelle der alten Burg wurde – von einem seiner Nachfolger – ein prächtiger Palast gebaut, der noch heute als eins der eindrucksvollsten gotischen Bauwerke Südfrankreichs von vielen Menschen bewundert wird, die zu den alljährlich stattfindenden Theaterfestspielen nach Avignon kommen. In Avignon lebten und regierten insgesamt sieben Päpste. Weil der Sitz des Papstes nicht in Rom, sondern im Ausland lag, nannte man die 70 Jahre während Regierungszeit der Päpste das »Exil von Avignon«, manchmal auch die »Babylonische Gefangenschaft der Päpste in Avignon«, zur Erinnerung an die Babylonische Gefangen-

Der Papstpalast zu Avignon, in dem die Päpste während des »Babylonischen Exils« von 1309 bis 1373 residierten.

schaft der Israeliten nach der Zerstörung Jerusalems im sechsten Jahrhundert vor Christus. Die Päpste lebten in Avignon allerdings nicht wie Gefangene, sondern fröhlich und zufrieden in Freizügigkeit, Pracht und Reichtum.

Die von den Päpsten verlassene Stadt Rom kam unterdessen immer mehr herunter. Die Wallfahrer blieben aus, die früher zu Tausenden aus vielen Teilen des Abendlands nach Rom gekommen waren, um die Stätten zu besuchen, die man als die Gräber der »Apostel-Fürsten« verehrte, und um in den Kirchen zu beten, die den Opfern der Christenverfolgungszeit geweiht waren, oder auch um in Ehrfurcht durch die dunklen Gänge der Katakomben zu gehen, die unterirdischen Begräbnisstätten der frühen römischen Christen. Der Dichter Petrarca schrieb damals wehmütig: »Die Lateranbasilika, die Mutter aller Kirchen, liegt am Boden und steht ohne Dach da, dem Wind und dem Regen offen. Die heiligen Gräber der Apostel Petrus und Paulus wanken, und was der Tempel der Apostel war, ist ein gestaltloser Trümmerhaufen. Während du«, rief er grimmig dem Papst in Avignon zu, »dich am Ufer der Rhône inmitten der Sünder an den Tischen mit den vergoldeten Schüsseln und Tellern ausruhst, fällt der Lateran in Trümmer. Wann wirst du endlich zurückkommen?«

Vorerst aber dachten die Avignoner Päpste nicht an eine Rückkehr nach Rom. Da sie von den sonst üblichen römischen Geldquellen abgeschnitten waren, ließen sie von ihren Beratern vielerlei Möglichkeiten zusammenstellen, wie sie zu Geld kommen könnten, um ihre rege Bautätigkeit und teure Hofhaltung in Avignon bezahlen zu können. So wurde zum Beispiel angeordnet, dass die Erzbischöfe dafür, dass ihnen das Pallium verliehen wurde, eine hohe Gebühr an die Kurie zu entrichten hatten. Starb irgendwo ein Priester oder Bischof, so hatten seine Verwandten einen großen Teil der Erbschaft nach Avignon abzuführen. Für kircheneigenes Land, das als Lehen an die Bauern vergeben wurde, wurden die Pachtzinsen drastisch erhöht; alles, was die Bauern im ersten Jahr aus dem Lehnsland an Gewinn erwirtschafteten, hatten sie an die Kirche abzuführen. Über die seit Karl dem Großen üblich gewordene Kirchensteuer hinaus trieben die päpstlichen Verwaltungsbeamten von allen Christen weiterhin die so genannte Kreuzzugssteuer ein – obwohl seit über zwanzig Jahren kein Kreuzzug mehr stattgefunden hatte. Wer sich weigerte, die päpstlichen Gebühren zu entrichten, dem wurden harte Strafen angedroht, bis hin zum Kirchenbann, dem Ausschluss aus der Kirche, der – wie die Leute damals glaubten – den Verlust des ewigen Seelenheils zur Folge hatte. Die Erbitterung der Menschen über diese hohen Belastungen war groß; der Zorn über die Art und Weise, wie sie von den französischen Päpsten und ihrem kirchlichen Hofstaat behandelt und ausgenutzt wurden, wurde immer lauter.

Doch nicht nur, was das Finanzgebaren, sondern auch was das politische Verhalten der Päpste in ihrer Burg im fernen Süden Frankreichs betraf, machten die Kirchenoberen schwerwiegende Fehler. Einer der sieben Avignonpäpste, Johann XXII., ließ sich mit Unterstützung des Königs von Frankreich sogar auf einen handfesten Streit mit dem deutschen Kaiser ein. Es ging wieder einmal, wie zu Zeiten des Investiturstreits vor 300 Jahren, um die Besetzung eines Bischofsthrons. Der Papst wies den Deutschen Kaiser auf eine »Bulle« hin, die einer seiner Vorgänger verfasst hatte. Darin hieß es, dass Jesus Christus der Kirche zwei Schwerter verliehen habe, das »geistliche und das weltliche. Das eine Schwert«, so hieß es weiter, »muss dem anderen untergeordnet sein, die weltliche Macht muss sich der geistlichen Macht fügen. Die geistliche Macht setzt die weltlichen Mächte ein, so ist es Gottes Wille und Ordnung. Darum erklären, bestimmen, definieren und verkündigen wir denn, dass alle menschliche Kreatur bei Verlust der ewigen Seligkeit dem Papst untertan sein muss.« Der deutsche Kaiser gab nicht nach und wurde vom Papst mit dem Bann belegt. Doch die

Welt hatte sich verändert: Dieses Mal gab es kein Canossa und keine Versöhnung. Der Kaiser rief im Jahre 1338 aus der Schar der deutschen Fürsten in Rense, dem unweit von Koblenz gelegenen heutigen Städtchen Rhens, die Sieben zusammen, die man Kur-Fürsten (= Wahl-Fürsten) nennt. Es waren die Fürsten von Böhmen und Brandenburg, von Köln und Mainz, von Sachsen, von Trier und von der Pfalz. Sie fassten den Beschluss, von nun an sollte die Wahl ohne jegliche Mitwirkung der Kirche stattfinden. Das Wort »Papst« kam in dem Text des Beschlusses nicht mehr vor, der politische Einfluss der Päpste auf das Deutsche Reich war erloschen.

Das Ende des Exils von Avignon

Auch in den anderen europäischen Ländern nahmen Einfluss und Ansehen der Päpste unaufhaltsam ab. Zwar lag Avignon einerseits günstig für den Verkehr der christlichen Länder mit Rom: Wer zum Papst wollte, Politiker oder Kirchenmänner, brauchte nicht mehr den vor allem im Winter kaum passierbaren Weg über die Alpen auf sich zu nehmen, sondern konnte die bequeme Reiseroute das Rhônetal hinunter wählen, um nach Avignon, in das Herz der schönen, farbigen Landschaft der französischen Provence zu gelangen, wo der Papst residierte. Andererseits hatte aber die mit der Festungsmauer umgebene und von der weithin sichtbaren wehrhaften Palastburg gekrönte Stadt etwa Abschreckendes, etwas Unnahbares. Von welcher Seite auch immer man sich Avignon näherte, ob man Pole war oder Deutscher, Böhme oder Spanier, Schweizer oder Engländer: Man musste den fremdländischen Machtbereich des von vielen gehassten Königs von Frankreich durchqueren. Der Kontakt zwischen dem Papst in Avignon und der Christenheit drohte zu erkalten. Rom – das hatte stets nach weltoffener klassischer Antike geklungen, nach Apostelgeschichte, nach Petrus und Paulus, nach jahrhundertealter christlicher Tradition, mit »Rom« verband man die Vorstellung vom glanzvollen Mittelpunkt der Christenheit. Was war dagegen Avignon? Das Wort klang nach Exil und Gefangenschaft, nach Fremdheit und Ausland, nach Päpsten, die nicht Hirten aller Christen, sondern willige Werkzeuge in der Hand der französischen Könige waren, die nicht so sehr das Wohl der ganzen Christenheit, sondern in erster Linie die Interessen Frankreichs im Auge hatten. Endlich, am 17. Januar 1373, gab Gregor XI., der letzte Avignon-Papst auf und kehrte nach Rom zurück. Als er kurz darauf starb und die – überwiegend französischen – Kardinäle in Rom zum Konklave zusammentraten, kam es zu wilden Tumulten. Die Römer wollten endlich wieder einen Italiener zum Papst haben. Tag und Nacht läuteten sie alle Kirchenglocken in der Stadt und zogen trommelnd und pfeifend und schreiend durch die Straßen, so dass die Kardinäle die Wahlversammlung unterbrechen mussten. Schließlich drangen die tobenden Leute in den Vatikan ein und drohten mit ihren Waffen. Die aufgeschreckten Kardinäle zogen eiligst einem alten römischen Bischof das bereitliegende weiße Gewand an, setzten den als Papst Verkleideten auf den Thron und flohen. Erst als sich die Lage entspannt hatte, wurde ein rechtmäßig ernannter Papst dem Volke vorgestellt. Es war Urban VI. Er verhielt sich aber als Papst so seltsam, dass in Rom schon bald das Gerücht umging, er sei schwachsinnig, zumindest aber geistig nicht ganz normal. Die Wahl wurde denn auch bald für ungültig erklärt. Einige Kardinäle hielten jedoch an Urban fest, andere wählten einen Gegenpapst. Der Gegenpapst ging zurück nach Avignon und nahm dort in aller Selbstverständlichkeit die Regierungsgeschäfte auf; Urban indessen blieb in Rom und nahm für sich in Anspruch, der rechtmäßige Papst zu sein. Schließlich kam in der norditalienischen Stadt Pisa ein Konzil zustande, auf dem man, weil man sich für oder gegen einen der beiden Päpste in Rom und Avignon nicht einigen konnte, einen dritten Papst wählte, einen Griechen aus dem fernen Kreta, den man für unparteiisch erachtete. Die Drei-Päpste-Zeit, die damit anbrach, nennt man das Abendländische Schisma. Es wurde erst 1415 auf dem Konzil von Konstanz beendet, wo alle drei Päpste in der Hoffnung auf eine geordnetere, ruhigere und würdigere neue Zeit abgesetzt wurden.

Licht und Schatten am Beginn der Neuzeit

Vor noch gar nicht so langer Zeit sah und hörte man überall ein Modewort: Das Millennium. Man trank Millenniumssekt, setzte sich Millenniumsbrillen auf (bei denen die beiden mittleren Nullen der Jahreszahl 2000 als Brillengläserfassungen gestylt

Auf einem deutschen Holzschnitt des 16. Jahrhunderts durchbricht der Mensch des Humanismus die Enge des alten Weltbilds. Von nun an ist die Sonne der Mittelpunkt des Alls.

waren), es gab Millenniumskonzerte und Millenniumsparties, es gab Millenniumsfeuerwerke und die Miss Millennium. Der 1. Januar 2001 war der »Stich-Tag« für den Beginn eines neuen Jahrhunderts und eines neuen Jahrtausends.

Solche Stich-Tage oder auch nur Stich-Jahre gibt es für die drei großen Zeitabschnitte des Geschichte des Abendlands nicht: Man kann keine präzisen Daten angeben für den Beginn des Altertums, nicht für den Beginn des Mittelalters, und auch nicht für den Anbruch der Neuzeit. Meistens sagt man: Die Neuzeit hat im Jahre 1492 begonnen, als der Italiener Christoph Kolumbus seinen Fuß auf den Boden der Inseln vor Amerika setzte, die später so genannte Neue Welt. Manche schlagen vor, man solle die Neuzeit mit der Kopernikanischen Wende beginnen lassen, als Kopernikus im Jahre 1512 herausfand und bewies, dass nicht die Erde der Mittelpunkt des Weltalls ist, sondern als Planet um die Sonne kreist. Wieder andere datieren den Beginn der Neuzeit auf das Erfindungsjahr der Buchdruckerkunst mit beweglichen Lettern durch Johannes Gutenberg im Jahre 1452. Damals habe das Zeitalter der weltweiten Verbreitungsmöglichkeiten von Information und Bildung begonnen. Wer die Zeitrechnung mit der Geschichte des Christentums in Verbindung bringt, setzt den Beginn der Neuzeit gleich mit dem Jahr 1517, dem Jahr, in dem Martin Luther seine 95 Thesen veröffentlichte und die Reformation der Kirche in Gang setzte. Alle diese Ereignisse deuten darauf hin, dass damals in Europa ein neuer Zeitabschnitt begonnen hat.

152

Liegt das eigentliche Leben im Jenseits?

Die mittelalterlichen Christen waren weitgehend auf den Jüngsten Tag und auf ein besseres Leben im »Jenseits« ausgerichtet. Einer der Ersten, der in seinen Schriften diese einseitige Jenseits-Orientierung in Frage stellte und die Menschen ermunterte, sich mit derselben Energie auch dem »Diesseits« zuzuwenden, war Francesco Petrarca. Er wurde 1304 in Arezzo bei Florenz geboren, also ungefähr zu der Zeit, da gerade der letzte Kreuzzug zu Ende gegangen war. Petrarca studierte Theologie; dann wandte er sich der Erforschung der Geschichte und schließlich der Dichtkunst zu. Mit 35 Jahren wurde er auf dem Kapitol, einem der Sieben Hügel Roms, zum »Dichterfürsten« gekrönt. Petrarca machte Reisen nach Flandern und Frankreich, nach Mailand und Venedig, nach Prag und nach Köln. Er lebte sowohl in den großen lauten Städten als auch Jahre lang von allem abgeschieden in der Einsamkeit der Berge. Mehr als je einer vor ihm studierte er die Werke der alten römischen Dichter und suchte herauszufinden, was sie über den Wert und die Würde des Menschen, über die Schönheit der Welt und über die Freuden des Lebens geschrieben hatten. In fast allen seinen Schriften ging es ihm um die Ausgeglichenheit, das Glück, den Frieden und das Wohlbefinden des Menschen. Die von Petrarca und anderen Denkern seiner Zeit aufgestellte und verbreitete Lehre vom Wert und der Würde des Menschen, von seinem Selbstbewusstsein und seinem Stolz nennt man Humanismus. Das Wort Humanismus ist von den lateinischen Wörtern, der Mensch, und humanum, das Menschliche abgeleitet.

Petrarca – und die beiden Dichter Dante und Bocaccio – schufen aus dem alten Latein, das inzwischen nur noch die Gebildeten verstanden, und den vielen tausend Ortsdialekten eine neue volksnahe Sprache: Das Italienisch. Viele Dichter schrieben von da an fast nur noch in der neuen Volkssprache. In mehreren seiner Bücher schreibt Petrarca von seiner geliebten Freundin Laura, und zwar keine vordergründigen, spannenden Liebesgeschichten, sondern bedeutende, zeitlose Texte über Liebe und Treue, über Ehre, Keuschheit und Selbstlosigkeit, über Leben und Tod, über Zeit und Ewigkeit. Von Petrarca, der in der Literaturgeschichte des Abendlands als Schöpfer der modernen Lyrik gilt, sind fast 400 sowohl kurze als umfangreiche Gedichte erhalten. Außer Gedichten, Erzählungen und Novellen schrieb Petrarca aber auch moralisch-belehrende Bücher und, ebenfalls zum ersten Mal in der Geschichte der Literatur, einfühlsame poetische Naturbeschreibungen, während man überall sonst in Europa – von gelegentlich verfassten Minneliedern abgesehen – fast nur Geschichten und

1304 Petrarca
1492 Kolumbus
1512 Kopernikus
1452 Gutenberg
1417 Luther

Gedichte über kriegerische Helden schrieb. Sein Buch über die »Anleitung zu einem glücklichen Leben«, in dem er Grundaussagen des christlichen Glaubens mit Aussagen aus der griechischen Philosophie verband, wurde in viele Sprachen übersetzt und erlebte später durch die Buchdruckerkunst mehr als hundert Auflagen. Kein Wunder, dass Petrarca von vielen der erste Humanist an der Schwelle der Neuzeit genannt wird.

Die Renaissance, die Wiedergeburt der Antike

Die Zeit des Humanismus (etwa von 1350 bis 1550), in der das Mittelalter zu Ende ging und die Neuzeit begann, nennt man Renaissance-Zeit, oder einfach Die Renaissance. Wörtlich heißt Renaissance Wiedergeburt; man meint: Wiedergeburt des griechisch-römischen Altertums, der Antike, der Blütezeit des geistigen und künstlerischen Lebens in Rom und Griechenland. Die freien, stolzen, selbstbewussten, künstlerisch tätigen (und, was dazu gehörte: die guten und schönen) Menschen, von denen die Humanisten schwärmerisch sprachen, genau diese Menschen, so glaubte man in der Renaissance, hätten in der römischen und griechischen Antike gelebt. In der Renaissance sollte die Antike wieder entstehen, sollte der neue, die Antike noch überbietende Mensch »wiedergeboren« werden. Die Renaissance und die Zeit, die ihr unmittelbar voraufging und folgte, schien aufs beste für einen solchen neuen Menschentyp geschaffen und geeignet zu sein.

Im Jahre 1250 war der Kompass erfunden worden. Hatte man bis dahin nur küstennahe Schifffahrt und Fischerei betrieben, so wagte man sich nun hinaus aufs offene Meer. Knapp siebzig Jahre nach den ersten waghalsigen Hochseefahrten mit Kompass und Windrose wurde die erste Seekarte gezeichnet und gedruckt; nicht viel später schuf Martin Behaim einen Globus, Gerhard Mercator eine Weltkarte – beides freilich noch ohne die Erdteile Amerika und Australien. Ganz früher hatte man geglaubt, die Erde sei eine Scheibe, die auf dem Ozean schwimmt. Doch bereits seit 380 vor Christus wusste man: Die Erde ist eine Kugel; einen mit dem Schiff sozusagen »erfahrenen« Beweis hatte man allerdings noch nicht. Da machte sich der Italiener Christoph Kolumbus mit Kompass und Seekarte auf und fuhr nach Westen, um – die Erdkugel umrundend – auf dem Seeweg in das im fernen Osten liegende Indien zu gelangen. Als er nach mehrwöchiger abenteuerlicher Segelschifffahrt Land sah, glaubte er, Indien entdeckt zu haben; es waren aber Inseln, die vor Mittelamerika lagen. Noch heute spricht man von den West-Indischen Inseln, und die Menschen, die er dort antraf, bekamen und behielten den Namen Indianer. Nicht lange danach (im Jahre 1543) stellte der im westpreußischen Thorn geborene Domherr und Wissenschaftler Nikolaus Kopernikus seine auf Berechnungen und Versuchen beruhende Theorie vom Heliozentrischen Weltbild auf; das griechische Wort helios bedeutet Sonne, das lateinische Wort centrum bedeutet Mittelpunkt. Bis dahin galt die Erde unbestritten als Zentrum des Weltalls, um das sich die Sonne und alle Gestirne drehten. Kopernikus dagegen lehrte, dass nicht die Erde, sondern die Sonne der Mittelpunkt des Alls sei. Der damalige Papst und die unter seinem Einfluss stehenden Wissenschaftler widersprachen der neuen Lehre aufs heftigste, auch später noch, als der sternkundige Astronom Galilei um das Jahr 1600 ein Fernrohr baute, mit dem er vieles von dem, was Kopernikus errechnet hatte, sehen und beweisen konnte. – Zur gleichen Zeit wie das Fernrohr wurde gewissermaßen das Gegenstück erfunden: das Mikroskop. Nun blickte man nicht mehr nur über den Rand der Erde hinaus, sondern auch in das Innere alles Geschaffenen hinein, in die Wassertropfen und die Steine, in die Zellen der Pflanzen, der Tiere und der Menschen. Man entdeckte Lebensgrundlagen und Lebensvorgänge, die von großer Bedeutung vor allem für die Heilkunde waren und von denen man bis dahin so gut wie nichts gewusst hatte.

Kurz vor dem Anbruch des Humanismus und der Renaissance wurde aber auch eine Erfindung gemacht, die den Umgang der Menschen miteinander und der Völker gegeneinander einschneidend zum Schlechten hin veränderte. Berthold Schwarz, ein Domherr aus Konstanz, erfand das Schießpulver. In China war zwar schon früher Pulver als Sprengstoff für Bauarbeiten und als Antriebsmittel für Feuerwerksraketen in Gebrauch; das von Schwarz um 1320 im Chemielabor entwickelte Pulver jedoch wurde bereits kurz nach seiner völlig unkriegerisch gedachten Erfindung als Kanonenschießpulver und bald auch als todbringendes Schießpulver für Gewehre verwendet. Das Kämpfen von Angesicht zu Angesicht von Mann gegen Mann mit Schwerthieb und Lanzenstich wurde mit dem zu Ende gehenden Mittelalter nach und nach abgelöst durch das Kämpfen aus der ungefährlichen Distanz mit Kanonen und Gewehren. Man sah dem Gegner nicht mehr ins erschrockene Gesicht, wenn er zu Tode getroffen wurde, man hörte ihn nicht mehr schreien, alles lief von nun an mehr und mehr sozusagen anonym ab: Die Kanonenkugel wurde aus der Deckung abgefeuert, flog über Mauern, traf dann aber nicht nur Soldaten, sondern genauso die wehrlosen Frauen und Kinder in ihren Häusern. Der Krieg hatte nichts »Ritterliches« mehr an sich, sondern wurde zum geradezu mechanischen Gemetzel.

Die bedeutendste aller Erfindungen am Beginn der Neuzeit aber war der Buchdruck mit beweglichen Lettern durch den Mainzer Drucker Gensfleisch, der sich Johannes Gutenberg nannte. Drucker arbeiteten bis zum Beginn des 15. Jahrhunderts mit Blöcken und Platten aus hartem Holz oder mit Metallplatten, in die hinein oder aus denen heraus sie Schrift und Bilder schnitten, die sie mit Druckerschwärze einfärbten und dann mit Hilfe einer Presse auf Papier drückten (= druckten). Jeweils eine Platte er-

Blick in eine Druckerei, wie sie etwa um 1500 aussah. Links die Setzer, in der Mitte hinten der Buchstabenstecher, rechts der Drucker und ganz rechts wohl der »Verleger«.

gab eine Druckseite. Gutenbergs Erfindung bestand darin, dass er nicht mehr mit Platten und Blöcken druckte, sondern einzelne Buchstaben zu Zeilen verband und (gewöhnlich 42) Zeilen zu einer Seite zusammenfügte. Das neue Verfahren nannte man Druck mit beweglichen Buchstaben, mit beweglichen »Lettern«.

Der Druck mit beweglichen Lettern war nicht nur weniger mühselig als das Handhaben von starren Blöcken und schweren Platten, sondern ging auch im gesamten Setz- und Druckvorgang wesentlich schneller vor sich. Statt wie ursprünglich nur jeweils einzelne Bücher herzustellen, wurden etwa von 1455 an ganze »Auflagen« gedruckt.

Zu dieser Zeit druckte Gutenberg die erste (lateinische) Bibel; die erste Auflage dieser Bibel betrug 150 Exemplare. In rascher Folge wurden nach Mainz in vielen Städten Druckereien, Buchverlage und Buchhandlungen gegründet. Die wichtigsten und größten waren in Venedig und Rom, in Straßburg und Lyon, in Augsburg, Nürnberg und Leipzig. Zunächst wurden ausschließlich Bibeln gedruckt, in Latein und Griechisch und schon bald in allen gebräuchlichen Sprachen der Welt. Die erste Übersetzung der ganzen Bibel aus der hebräischen Sprache für das Alte und der griechischen für das Neue Testament stellte Martin Luther 1534 fertig. Seitdem ist die Bibel der »Spitzenreiter der ewigen Weltbestseller-liste«.

Handwerklich geschickte Buchdrucker wanderten damals von Stadt zu Stadt (wie es einst die Baumeister der Kathedralen getan hatten) um ihre Kunst in den vielen Buchdruckereien auszuüben und selbst durch den Austausch mit anderen ihr Wissen zu erweitern – und natürlich, um ihre Dienste gegen Lohn anzubieten. Das »Copiren«, das langwierige und nicht selten fehlerhafte Abschreiben von Buch zu Buch, das im frühen Mittel-alter – vor allen in den Klöstern – betrieben wurde, wurde mehr und mehr zurückgedrängt und schließlich durch das erheblich rationellere und zu-verlässigere Drucken ganz abgelöst. Durch die Erfindung des Johannes Gutenberg aus Mainz wurde es möglich, Bibeln in großer Anzahl unters Volk zu bringen, aber auch zum Beispiel die Reiseberichte der kühnen See-fahrer und ihre Erzählungen von den Bewohnern der fernen Länder, die von den Forschern erschlossen oder aber auch von den Eroberern unter-worfen wurden. Nicht zuletzt wurde der sehnliche Wunsch der Humanis-ten erfüllt, nun endlich den Renaissancemenschen die Dichtung und die Philosophie der Antike in leichter zugänglichen, wenn auch immer noch teuren Büchern nahe zu bringen.

Die Kunst in der Zeit der Renaissance

Zu der Zeit der Romanik und Gotik waren die nördlich der Alpen gele-genen Länder Frankreich und Deutschland in der Baukunst, der Figu-renbildhauerei und der Glasfensterherstellung führend. Italien spielte da-mals – von einigen wenigen Bauwerken in Pisa, Florenz und Siena abgesehen – kaum eine Rolle. In den Jahrhunderten des Humanismus und der Renaissance war es dann umgekehrt: Zwar gab es auch bei uns zu Lande bedeutende Künstler, wenn auch in einer ziemlich späten Phase der Renaissance (Albrecht Dürer, Martin Schongauer, Stephan Lochner und Matthias Grünewald); zwar gab es in Deutschland eine Kirche im Renais-sancestil, St. Michael in München – doch die größten Baumeister, Bild-hauer und Maler der Renaissance schufen ihre unvergleichlich schönen Werke in den Städten Norditaliens und in Rom.

Der nicht nur zeitlich erste, sondern dem Range nach vielleicht der bedeutendste Maler der Renaissance war Giotto di Bondone, kurz Giotto genannt (1266–1337). In der Zeit vor Giotto war es der damaligen mittel-alterlichen Malerei noch nicht darum zu tun gewesen, erkennbare und voneinander unterscheidbare Personen darzustellen, sondern eher »Typen«, an denen nichts Schmückendes oder ablenkend Begleitendes, sondern nur das Wesentliche zu sehen war. Es gab zum Beispiel den Herrscher-Typ des Papstes oder des Kaisers, den Typ des Gelehrten und des Ritters, den Typ der Jungfrau, der Mutter, der Fürstin, es gab vor allem den biblischen Typ des Patriarchen und des Propheten, es gab den Apostel als Typ und den Typ des Thronenden Christus. Mit Giotto kam Leben in die gemalten Gestalten: Aus Typen wurden Personen. In ihren Gesichtern, ihren Bewegungen, ihren Gesten und in ihrer Kleidung wurden sie nun erkennbar und voneinander unterscheidbar. Die Personen standen oder saßen nicht mehr ruhig, bewegungslos und Ehrfurcht gebietend nebeneinander frontal vor dem Betrachter des Bildes, sondern waren manchmal in eine Landschaft gestellt, sie kamen und gingen, sie begegneten einander und umarmten sich, man hörte geradezu, wie sie miteinander redeten. Die Heiligen holte Giotto, so könnte man sagen, aus dem Himmel herunter zu uns auf die Erde und gab ihnen zuweilen die Gestalt und die Gesichtszüge lebender irdischer Personen. In seinen Bildern war der Himmel nicht mehr ein eintönig blauer oder goldener Hintergrund, sondern er gehörte wie alles andere zum Ganzen des Bildes, hatte Wolken, Bäume ragten in ihn hinein, Vögel flogen unter ihm hin und her. Giotto gewährte dem Betrachter Einblicke in verschieden große, vor- und hinter-, über- und untereinander gelegene Räume eines Hauses; Treppen, die er malte, luden zum Hinauf- und Hinabsteigen ein, Türme zum Erklettern, Türen zum Öffnen und Schließen, Fenster zum Herein- und Hinausschauen. Es war ihm als Erstem überzeugend gelungen, so etwas wie Raumtiefe und Perspektive ins Bild zu setzen.

Seine schönsten Wandbilder hat Giotto in Padua und Assisi gemalt: In einer Kapelle zu Padua eine Folge von 36 Szenen vom Leben und Leiden Christi, in einer Kirche zu Assisi 28 ergreifende Bilder aus dem Leben des heiligen Franziskus.

Hundert, zum Teil auch erst zweihundert Jahre nach Giotto schufen andere italienische Maler der Renaissance wunderschöne Bilder, derentwegen noch heute Jahr für Jahr Millionen von andächtigen Gläubigen und interessierten Kunstkennern nach Italien reisen: Leonardo da Vinci malte für einen klösterlichen Speisesaal in Mailand das berühmte religiöse Bild vom Letzten Abendmahl, doch – diesseitsfreudiger Renaissancemensch der er war – mit derselben Könnerschaft und Hingabe auch das in der ganzen Welt bekannte und geliebte nicht-religiöse Bild der lächelnden Mona Lisa und die »Leda mit dem Schwan«, ein Thema aus der lockeren griechischen antiken Götterwelt. Aus 2000 Zeichnungen wissen wir, dass Leonardo außerdem ein begabter Naturforscher, ein verlässlicher Erdvermesser und ein Ingenieur war, der sich sogar an den Entwurf von Flugzeugen herangewagt hat. – Der zur selben Zeit wie Leonardo lebende Maler (und Architekt) Raffael ist bei uns vor allem bekannt geworden durch das Bild der Sixtinischen Madonna, das in der Gemäldegalerie zu Dresden hängt und von dem manche Leute eher die beiden liebenswerten kindlich-irdischen »Engelchen« kennen als die verehrungswürdige Maria mit dem Jesuskind. Raffael war auch ein gefragter Portrait-Maler, das heißt: Er malte nicht nur ganze Szenen oder ganze Einzelfiguren, sondern den »Oberteil« eines Men-

Das berühmteste Bild in der »Gemäldegalerie Alte Meister Dresden« ist die Sixtinische Madonna von Raffael (1483–1520). Papst Sixtus IV., für den das Bild gemalt ist, kniet auf der linken, die heilige Barbara auf der rechten Seite der Madonna mit dem Kind.

schen (etwa das, was man gewöhnlich ein Brustbild nennt). Bei den Portraits des Raffael handelte es sich aber nicht um Heilige oder um biblische Gestalten, sondern um weltliche Personen. Er malte die Portraits geradezu fotografisch genau; man konnte sogar, was damals ganz neu und ungewöhnlich, aber sehr beliebt war, an den ausdrucksstark und penibel gemalten Händen erkennen, um wen es sich auf seinen Portraitbildern handelte.

Michelangelo Buonarroti

Der unbestritten genialste Künstler der Renaissance war Michelangelo Buonarroti. Er war »der universale Mensch«, wie ihn sich die Humanisten vorstellten: Maler und Bildhauer, Architekt und Baumeister, Dichter und Städteplaner, in seiner Zeit stehend und in die Zukunft blickend, im Umgang mit Papst und Kirche aufgeklärt kritisch, im Herzen gläubig und fromm. Michelangelo wurde 1475 in Caprese in der Toskana geboren, lebte und wirkte lange Zeit in Florenz und starb neunundachtzigjährig im Jahre 1564 in Rom.

Seitdem Giotto auf seinen Bildern Leben und Bewegung in die gemalten Gestalten gebracht hatte, versuchten nach ihm auch die Bildhauer von den »Typen« wegzukommen und einzelne, erkennbare Personen darzustellen. Bedeutende Bildhauer der Renaissance waren Vater und Sohn Pisano und der Florentiner Donato Donatelli. Sie schufen Marmor- (und auch Bronze-) Figuren, in denen zum Beispiel Maria nicht mehr so sehr als die streng biblische »Muttergottes« erschien, sondern manchmal eher an die unbekümmerten Lebens- und Liebesgöttinnen Juno und Venus erinnerte. Hatte man an den gotischen Domen des Nordens die würdig-frommen Figuren meist nur in Vorderansicht und an die Portale und Pfeiler sozu-

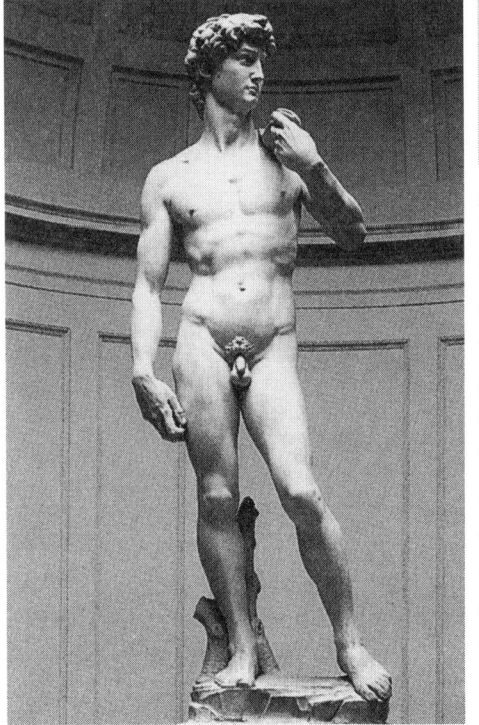

Marmorfigur des Hirtenjungen David von Michelangelo in Florenz.

sagen sicher angelehnt stehen sehen, so gab es in der Kunst der Renaissance Figuren, die frei im Raum standen, wie die Götter und Helden, die schönen Frauen und die muskulösen Athleten in der Antike, die ja die Humanisten so gern wiederbeleben wollten. Vor den Renaissancefiguren, auf Sockeln stehend oder auf Grabdenkmälern sitzend und liegend, musste man nicht ehrfürchtig verharren, zu ihnen musste man nicht angestrengt aufblicken, sondern man konnte sinnend, teilnehmend oder schmunzelnd um sie herumgehen, tatsächlich oder in Gedanken. Michelangelo war der größte (und auch schon der eigentlich letzte) aller Bildhauer der Renaissancezeit. Es gibt wohl kein Kunstgeschichtsbuch, in dem nicht sein David abgebildet wäre: die mehr als fünf Meter hohe Marmorstatue des Hirtenknaben in Florenz, fest auf der Erde stehend und zugleich schon die Zeit vor Augen, in der er König von Israel werden würde, schön und kräftig anzusehen, und ganz nackt, wie es der ungezwungenen Auffassung von der künstlerischen Darstellung des Menschen im Humanismus entsprach. Auch die monumentalen Figuren des Propheten Mose und der Pietà, der trauernden Mutter Maria mit dem toten Sohn Jesus auf dem Schoß, und viele der mit Marmorfiguren geschmückten Grabdenkmäler von Päpsten und weltlichen Größen in Rom stammen von Michelangelo. – Von seinen Gemälden ist wohl das Bild der

Erschaffung des Adam an der Decke der Sixtinischen Kapelle im Vatikan das berühmteste.

Nicht zuletzt in der Baukunst hat Michelangelo Buonarroti Hervorragendes geleistet. Schon mit vierzig Jahren hatte er als Architekt in Florenz Kirchenfassaden, Schlosskapellen und Bibliotheksgebäude entworfen. Später, mit sechzig, erneuerte und gestaltete er nach alten Plänen und mit eigenen Ideen den Kapitols-Platz in Rom so eindrucksvoll neu, dass in den Jahrhunderten nach ihm viele Städte in der ganzen Welt sich beim Entwurf ihrer zentralen Plätze den Kapitols-Platz des Michelangelo zum Vorbild

Der Petersplatz zu Rom mit den Kolonnaden (Säulenumgängen) des Baumeisters Gian Lorenzo Bernini (1598–1680) und dem Dom mit der Kuppel von Michelangelo. Späterer Kupferstich von 1760.

nahmen. Als er dann zweiundsiebzig Jahre alt war, berief ihn Papst Paul III. zum »Obersten Bauleiter des Petersdoms«. Michelangelo nahm die ehrenvolle und zugleich schwierige Aufgabe an und machte sich sogleich mit jugendlichem Elan an das große Werk. Die ehemalige fünfschiffige Basilika, die Kaiser Konstantin im Jahre 320 hatte errichten lassen, wurde in einen monumentalen Zentralbau umgewandelt und von Michelangelo mit einer gewaltigen 119 Meter hohen Kuppel gekrönt, die in ihrer Größe und Schönheit unter den christlichen Kirchen der Welt nicht ihresgleichen hat. Mit den Kuppelbauten des Petersdoms in Rom von Michelangelo und des Mariendoms in Florenz von Brunelleschi erreichte die Renaissance ihren Höhepunkt: das Zeitalter des festlicheren und sinnen- und lebensfreudigeren Barock begann.

Die Päpste der Renaissancezeit

Durch den Handel waren die Städte Norditaliens stark und reich geworden. Schon im Jahre 1278 gab es eine direkte See-Verbindung von Genua über das westliche Mittelmeer und den Golf von Biscaya zu der flandrischen Stadt Brügge an der belgischen Atlantikküste. Das östliche Mittelmeer hingegen wurde seit 1204, seit der Eroberung von Konstantinopel im unseligen vierten Kreuzzug vollständig von Venedig beherrscht. Die drei Städte Genua, Venedig und das in der Toskana in etwa dazwischen liegende Florenz mit der reichen und einflussreichen Adelsfamilie der »Medici« galten als die damals wichtigsten Städte Italiens, zu denen man noch Mailand, Pisa und Padua und – weiter im Süden Italiens gelegen – Neapel rechnen könnte. Kein Wunder, dass gerade in diesen wohlhabenden und stolzen Städten sich die Pracht der Renaissance am ausla-

Der prachtliebende Renaissancepapst Leo X. Er förderte den Bau des Petersdoms und beschaffte das nötige Geld durch den Ablasshandel.

dendsten entfaltete. Rom, das keinen Gewinn einbringenden Seehafen hatte, wollte nicht hinter den Rivalinnen Venedig, Genua und Florenz zurückstehen. Darum setzten die Renaissancepäpste alles daran, Rom in den Blick- und Mittelpunkt des Abendlands zu rücken. Von den Päpsten wurden die großen Künstler nach Rom geholt; die Päpste finanzierten ihren Lebensunterhalt und bezahlten die Löhne der Bauarbeiter und Handwerker, der vielen Helfer und Handlanger; sie ließen die kostbaren Marmorsteinblöcke herbeischaffen, aus denen man Säulen schlug und Figuren meißelte; sie beschafften das Gold und das Silber, edles Holz und Glas, Zinn und Blei, die Farben und die Leinwände, Edelsteine und Elfenbein, sämtliches Material, das die Goldschmiede und Maler, die Bildhauer und Baumeister brauchten. – Mit großen Geldsummen ermöglichten sie den Aufbau, den Ausbau und die notwendige Ausstattung der Vatikanischen Bibliothek und der Vatikanischen Archive; sie förderten die Wissenschaftler, die dort mit Hilfe der riesigen Sammlung von Büchern, Handschriften und Urkunden studierten, forschten und lehrten. – Und nicht nur um den Bau, die Erweiterung und Verschönerung von Kirchen und Klöstern kümmerten sich die Päpste; sie gaben sogar Geld aus den kirchlichen Kassen an die öffentliche städtische Verwaltung, damit Brücken und Straßen, Brunnen und Parkanlagen saniert werden konnten und die Stadt sowohl für ihre Bürger angenehm zum Wohnen und Leben blieb, nicht zuletzt aber auch für die vielen Reisenden und Pilger, für die vielen politischen Gesandten aus Europa und für die Kaufleute und Händler als Mittelpunkt der abendländischen Kirche sich in eindrucksvollem, vorzeigbarem Zustand präsentierte.

Neben dem vielen Positiven, das die Päpste dieser Zeit geleistet haben, vor allem als Mäzene von Kunst und Wissenschaft, darf das Negative, mit dem sie das Ansehen des Papsttums und damit auch der Kirche belastet und beschädigt haben, nicht verschwiegen werden. In der Zeit der Renaissance thronten dreißig Päpste auf dem Stuhl Petri (wie der Herrschaftssitz des Papstes nahe beim vermuteten Grab des Apostels Petrus manchmal genannt wird). Rückblickend muss man sagen, dass vielleicht nur zwei oder drei der 30 Renaissancepäpste ihr hohes Amt im Geiste des Evangeliums untadelig geführt haben.

Die Jünger des Jesus, so wird im Neuen Testament erzählt, hätten einmal miteinander über die Frage von Macht und Rang und Ansehen gesprochen. Da hätte Jesus sie angeblickt und gesagt: »Ihr wisst, dass die Herrscher der Völker ihre Untertanen unterjochen und dass die Großen Gewalt an ihnen verüben. Bei euch soll es nicht so sein. Sondern: Wer unter euch der Größte sein will, soll euer Diener sein. Und wer unter euch der Erste sein will, soll euer Knecht sein, so wie ja auch der Menschensohn – damit meinte Jesus sich selbst – nicht gekommen ist, sich bedienen zu lassen, sondern zu dienen.« Für die Renaissancemenschen musste ein solcher Satz töricht und lächerlich klingen. Dienen und Knecht sein – das war eines Menschen nicht würdig, herrschen und groß sein – das war erstrebenswert.

So sahen es auch die meisten der Päpste. Sie waren Renaissancemenschen, sie waren fasziniert von der »Neuen Zeit«. Die meisten der dreißig sind der Versuchung erlegen, in ihrer herausragenden Stellung zu leben und zu regieren wie die weltlichen Großen in den reichen italienischen Städten und wie die Herrscher an den europäischen Königs- und Fürstenhöfen: Sie gingen in prächtigen Gewändern einher wie Königinnen und Könige; bei festlichen Gelegenheiten ließen sie sich von acht Männern in einem Sessel auf den Schultern tragen; sie nannten sich Pontifex Maximus (= Allergrößter Brückenbauer), wie sich im alten Rom die heidnischen Oberpriester und später die römischen Kaiser genannt hatten; sie trugen auf dem Kopf die Tiara, die Papstkrone mit drei übereinander gesetzten Kronreifen.

Macht und Herrschaft, Luxus, Prunkentfaltung und Geltungssucht ging ihnen über alles. Von einem aus der Reihe der Dreißig, der aus einer geschäftstüchtigen Familie stammte, wird gesagt, er sei »mehr Bankier, denn Papst« gewesen, wegen seiner Geschäftsbeziehungen floss durch seine Hände mehr Geld als durch die Hände der Kaufleute von Venedig und Genua zusammen. Ein anderer machte es wie in der Zeit, als das Grafengeschlecht von Tusculum im Vatikan die Kurie beherrschte: Er machte sechs seiner Neffen und drei seiner Enkel zu Kardinälen: Wieder ein anderer hatte eine typische Renaissance-Karriere hinter sich: Mit acht Jahren war er, reicher Sohn eines der reichsten Männer aus dem florentiner Geschlecht der Medici, bereits Abt, mit elf Jahren wurde ihm das berühmte, einst von Benedikt gegründete Kloster Montecassino übertragen. Mit 16 Jahren war er Kardinal, im Jahre 1513 wählten ihn die ihm zugetanen Mit-Kardinäle zum Papst; er nannte sich Leo X. Um die Arbeiten am Petersdom zu finanzieren, verstärkte Leo den so genannten Ablass-Handel, der seit kurzem durch einen seiner Vorgänger eingeführt worden war und der bald zum Anlass und Auslöser für den Bruch zwischen Luther und Rom führen sollte.

Mit dem Beten und »Messe-Lesen«, dem Predigen und der Sorge um die ihnen anvertrauten Gläubigen nahmen es manche Päpste nicht genau, und auch auf die Einhaltung des Zölibats, zu dem sie sich bei der Priesterweihe verpflichtet hatten, achteten einige von ihnen nicht sonderlich. Manche brachten aus ihrer Priester- und Bischofszeit zwei Kinder mit nach Rom, drei Kinder, vier Kinder; einer, der wohl unrühmlichste unter allen – Alexander VI. – hatte deren viele, die dem Namen nach bekannt waren (auch aus der Zeit, als er schon Papst war, meist von »Mätressen«, wie man leichtlebige Frauen nennt, die sich gegen Geld und großzügige Geschenke für Liebe und Liebesspiele mit hochgestellten Persönlichkeiten hergeben). Mit einem seiner Söhne im Gefolge zog Alexander feierlich in Rom ein; eine seiner Töchter benutzte er geradezu als Handelsware: er verheiratete sie mehrere Male jeweils an denjenigen, der am meisten Geld bot, und gab sie mehrere Male – wiederum gegen viel Geld – zur Scheidung frei. Als in Florenz eines Tages ein Dominikanermönch mit Namen Savonarola aufstand und mit großem Eifer und starken mutigen Worten gegen Alexander und sein lasterhaftes Treiben auftrat, schlossen sich ihm viele Gläubige an. Sie wollten ähnlich wie die Albigenser und Waldenser in Frankreich und die Hussiten in Böhmen eine Reform der Kirche und die Rückkehr zur reinen Lehre des Evangeliums. Genau das aber wollte der gewissenlose Papst nicht: Er ließ

Savonarola in Flozenz aufhängen und seinen Leichnam zur öffentlichen Schande als Ketzer verbrennen.

Im Vatikanspalast, der kostspielig restauriert und mit herrlichen Kunstwerken verschönert worden war, wurden eine Zeit lang jeden Samstag Kartenspiel-Abende arrangiert, bei denen einmal ein ohnehin schon steinreicher römischer Kaufmann so viel Geld gewann, dass er davon ein komplett ausgerüstetes Kriegsschiff kaufen konnte; ein andermal gewann ein Kardinal eine Summe, die ausreichte, um ein ganzes Herzogtum zu erwerben. Ein Papst hielt sich an Stelle eines geistlichen Beraters einen Hofnarren, ein anderer vertrieb sich die Zeit damit und verschwendete sein Geld darauf, kostbare Juwelen zu sammeln. Zuweilen schauten die Römerinnen und Römer am Straßenrand zu, wenn der ganze päpstliche Hofstaat zusammen mit befreundeten Adligen lärmend zur Jagd ausritt; manchmal liefen sie im Kolosseum zusammen, wo sich der Papst mit seinen Zechgenossen an Stierkämpfen ergötzte; oft hörten sie nächtens lang die Musik aus dem Vatikan herüberklingen, wo Maskeraden und Tanzfeste veranstaltet wurden. Andere unter den 30 Renaissancepäpsten waren nicht so lasterhaft, was Keuschheit und Zölibat betrifft. Sie waren aber das, was man einen machtbesessenen Despoten nennt. Gewissenlos schlossen sie sich brutalen Anführern von Adelsgeschlechtern an, die gegeneinander Krieg führten und stellten sich bald auf die eine, bald auf die andere kämpfende Seite, je nachdem, von wem sie sich Ruhm und Gewinn versprachen. Doch nicht nur in Italien, sondern auch in Frankreich, Spanien und Deutschland mischten sie sich in die kriegerischen Konflikte der Herrschenden ein. Von einem der Päpste kann man noch heute in den Geschäftsbüchern der Kurie nachlesen, dass er 64 % aller kirchlichen Einkünfte für Kriege ausgab, immer in der Absicht, sich die Mächtigen und ihre Völker gefügig zu machen. Den Päpsten waren manchmal Jahre lang durch die wirtschaftlichen, politischen und kriegerischen Wirren, in die sie sich verstrickt hatten, die Hände gebunden, so dass sie für die Fragen von Glaube und Sitte nur wenig Zeit hatten.

Heute sagen manche: Korruption und Bereicherung, Intrige und Fälschung: das alles war in jenen Jahrhunderten weit verbreitet und bei den weltlichen Großen in allen Herrscherhäusern Europas gang und gäbe. Überall wurde mit Betrug und Meuchelmord, bedenkenlos wurde mit der Unterdrückung Unschuldiger Politik gemacht und regiert. Wie hätte es also in der von Menschen ihrer Zeit geprägten und beherrschten Kirche anders sein können? Das kann man fragen, aber wir dürfen nie vergessen, dass eben doch Jesus das Bei-euch-soll-es-nicht-so-Sein ausdrücklich zum

Maßstab des sittlichen Verhaltens unter den Christen gemacht hat. Niemand darf ihm dieses sein Gebot leichtfertig im Munde verdrehen oder entschuldigend kleinreden. Wir Christen dürfen nicht aufhören, wenn wir in einem Kirchengeschichtsbuch lesen, uns all dessen, was zu Beginn der Neuzeit – und in manchen Jahrhunderten davor und manchen Jahrhunderten danach – geschehen ist, abgrundtief zu schämen, so stolz auch immer wir auf das sein dürfen, was von Christen Gutes getan und Rühmenswertes geleistet worden ist.

Martin Luther: Allein die Schrift, allein der Glaube

Thüringen ist ein Land bedeutender Männer und Frauen. Nicht nur die heilige Elisa-
beth hat in Thüringen gelebt, nicht nur Johann Sebastian Bach ist im thüringischen
Eisleben geboren; auch die Dichter Goethe und Schiller schrieben in Thüringen

Denkmal des Reformators Dr. Martin Luther in
Erfurt, wo er sein Studium begann und zum Priester
geweiht wurde.

Werke der Weltliteratur, und Lukas Cranach hat in
der Renaissance in Thüringen gemalt. Der Mann
schließlich, der in Deutschland gegen die Missstände
in der Kirche aufstand, Martin Luther, ist in Thüringen
geboren, hat in Thüringen gewirkt und ist in Thüringen
gestorben.

Bei einer Martin-Luther-Rundreise durch Thürin-
gen könnte man beginnen mit Eisleben, das nicht weit
von Halle an der Saale liegt. Dort kann man das
Haus besichtigen, in dem Luther am 10. November
1483 geboren wurde und – wenige Straßen weiter –
das Haus, in dem er am 18. Februar 1546 starb. In
der Peter-und-Paul-Kirche sieht man Luthers Tauf-
kapelle, und in der Andreas-Kirche die Kanzel, von
der herab er gepredigt hat. Von Eisleben sind es
knapp 20 Kilometer bis nach Mansfeld. Dort arbeitete sein Vater als Bergmann, dort-
hin siedelte die Familie über, als Martin ein Jahr alt war. Weiter geht die Rundreise
nach Erfurt, wo Luther an der Universität sein Studium der Rechtswissenschaft
begann, wo er in den Augustiner-Orden eintrat und zum Priester geweiht wurde.

Die wichtigste Station der Luther-Reise ist Wittenberg an der Elbe. An der Wit-
tenberger Universität studierte er Theologie; dort wurde er Doktor und Professor, dort
lehrte er bis kurz vor seinem Tode. Mitten in der Stadt steht sein Denkmal. Der wich-
tigste Erinnerungsort in Wittenberg ist die Schlosskirche; an ihrer Tür soll er 1517 sei-
ne Thesen »angeschlagen« haben. In der Schlosskirche liegt Luther begraben, in der
nahe gelegenen Kirche St. Marien ist das Grab seiner Frau Katharina. – Die Stadt

heißt übrigens nicht einfach Wittenberg, sondern ganz offiziell »Lutherstadt Wittenberg«, ähnlich wie auch Eisleben die amtliche Bezeichnung »Lutherstadt Eisleben« führt. Die Rundreise endet in Eisenach, und zwar mit einem Besuch der Wartburg, die oberhalb der Stadt auf dem Berge liegt. Vor seinen Feinden versteckt, hat Luther hier das Neue Testament ins Deutsche übersetzt.

Großer Ärger mit dem Ablasshandel

Zu Beginn der Neuzeit, in den ersten Jahren nach 1500, zogen päpstliche Prediger durch die Lande, um für den Neubau des Petersdoms in Rom bei den Christen Geld heranzuschaffen. Sie lehrten die Leute: »Wenn ihr das Böse, das ihr getan habt, bereut und eure Sünden beichtet, wird euch Gott verzeihen. Doch damit sind nur eure Sünden von euch genommen; die Strafen aber, die ihr für eure Sünden verdient habt, bleiben bestehen. Diese Strafen müsst ihr nach eurem Tod in den Flammen des Fegefeuers schmerzlich abbüßen. Es gibt allerdings gewisse Mittel, durch die ihr die Sündenstrafen los werden könnt. Das wirkungsvollste ist der Ablass. Wer den Ablass erwirbt, dem bleibt das Fegefeuer erspart!« Den Ablass gab es freilich nicht umsonst. Man musste einen Ablassbrief kaufen und den dafür zu entrichtenden Betrag in eine Büchse, ein Becken oder ein Kästchen werfen, das der Ablassprediger mitführte. Gewöhnlich wurde ein Teil des eingesammelten Geldes an die jeweiligen Fürsten abgezweigt, die den Mönchen das Predigen in ihrem Land gestatteten; der Rest ging dann zur Finanzierung der Dombauarbeiten an die päpstliche Finanzverwaltung nach Rom. Der päpstliche Beauftragte für das Ablasswesen in Deutschland war der Dominikanermönch Johannes Tetzel. Seine Predigt, so wird, nicht ohne Spott, in einem gedruckten Flugblatt gegen Tetzel aus jener Zeit überliefert, gipfelte in dem Satz: »Gnad und Ablass von einer Sünd, für euch, eure Eltern, Weib und Kind, soll einem jeden gewähret sein, so viel er legt ins Kästelein. Sobald der Gulden im Becken klingt, im hui! die Seel zum Himmel springt.«

Viele fromme und kluge Leute im Land, allen voran der Augustinermönch Professor Dr. Martin Luther, waren über den Ablasshandel des Johannes Tetzel aufs heftigste empört. Dass der Papst in seiner Ablasslehre sagte, Gott vergebe dem Sünder zwar seine Sünden, seine Sündenschuld indessen müsse er dann noch durch eine Geldspende für den Bau des Petersdoms tilgen – das hielten sie für eine falsche Lehre, die gegen die Gerechtigkeit und Barmherzigkeit Gottes spräche. Es gebe keinen einzigen

Satz in der Bibel, mit dem jemand belegen könnte, was die Ablassverkäufer den leichtgläubigen und ungebildeten Menschen in ihrer Angst vor Fegefeuer und Hölle einredeten. Es kam zu heftigen Streitgesprächen zwischen den Ablasspredigern und den Anhängern Luthers, die mancherorts sogar in Schlägereien ausarteten.

Luther fasste seine Einwände gegen den Ablassmissbrauch in 95 Thesen zusammen, die er in lateinischer Sprache drucken ließ und an seinen zuständigen Bischof und einige befreundete Theologieprofessoren verschickte, um mit ihnen zu disputieren. In einer seiner 95 Thesen sagte er: »Jeder

Flugblatt gegen den Ablasshandel, um 1520. Links auf der Kanzel predigt Tetzel mit der päpstlichen Ablassurkunde in den Händen. Rechts werden Ablassbriefe verkauft. Im diskutierenden Mönch kann man Martin Luther vermuten. Die Überschrift lautet: Ohne Ablass von Rom kann man wohl selig werden durch Anzeigung der göttlichen heiligen Schrift d. h. wie es der Bibel entspricht.

Christ ohne Ausnahme, der wahrhaft Reue empfindet, hat völlige Erlassung der Strafe und der Schuld, die ihm auch ohne Ablassbrief gewährt wird.« Eine andere These lässt Luthers Zorn erkennen, der über seinen Zorn gegen Tetzel weit hinausging: »Warum baut der Papst, der doch so sagenhaft reich ist, die Peterskirche nicht mit seinem eigenen Gelde statt mit dem Gelde der armen Gläubigen?«

Der Bischof beantwortete Luthers Schreiben nicht. Da heftete er – so wird in einer von Generation zu Generation weiter erzählten frommen Luther-Legende überliefert – am 31. Oktober 1517 seine Thesen an die Tür der Schlosskirche zu Wittenberg, so dass alle Bewohner der Stadt sie lesen konnten. Ins Deutsche übersetzt, wurden sie von da an im ganzen Land verbreitet und begeistert aufgenommen. Luthers Gegner zeigten ihn bei Papst Leo X. wegen Ketzerei an. Er musste sich in Augsburg vor einem päpstlichen Gesandten einem Verhör unterziehen, das jedoch ohne Ergebnis ausging, weil Luther sich weigerte, die Thesen zu widerrufen. Darauf wurde er nach Leipzig vorgeladen, zu einer »Disputation« mit dem Theologieprofessor Johann Eck. In der Leipziger Disputation legte er den Kern seiner Gedanken offen, die weit über die bloße Ablassfrage hinausgingen. Das Amt des Papstes zum Beispiel, so sagte er, sei zum Heil der Seelen nicht notwendig. Auch die großen Kirchenversammlungen, die Konzilien, erklärte er für unnütz: Die Dogmen, die von Konzilien ausgegangen wären, enthielten vielerlei Irrtümer. Wie schon damals die Katharer und schon Petrus Waldes, wie schon Wiclif und Jan Hus sagte er: Die Heilige Schrift allein ist Gottes Wort. Zum Glauben brauchen wir allein die Heilige Schrift, sonst nichts!

Luther verbrennt öffentlich zu Wittenberg die Bannandrohungsbulle von Papst Leo X.

Der Anfang der Reformation: Luthers Schriften

Professor Eck berichtete alles, was Luther in der Leipziger Disputation gesagt hatte, nach Rom. Darauf drohte ihm der Papst schriftlich den Ausschluss aus der Kirche an. »Herr, erhebe dich!«, so begann der Text der Bann-Androhungs-Bulle, und dann folgten Sätze wie diese: »Füchse sind aufgestanden, die sich daran machen, deinen Weinberg zu verwüsten, dessen Pflege, Regierung und Verwaltung du dem Petrus und seinen Nachfolgern anbefohlen hast. Diesen Weinberg will Martinus, ein wildhauendes Schwein aus dem Walde verderben. Wir wollen ihn, seine Gesinnungsgenossen, Anhänger und Unterstützer kraft dieser Bannschrift verdammen. Wenn jemand den genannten Martinus oder einen seiner Anhänger uns gefangen übersendet, tut er ein gutes Werk, für das er vom päpstlichen Stuhl eine würdige Belohnung und Vergeltung erhält.« Luther las die Bulle – und verbrannte sie öffentlich unter dem Beifall vieler Wittenberger Studenten, die zusammengelaufen waren, um das Schauspiel anzuschauen. Er ließ sich durch die Drohung aus Rom nicht einschüchtern. In kurzer Folge verfasste er gleich darauf drei ausführliche, revolutionäre Schriften, in denen er deutlich machte, was in der Kirche an Haupt und Gliedern reformiert werden müsse, damit man sie endlich wieder als die ursprüngliche, heilige katholische und apostolische Kirche erkennen und anerkennen, schätzen und lieben könne. Die drei Schriften und auch die dreiunddreißig, die später folgten, verbreiteten sich in Windeseile weit über die Grenzen Thüringens hinaus; in den meisten Ländern des deutschen Reiches wurden sie gelesen.

In der ersten Schrift »An den christlichen Adel deutscher Nation von des christlichen Standes Besserung« bat Luther die Adligen im Lande um Unterstützung seiner Reformideen. Zugleich zählte er die gröbsten der Missstände in der Kirche auf und wandte sich gegen die Vorrechte des Klerus. »Alle Christen«, schrieb er, »sind geistlichen Standes, es gibt keinen Stan-

Luther auf dem Reichstag zu Worms (1521): »Es gibt in der Heiligen Schrift kein Zeugnis, das gegen mich spräche. Widerrufen kann und will ich also nichts.«

desunterschied. Alle Gläubigen sind wahrhaftige Priester, Bischöfe und Päpste.« – Der zweiten Schrift gab Luther den Titel »Von der Babylonischen Gefangenschaft der Kirche«. Die Kirche lebe in einer Art Gefangenschaft aus Vorschriften und Formeln und klammere sich an weitgehend selbst gemachte Sakramente, die der Christ empfangen soll, um selig zu werden. Auch in dieser Schrift griff Luther, wie er es in seinen Reden und Schriften stets zu tun pflegte, auf die Bibel zurück. Statt der üblich gewordenen sieben Sakramente ließ er nur zwei gelten: die Taufe und das Abendmahl. Nur die Taufe und das Abendmahl habe Jesus Christus selbst eingesetzt. – Die dritte von Luthers Schriften hieß »Von der Freiheit eines Christenmenschen«. Er schrieb: »Ein Christenmensch ist ein freier Herr über alle Dinge und ist niemandem untertan.« Dieser Satz richtete sich vor allem gegen die Macht und Herrschaft der Kirche mit ihren Geboten, Gesetzen, Verordnungen und Bestimmungen, und gegen die Kleriker, die dem Volk die Kirchengebote vortrügen und einschärften. Nicht dem Papst und dem Klerus solle der Christ dienen, sondern er solle »jedermanns dienstbarer Knecht« sein. Luther erinnerte an das Wort des Apostels Paulus, mit dem er das Hauptgebot des Evangeliums aufgreift und die Nächstenliebe über alle Gesetze stellt: »Ihr sollt niemand zu etwas verpflichtet sein, außer: dass ihr einander liebt.«

In Acht und Bann

Der Papst machte seine Drohung wahr. Am 3. Januar 1521 sprach er über Martin Luther den Bann aus. Daraufhin lud ihn der deutsche Kaiser Karl V. nach Worms vor, wo er sich auf dem Reichstag verantworten sollte. Der Kaiser sicherte ihm für die Hin- und Rückreise freies Geleit zu. Furchtlos trat Luther vor den Reichstag. Wieder berief er sich auf die Bibel, der allein er in seinem Gewissen gehorchen müsse. Nach zweitägigen Verhandlungen stand er auf und beendete seine Verteidigungsrede mit den

In der Wartburg bei Eisenach kann man die »Lutherstube« besichtigen, mit dem Pult, an dem er das Neue Testament übersetzt hat.

Worten: »Es gibt in der Heiligen Schrift kein Zeugnis, das gegen mich spräche. Widerrufen kann und will ich also nichts. Ich kann nichts gegen mein Gewissen tun. Gott helfe mir. Amen.« Dann trat er die Heimreise nach Wittenberg an. Sein Freund Kurfürst Friedrich der Weise, der zugleich der Landesherr von Thüringen war, fürchtete, es könnte Luther ergehen wie dem Reformator Jan Hus in Konstanz, dessen freies Geleit man missachtet und den man gefangen und verbrannt hatte. Deshalb sandte er einen Trupp Soldaten aus, die Luther zum Schein überfielen und als Gefangenen nach Eisenach auf die Wartburg brachten. Dort stutzte man ihm Bart und Haare zurecht, so dass ihn niemand erkannte, steckte ihn in Ritterkleidung, gab ihm den Namen »Junker Jörg« und richtete ihm ein Zimmer zum Wohnen und Arbeiten ein. Der Deutsche Kaiser verhängte gegen Luther die Reichs-Acht. Das bedeutete, dass er für rechtlos erklärt war und dass, wer ihn tötete, nicht dafür bestraft werden durfte. Zehn Monate blieb Luther ruhig in seinem Versteck; dann wagte er es, für kurze Zeit nach Wittenberg zurückzukehren, um dort einen Streit unter Glaubensgenossen zu schlichten. Die Schar seiner Freunde und Anhänger, die sich nach dem von ihnen hoch geschätzten Evangelium Evangelische nannten, wurde größer und größer. Luther wurde beim Volk so beliebt, dass keiner ihm etwas zu Leide tat, obwohl er noch immer in der Reichs-Acht und damit »vogelfrei« war. In den zehn Monaten auf der Wartburg übersetzte er das Neue Testament ins Deutsche. Neun Jahre später folgte das Alte Testament, so dass im Jahre 1534 erstmals die gesamte Heilige Schrift in deutscher Sprache gedruckt erscheinen konnte.

Papst Hadrian will eine Reform der Kirche

Inzwischen war Papst Leo X. gestorben. Auf ihn folgte ein Deutscher, der sich Hadrian VI. nannte. Mit ihm schien sich eine Wende im römischen Papsttum anzubahnen. Er ließ auf dem deutschen Reichstag, der 1522 in

Lutherbibel von MDXXXIIII (1534), das erste Buch, das mit dem neu erfundenen Buchdruck in großer Auflage verbreitet wurde.

Nürnberg tagte, durch seinen Gesandten einen Brief verlesen, aus dem man seinen Willen zur Reform der römischen Kirche deutlich heraushören kann. In dem Brief, den er dem Gesandten mitgab, heißt es:

»Wir alle, Prälaten und einfache Priester, sind vom rechten Weg abgewichen. Es gab schon lange keinen einzigen, der Gutes tat. Deshalb müssen wir alle Gott die Ehre geben und uns vor ihm demütigen: Ein jeder von uns soll darüber nachdenken, weshalb er gefallen ist. Jeder soll sich lieber selbst richten, als dass er am Tag des Zornes, am Jüngsten Tag, von Gott gerichtet werde!

Deshalb sollst du als mein Stellvertreter in meinem Namen versprechen, dass ich allen Fleiß anwenden will, damit zuerst der Römische Hof, von dem wohl alle diese Übel ihren Anfang genommen haben, gebessert werde. Danach wird, wie von hier aus die Krankheit ausgegangen ist, auch von hier aus die Gesundung beginnen. Diese Gesundung in Gang zu setzen, fühle ich mich tief verpflichtet, weil die ganze Welt eine solche Gesundung, eine solche Reform begehrt.«

Leider starb Hadrian VI., nachdem er nur 20 Monate Papst gewesen war. Mit seinem Nachfolger, einem Papst aus dem reichen Geschlecht der Medici, kehrten sogleich die alten Unsitten in den Papstpalast zurück. Er verbündete sich mit weltlichen Herrschern, die er in ihren blutigen Kriegen mit millionenschweren Geldbeträgen unterstützte, damit sie ihm halfen, die Macht der Medici zu erweitern und zu festigen. Die 33 Kardinäle, die er in seiner Amtszeit ernannte, sind fast ausschließlich durch Simonie und Nepotismus, durch Ämterkauf und Verwandtenbegünstigung, zu ihren hohen Posten gekommen.

Der Bauernkrieg

Die Reformation in Deutschland ging unterdessen weiter. Im Jahre 1526 fand erneut ein Reichstag statt, dieses Mal in Speyer. Dort wurde zu Gunsten Luthers entschieden, dass jeder Fürst und Landesherr es mit den reformatorischen Ideen Luthers so halten möge, »wie er es gegen Gott und die kaiserliche Majestät hofft und glaubt verantworten zu können«. Neben einigen freien Reichsstädten wurden daraufhin die ersten der damals ungefähr 300 kleinen und großen deutschen Länder evangelisch. In diesen unübersichtlichen Zeiten des Aufbruchs schlossen sich im Schwabenland, in Franken und in Thüringen, im Elsass und in Tirol die deutschen Bauern zu Kampf-Bünden zusammen und erhoben sich an mehreren Orten zum Aufstand. Sie beriefen sich auf das Evangelium und auf Luthers Schriften und forderten von den Landesfürsten und von ihren Grundherren das Ende der Leibeigenschaft, eines alten Rechts, nach dem vielerorts die Bauern als frei verfügbares Eigentum ihrer Herren galten und kein Bauer die Genehmigung hatte, das Ackerland und die Weide, auf der er arbeitete, selbst zu verwalten und die Ernte auf eigene Rechnung zu verkaufen. Es kam zum Bauernkrieg. Der geistige Führer der Bauern war Thomas Müntzer, ein radikaler und kritischer Anhänger Luthers. Er predigte den Bauern von einem tausendjährigen Reich Gottes, in dem jeglicher Besitz allen gemeinsam gehören und in dem alle Menschen gleichberechtigt sein sollten.

Die Bauern folgten Müntzer mit großer Begeisterung. Luther unterstützte anfangs die Forderungen der Bauern gegen die Fürsten; als sie aber immer fanatischer vorgingen und gewalttätig wurden, gebot er ihnen Einhalt und rief sie zu Besonnenheit und Frieden auf. Doch die Bauern waren nicht mehr zu halten. Sie brannten Schlösser nieder, plünderten Klöster und schlugen viele ihrer Feinde tot, darunter auch wehrlose Frauen und Kinder. Da schwenkte Luther um und stellte sich gegen die Bauern. Er verfasste eine Schrift, in der es hieß, die Bauern hätten den Tod verdient, denn sie hätten den Treue- und Gefolgschaftseid gegenüber ihren Herren gebrochen. Und weil sie ihre Freveltaten zudem noch unter Berufung auf das Evangelium unternähmen, seien sie Gotteslästerer und Schänder seines heiligen Namens. »Wer einen solchen Aufrührer erwürgen kann und mag, der tut recht und wohl!« Die Bauern ließen aber in ihrem nun einmal entbrannten Freiheitsdrang nicht nach und gaben den Kampf nicht auf. Da sie jedoch schlechter organisiert und weniger gut bewaffnet waren als die Heere der Fürsten, wurden sie schließlich in der Schlacht bei Frankenhausen in Thüringen vernichtend geschlagen. Der Bauernkrieg hatte auf beiden Seiten über 100 000 Menschen das Leben gekostet, darunter auch Müntzer, der zum Tode verurteilt und hingerichtet wurde. Viele der übrig gebliebenen Bauern waren von Luther enttäuscht und kehrten sich von ihm ab. Dennoch gewann er ständig neue Anhänger hinzu. Nachdem er schon ein Jahr zuvor öffentlich die Mönchskutte abgelegt und Katharina von Bora geheiratet hatte – eine Ordensschwester, die aus ihrem Zisterzienserinnenkloster geflohen war – feierte Luther seit dem Ende des Bauernkriegs die Messe nicht mehr in der lateinischen, sondern nur noch in der deutschen Volkssprache.

Die Reformation nimmt Gestalt an

Schon vor Luther, hatten einige Priester den Zölibat aufgegeben, weil davon, dass ein Priester unverheiratet sein müsse, nichts in der Bibel stände. Von Tag zu Tag stieg auch die Zahl der Mönche, die ihre Klöster verließen.

Zahllose Männer- und Frauenklöster schlossen ihre Pforten. Hier und da kam es zu Tumulten, als übereifrige evangelisch Gewordene in Kirchen eindrangen und die Priester, die noch in lateinischer Sprache die Messe lasen, vom Altar vertrieben. Andere Hitzköpfe gingen hin und rissen die Heiligenbilder und Heiligenfiguren von den Wänden, weil sie glaubten, die Leute würden beim Anblick der schönen Bilder und Figuren vom Hören auf das Wort Gottes in der Predigt abgelenkt oder sie würden nicht zu Gott, sondern zu den »Götzen« beten, wie sie die Heiligen nannten, die dort abgebildet waren.

Im Jahre 1530 berief Kaiser Karl V. einen Reichstag nach Augsburg ein, der für Ordnung in den wirren Verhältnissen sorgen und der versuchen sollte, die Gegensätze zwischen den Alt-Gläubigen und Neu-Gläubigen zu überbrücken. An Stelle Luthers, der wegen der Acht nicht am Reichstag teilnehmen durfte, verfasste sein Freund (und späterer Nachfolger) Melanchthon als Vorlage für den Reichstag das Augsburger Bekenntnis, eine Schrift, die seitdem als Grund-Urkunde der evangelischen Kirche gilt. Im Augsburger Bekenntnis wurde nirgends von einer Trennung zwischen beiden Kirchen gesprochen, sondern stets von der Einheit der ganzen, immer noch katholisch genannten Kirche. Einige Streitpunkte blieben allerdings unausgesprochen und also auch ungelöst. Vor allem wurde im Augsburger Bekenntnis nicht zu der Frage Stellung genommen, welche Rolle in der Kirche künftig der Papst spielen sollte. Melanchthon nahm in dieser Frage eine eher versöhnliche Haltung ein, während Luther in seiner späteren Schrift »Wider das Papsttum in Rom, vom Teufel gestiftet« weiterhin das Amt des Papstes verbissen ablehnte.

Luther verfasste in den folgenden Jahren geradezu unzählige Bücher und Einzelschriften. In seinen Schriften bot er Vorlagen an, nach denen die Pfarrer die Gottesdienste halten konnten. Er wies sie an, von nun an statt der vielen Messgebete mehr das Evangelium und eine ausführliche Predigt über den Inhalt des Evangeliums in den Mittelpunkt des Sonntagsgottesdienstes zu stellen. Die Priesterweihe wurde als Sakrament abgeschafft.

Junge Männer, die es sich zum Beruf machen wollten, eine Gemeinde zu leiten, wurden nach einem theologischen Studium und dem intensiven Besuch eines Prediger-Seminars zu Pfarrern »ordiniert«. Die mittelalterliche Zeit der Messen in den lang gestreckten gotischen Kirchenschiffen, in denen vorne weit weg der Priester in lateinischer Sprache die Messe zelebrierte und das Volk hinten in den Kirchenbänken still vor sich hin betete, war endgültig dahin. Die Leute hatten jetzt ihr »Evangelisches Gesangbuch« in der Hand, in dem viele alte und 36 von Luther selbst gedichtete neue Kirchenlieder zum Mitsingen standen. Damit die Gläubigen lesen und verstehen konnten, was Inhalt des christlichen Glaubens war, verfasste Martin Luther zwei Katechismen, einen großen für die Pfarrer und einen kleinen eher für die »Hausväter«, denen er ans Herz legte, täglich darin zu lesen und das Gelesene an die Frau und die Kinder, die Enkel und das Hausgesinde weiterzugeben. Durch das Mitmachen in den Gottesdiensten und das Anhören der Predigten, in denen den Gläubigen die Heilige Schrift näher gebracht wurde, und durch die häuslichen Lesungen und Andachten kam viel neues religiöses Leben in die Dörfer und Städte der deutschen Länder, die sich für die Reformation öffneten.

Reformation und Reformationen

(handwritten: Rechtfertigungslehre →)
(handwritten: Gnade – Glauben – gute Taten)

Schon in den Anfangsjahren der Reformation gab es verschiedene Bezeichnungen für die Martin Luther anhängenden evangelischen Christen. Im Jahre 1529, auf dem Reichstag zu Speyer, hatten fünf Fürsten von Ländern und 14 Vertreter von Reichsstädten gegen einen Mehrheitsbeschluss protestiert, in dem es um eine Religionsangelegenheit ging. Die Protestierenden sagten: In Glaubensfragen muss jeder für sich selbst »vor Gott stehen und Rechenschaft geben«. Niemand darf durch den Beschluss einer Mehrheit oder einer Minderheit unterdrückt werden. Von diesen Männern, die in Speyer Protest erhoben, leitet sich das Wort Protestanten ab. Manchmal hört man aber auch das Wort Lutheraner. Damit meint man zunächst die evangelischen Christen allgemein, weil sie sich auf das Evangelium beziehen, wie Martin Luther es übersetzt und erklärt hat. Im engeren Sinne sind mit Lutheranern diejenigen Gläubigen gemeint, die sich schon bald nach Luthers Tod von den Lehren Zwinglis und Calvins abgegrenzt haben. Die Lutheraner legen besonderen Wert auf Luthers »Rechtfertigungslehre«: Der Mensch, so sagen sie, der immer zugleich Gerechter und Sünder ist, wird von Gott trotz seiner Sündhaftigkeit angenommen und »gerechtfertigt«: Gott schenkt ihm Rettung, Heil und ewiges Leben. Der Mensch kann zu seiner Rechtfertigung selber nichts hinzutun, alle seine »guten Werke« (die in der katholischen Rechtfertigungslehre bedeutsam sind) beeinflussen die liebende Hinwendung Gottes zum Menschen nicht. Zur Rechtfertigung des Menschen genügt allein der Glaube, der wiederum allein aus der Heiligen Schrift kommt. Der Glaube aber bewahrheitet sich in der Liebe zu Gott und in der tätigen Nächstenliebe.

Neben der Lutherischen Kirche gibt es die Reformierte Kirche, die ihre Gründung auf die Reformatoren Zwingli und Calvin zurückführt. Huldrych (Ulrich) Zwingli war zuerst katholischer Priester, trat aber schon kurz nach Luthers Thesenverkündigung zu den Evangelischen über. Er hat in Zürich, in mehreren Kantonen der Schweiz, in einigen Orten im Elsass und in Baden-Württemberg die Kirche reformiert und dabei auch immer Reformen der Wirtschaft und der gesellschaftlichen Sozialordnung in seine Arbeit mit einbezogen. Zwingli ging sehr streng vor, verbot Heiligenbilder und Prozessionen und sogar das Orgelspiel und den Gemeindegesang im Gottesdienst, schaffte mehrere Feiertage ab und hielt nur vier Mal im Jahr einen Abendmahls-Gottesdienst. Die Zwinglianer sitzen bei der Abendmahlsfeier an einem langen weiß gedeckten Tisch – einen Altar mit

Kerzen und Blumen gibt es nicht – und empfangen die Kommunion unter den beiden Gestalten von Brot und Wein. Zwingli lehrte, dass bei der Abendmahlsfeier das geweihte Brot und der geweihte Wein nur Zeichen seien für die Gegenwart Christi, während Luther lehrte, dass Christus im Brot und im Wein nicht nur zeichenhaft, sondern wirklich gegenwärtig sei. Die Lehre von der wirklichen (= realen) Gegenwart Christi in Brot und Wein nennt man Real-Präsenz-Lehre. Die Katholiken gehen in ihrer Lehre noch einen Schritt weiter. Sie sagen: Wenn der Priester in der Messe über das Brot und den Wein die Jesus-Worte spricht: »Das ist mein Leib, das ist mein Blut«, bleiben das Brot und der Wein nicht länger Brot und Wein, sondern werden ihrer Substanz nach verwandelt in den Leib und das Blut Christi. Wegen der Verwandlung der Substanzen nennt man diese Auffassung Trans-Substantiations-Lehre. – In einem Krieg zwischen Zürich und fünf katholischen Schweizer Kantonen fand Zwingli den Tod. Sein Leichnam wurde vom Henker geviertelt und auf dem Scheiterhaufen verbrannt.

Mit der Kirche Zwinglis vereinigten sich die Calvinisten, die Anhänger des Franzosen Johannes Calvin, den man gelegentlich Vater der Reformierten nennt. Calvin verbreitete seine reformatorischen Ideen zunächst in Paris. Man vertrieb ihn jedoch aus der Stadt, und er floh nach Genf. Dort führte er die Reformation mit noch größerer Strenge fort, als es Zwingli in Zürich getan hatte. Wie Luther, ja noch nachdrücklicher als Luther lehrte er, dass die Menschen gerechtfertigt sind, weil Gott jeden Einzelnen von Ewigkeit her »erwählt« und das Schicksal eines jeden Menschen in seinem Heils-Plan vorherbestimmt hat. Der Mensch müsse, so schärfte Calvin seinen Zuhörern ein, sein ganzes Leben so gestalten, dass es ein vorbildliches Leben zur Ehre Gottes ist. Auch diese Lehre, die Lehre von der vorherbestimmten Richtung (= Destination) des Lebensweges, hat einen Namen: Prae-Destinations-Lehre. Die Praedestinationslehre ist nicht unbestritten, weil man sie so missverstehen könnte, als habe der Mensch keim freien Willen, da ja doch alles in seinen Leben vorherbestimmt sei.

Die ärgsten Unterdrückungen und Verfolgungen erlitten die Calvinisten in Frankreich. Dort wurden sie Hugenotten genannt; woher genau dieser Name stammt, ist unklar. Zunächst durften sie eine Zeit lang ihre Religion ungestört ausüben. Als aber Katharina von Medici, die Witwe des französischen Königs ihre Tochter mit einem calvinistischen spanischen Prinzen verheiraten wollte, kam es im Königshaus zu Zerwürfnissen, so dass sich Katharina plötzlich gegen die Hugenotten stellte. Sie lud deren führende Männer zur Hochzeitsfeier der Königstochter nach Paris ein –

und ließ sie in der »Bartholomäusnacht«, der Nacht zum 24. August 1572, allesamt meuchlings ermorden. In den darauf folgenden Bürgerkriegen, die ungefähr 26 Jahre anhielten, wurden mehr als zehntausend Hugenotten von ihren katholischen Gegnern umgebracht. 200000 flohen in die Schweiz, nach Holland, England und Deutschland.

Nach altem Brauch wurden in der Kirche nicht Erwachsene, sondern Kinder getauft, und zwar kurz nach ihrer Geburt. Die frühen Christengemeinden zur Zeit der Apostel kannten diesen Brauch nicht: Getauft wurden Erwachsene, Juden und Heiden, die den christlichen Glauben an-

Gemälde von François Dubois de Amiens zu den Grausamkeiten der Bartholomäusnacht am 23./24. August 1572.

nahmen, sich über die christliche Lehre informiert hatten, das Glaubensbekenntnis ablegten und versprachen, nach dem Evangelium zu leben. Die Kinder der Neubekehrten wurden ungetauft – zusammen mit ihren Eltern – in die christliche Gemeinde aufgenommen. Gegen die Kindertaufe wandten sich, schon zu Lebzeiten Luthers, die Täufer: Die Taufe so sagten sie, sollte ein Akt des Bekenntnisses sein, den unmündige Kinder nicht bewusst vollziehen könnten.

Die Täufer bemühten sich mit großem Ernst darum, streng nach dem Evangelium, besonders nach den Forderungen der Bergpredigt zu leben. Aus den freien christlichen Täufergemeinden wollten sie das Reich Gottes auf Erden aufbauen. Die Täufer nahmen die »Freiheit eines Christenmenschen« so ernst, dass sie keine kirchliche und auch keine weltliche Obrigkeit über sich anerkannten und darum, wie schon vor ihnen die Katharer und Waldenser, keinen Eid ableisteten und den Wehrdienst verweigerten. Für ihre Überzeugung mussten viele Täufer ihr Leben lassen. Gejagt und verfolgt, zerstreuten sie sich von der Schweiz aus bis hin zum Norden Deutschlands. In der Stadt Münster in Westfalen errangen sie sogar die Oberhoheit, Münster sollte die Hauptstadt des Reiches Gottes werden. Sie ordneten an, dass alle Erwachsenen, welche die Taufe als Kinder empfangen hatten, noch einmal neu getauft werden sollten, andernfalls mussten

Taufe – Erwachsentaufe Akt d. Bekenntnisses, kann von keinem Kind geleistet werden

sie die Stadt verlassen. Die Täufer, in Münster auch Wiedertäufer genannt, beherrschten die Stadt ein Jahr lang; doch dann eroberte der Bischof von Münster, der geflohen war, nach einer langen Belagerung die Stadt zurück. Er ließ die Anführer der Wiedertäufer auf dem Domplatz foltern und hinrichten.

Einer der Wiedertäufer hieß Menno Simons; er mahnte die Täufer zur Mäßigung. Seine Anhänger, die Mennoniten, trugen die Ideen der Täuferbewegung weiter, vor allem in die benachbarten Niederlande. Sie waren gegen jegliche Art von Gewalt, wurden von den Leuten »die Stillen im Lande« genannt und bezeichneten ihre Gemeinschaft als Friedenskirche. – Aus der Täuferbewegung sind um 1600 von Amsterdam aus die Baptisten hervorgegangen, die heute besonders stark in den USA vertreten sind; die meisten Schwarze Nordamerikas sind Baptisten.

Einen ungewöhnlichen Weg nahm die Reformation in England. Dort regierte zur Zeit Luthers König Heinrich VIII. Zunächst blieben die Engländer trotz der Reformen, die schon eigentlich mit Wiclif vor 200 Jahren begonnen hatten, überwiegend beim katholischen Glauben. Heinrich wachte streng darüber, dass nicht die deutsche Reformation in England eindrang, sondern dass alles bei den alten katholischen englischen Traditionen blieb. Für diese seine Bemühungen wurde er sogar vom Papst gelobt und mit dem Ehrentitel »Verteidiger des Glaubens« ausgezeichnet. Als jedoch die drei Knaben, die aus der Ehe des Königs stammten, im frühen Kindesalter starben und Heinrich also keinen männlichen Thronfolger hatte, wollte er sich scheiden lassen und seine Freundin Anne Boleyn heiraten. Die Papst ließ die Scheidung nicht zu, und es kam zum Streit. Verärgert wandte sich Heinrich von der katholischen Kirche ab und wurde – wenn auch nicht aus innerer Überzeugung – ein Anhänger der Lehre Luthers. Als sich dann der Erzbischof von Canterbury über das päpstliche Verbot hinwegsetzte und Heinrich und Anne heimlich traute, war der Bruch mit Rom unheilbar vollzogen. Alle Mitglieder des englischen Parlaments und alle Bischöfe mussten einen Treueid auf Heinrich und vorsorglich auf alle seine Nachkommen leisten. Zweihundert Mönche, Priester, Bischöfe und Beamte verweigerten den Eid. Sie wurden hingerichtet, darunter Bischof John Fisher und Thomas Morus, der Kanzler des Königs. Beide wurden später von der katholischen Kirche »heilig gesprochen«. Der König aber und alle seine königlichen Nachfolgerinnen und Nachfolger erhielten den Titel: »Alleiniger oberster Regent des Staates in kirchlichen und politischen Angelegenheiten«. Damit war – im Jahre 1559 – die Glaubensgemeinschaft der Anglikaner als »Church of England« endgültig eine eigenständige von Rom getrennte Kirche geworden.

Heinrichs Nachfolger ließ 39 Glaubensartikel erstellen und ein »Allgemeines Gebetbuch« verfassen, in dem alt-englische, römisch-katholische und reformierte Texte, Ordnungen, Gebete, Lieder und Sakramentenformeln friedlich nebeneinander standen. In erbitterten Kämpfen lösten danach verschiedene Königinnen und Könige einander in der Thronfolge ab, und ihre Untertanen mussten mehrere Male unter Zwang ihre Konfession wechseln. Die Eigenständigkeit der Anglikanischen Kirche aber ist bis heute bestehen geblieben: Die jeweilige englische Königin oder der jeweilige englische König ist nach wie vor Oberhaupt der Kirche.

Abgesehen von den Bauernkriegen und den Wiedertäuferverfolgungen gab es in Deutschland kaum gewaltsame Zusammenstöße, keine Unterdrückungen und Niederwerfungen ganzer protestantischen Gruppen so großen Ausmaßes, dass sie mit den Kantonskriegen in der Schweiz, den böhmischen Husittenkriegen, den blutigen Regierungswechseln in England und erst recht mit den acht Hugenottenkriegen in Frankreich vergleichbar gewesen wären. Im Jahre 1555 wurde der Augsburger Religionsfrieden geschlossen. In diesem Friedensvertrag hieß es: Die neue Religion wird im ganzen Reich als gleichberechtigt mit der katholischen Religion anerkannt, und die regierenden Fürsten bestimmen, welche Religion in ihren jeweiligen Ländern als die alleinige gilt. Die Untertanen dürfen, so hieß es weiter, ungehindert auswandern, falls sie sich dem Glauben ihres Fürsten »nicht anbequemen« wollen. Die Grundidee des Augsburger Religionsfriedens wird gewöhnlich mit der lateinischen Kurzformel »cuius regio, eius religio« wiedergegeben: Wessen das Land, dessen die Religion. So hatte nun Deutschland, was die Verschiedenheit der Religionen betrifft, fast hundert Jahre Frieden.

Der Dreißigjährige Krieg

Durch die Trienter Konzilsbeschlüsse wurden die Unterschiede und Gegensätze zwischen der evangelischen und der katholischen Kirche wieder deutlich. Könige und Fürsten, zwischen denen es schon immer machtpolitische Spannungen gab, nahmen jetzt die gegensätzlichen religiösen Standpunkte der Länder zum Vorwand, gegeneinander zu Felde zu ziehen. Es war abzusehen, dass es mit der Ruhe und dem Frieden im Deutschen Reich bald zu Ende sein würde. Schon hatten sich evangelische Landesherren zu einer »Protestantischen Union« und katholische Landesherren zu einer »Katholischen Liga« zusammengeschlossen. Der Führer der Union war der Kurfürst von der Pfalz, der Führer der Liga war der Herzog von Bayern.

Wie so oft in der Weltgeschichte, so löste auch jetzt ein scheinbar geringfügiger Anlass einen Krieg aus. In Böhmen hatte der katholische Kaiser die Rechte der Protestanten für eingeschränkt erklärt. Daraufhin verprügelten aufgebrachte Evangelische in Prag einen Schreiber und zwei Grafen, die im Namen des Kaisers mit ihnen verhandeln sollten. Diese gewalttätige Demonstration von Protestanten gegen Katholiken am 23. Mai 1618 ging später als Prager Fenstersturz in die Geschichte ein (benannt nach einem früheren Ereignis, bei dem Prager Bürger ihre Ratsherren aus dem Fenster des Rathauses geworfen hatten). Mit dem Prager Fenstersturz begann der Dreißigjährige Krieg, in dem in Deutschland einschließlich der kriegsbedingten Seuchen schätzungsweise 9 Millionen Menschen ums Leben gekommen sind.

Anfangs beschränkten sich die Kampfhandlungen zwischen den rivalisierenden Kirchen auf Böhmen, Bayern und Österreich. Als der Kaiser dann aber auch den Norden des Reiches »re-katholisieren« wollte, mischten sich die benachbarten Dänen und später auch die Schweden ein und kamen den bedrohten protestantischen Glaubensgenossen zu Hilfe. Zuletzt war als dritte fremde Macht auch noch Frankreich in den Krieg verwickelt. Erst nach dreißig tränenreichen Jahren wurde 1648 der Krieg im Westfälischen Frieden zu Münster und Osnabrück beendet. Der Frieden war teuer erkauft: Das Deutsche Reich hatte die Hälfte der Bevölkerung, vor allem der wehrlosen Zivilbevölkerung verloren. Tausende Häuser und Höfe, Burgen und Schlösser, Brücken und Rathäuser und viele Kirchen lagen in Trümmern, der größte Teil der Habe der reichen und armen Leute war vernichtet worden. Deutschland musste große Gebiete an die Sieger abtreten und hohe Summen an Kriegskosten an sie entrichten. An der Handhabung der Cuius-regio-eius-religio-Regelung änderte sich indessen nicht viel, der ganze Dreißigjährige Krieg war sinnlos gewesen und hatte allen Beteiligten nur Leid und Schaden gebracht. Ein Gutes bewirkte der Krieg dann aber doch: Unter dem anhaltenden Eindruck des gewaltigen Grauens fand von da an – von geografisch und zeitlich eingegrenzten Streitfällen abgesehen – kein Religionskrieg mehr statt.

Aufbruch in ferne Länder

Vor noch gar nicht so langer Zeit, als die Großeltern der heutigen Kinder selber Kinder waren, sah man in fast allen katholischen Kirchen ein »Nick-Negerchen«. Das Nick-Negerchen war eine kleine bunt bemalte Gipsfigur: ein schwarzes Afrikanerkind, das auf einem Kästchen saß. In das Kästchen konnte man durch einen Schlitz Geld einwerfen. Damals kostete im Kaufladen ein Bonbon einen Pfennig, und der

In manchen katholischen Gegenden trifft man das Nick-Negerchen in Kirchen an. Die meisten Christen lehnen heute jedoch diese Gestalt und die Bezeichnung als unwürdig und abwertend ab.

Priester und die Lehrerin und die Eltern hielten die Kinder an, doch ab und zu, statt ein Bonbon zu kaufen, den ersparten Kupferpfennig dem Nick-Negerchen zu bringen und durch den Schlitz in das Geldkästchen zu werfen. Wenn der Pfennig in den Kasten fiel, löste er einen Mechanismus aus, der bewirkte, dass das Negerchen mehrmals dankbar mit dem Kopf nickte. Das schließlich dann doch viele Geld aus den Kästchen der zahlreichen Kirchen in Europa wurde nach Rom oder an einen Orden geschickt und von dort an Missionare in Afrika oder Asien weitergeleitet.

Das Missionieren in den außereuropäischen Kontinenten hatte begonnen, als Kolumbus in Amerika landete. Es breitete sich vor allem nach dem Konzil von Trient in der Mitte des 16. Jahrhunderts immer mehr über fast die ganze Erde aus.

Das Konzil von Trient

Schon ein Jahr nach dem Thesenanschlag hatte Martin Luther gefordert, es möge bald ein Allgemeines Konzil einberufen werden, auf dem die Probleme zur Sprache gebracht werden sollten, die mit der beginnenden Reformation an den Tag getreten waren. Auch der Kaiser und die deutschen Fürsten drängten beim Papst auf ein »freies christliches Konzil, das in deutschen Landen stattfinden« sollte. Der Papst zögerte: Er nahm die Reformation, die noch in ihren Anfängen steckte, nicht ernst genug; auch fürchtete er, die bei einem Konzil versammelte große Schar zum Teil kritischer Bischöfe könnte ihm in seiner päpstlichen Amtsgewalt gefährlich werden. Erst ein neuer Papst, Paul III., gab dem Drängen des deutschen Kaisers statt: Er berief für den 15. März 1545 ein Allgemeines Konzil nach Trient ein. Es sollte um die Reform der Kirche und um eine friedliche Beilegung des Streits zwischen Protestanten, und Katholiken in Deutschland gehen – daran war besonders dem Kaiser gelegen. Und: Glaubensfragen, die durch die Lehren der Reformatoren erschüttert worden waren, sollten geklärt und in unanfechtbaren dogmatischen Formulierungen neu festgelegt werden – das war das Anliegen das Papstes.

Die Orthodoxe Ostkirche, die in den ersten 1000 Jahren der Geschichte des Christentums den Glauben entscheidend mitgeprägt hat, wurde nicht eingeladen. Deutsche Bischöfe kamen erst zur zweiten Sitzungsperiode – sechs Jahre nach der Eröffnung des Konzils. Noch später reisten auf ausdrücklichen Wunsch des Kaisers dann auch protestantische Abgesandte nach Trient. Bei ihrer Ankunft verlangten sie, das Konzil müsse alle bisher beschlossenen Texte zu Glaubensfragen wieder rückgängig machen und dürfe nicht weiter beraten, bis ihre evangelischen Gelehrten und Theologen vollzählig hinzugekommen seien. Ferner müsse das Konzil ohne den Papst weiter tagen, sonst wäre es kein »freies« Konzil. Ein Konzil stände, so sagten sie, nicht unter sondern über dem Papst. Daraufhin ordnete der Papst an, dass mit den Protestanten kein Gespräch geführt werden dürfe. Die Protestanten reisten ab.

Zur offiziellen Eröffnungssitzung des Konzils waren nur 31 Bischöfe gekommen. Die Zahl der Teilnehmer machte keine beängstigende »große Schar« aus, und es gab auch keine »kritischen«, sondern nur dem Papst gut gesonnene italienische (und einige spanische) Bischöfe, die den Ton angaben und bei Abstimmungen stets die absolute Mehrheit hatten. Die Zahl der anwesenden Abstimmungsberechtigten lag bei den vielen Sitzungen des insgesamt 18 Jahre dauernden Konzils fast immer unter siebzig. Mehrere Male musste das Konzil für kürzer oder länger unterbrochen werden, weil kurz nacheinander vier Päpste starben, so dass man vier mal Wahlen für einen neuen Papst durchführen musste. Ein andermal brach in Trient eine Seuche aus, der Tagungsort wurde nach Bologna verlegt. Da blockierte ein Streit die Arbeiten, weil der deutsche Kaiser der Verlegung nach Bologna nicht zustimmte: Bologna lag nicht (wie Trient) in seinem deutschen Reichsgebiet. Zur Schlusssitzung erschienen dann immerhin doch noch zahlreiche Kardinäle und Patriarchen, Erzbischöfe und Bischöfe und andere hochrangige Kirchenmänner, insgesamt 230. Sie unterschrieben die Konzilsdokumente und übergaben sie dem Papst zur Genehmigung.

In den Reform-Beschlüssen des Konzils wurden alte kirchliche Vorschriften aufgegriffen und neu formuliert. Schon Bonifatius hatte achthundert Jahre zuvor die deutschen Bischöfe verpflichtet, regelmäßig Synoden abzuhalten und ihre Bistümer jedes Jahr zu bereisen (= zu »visitieren«), um nach dem Rechten zu sehen – Forderungen, die nach Bonifatius Karl der Große noch einmal ausdrücklich bekräftigte. Die Pflicht zur Visitation und zur Durchführung von Synoden wurde nunmehr neu und deutlicher in die Anordnungen von Trient aufgenommen. Auch dass ein Bischof sich nicht bereichern durfte, indem er über mehrere Diözesen regierte, wurde wieder neu zum verpflichtenden Gebot gemacht. Die bedeutsamsten Reformvorhaben betrafen jedoch die Ausbildung der Priester. Die künftigen Priester sollten nicht nur an der Universität studieren; vielmehr, so schrieb das Konzil vor, musste ab sofort in jeder Bischofsstadt ein Priester-Seminar errichtet werden, in dem die jungen Männer über die Wissenschaft der Theologie hinaus, man könnte sagen das Handwerk der Seelsorge erlernen sollten: Gottesdienste halten, unterrichten, predigen, Sakramente spenden, Glaubensgespräche führen, Krankenbesuche machen, Ratsuchenden helfen, Armen und Unterdrückten in ihrem Leid beistehen. Schließlich wurden auf dem Konzil alle Bischöfe verpflichtet, in ihren Kathedralen regelmäßig auch selbst zu predigen, und zuletzt wurde allen Klerikern noch einmal eingeschärft, die Pflicht zum Zölibat einzuhalten.

Ausführlicher berieten die Konzilsteilnehmer über die Glaubensfragen. Was Martin Luther und auch die Reformatoren Zwingli und Calvin in ihren Schriften und Predigten anders verkündigt hatten, als es in der Kirche vorher angeordnet worden war, wurde zur Irrlehre erklärt. Hatte Luther gelehrt, die Heilige Schrift allein genüge für den Glauben, so hielt das Konzil dagegen, dass auch die Tradition zum Glaubensgut gehöre. Mit Tradition war das gemeint, was in allen Jahrhunderten von den ersten christlichen Gemeinden angefangen »bis heute«, also bis zur Reformation in den kirchlichen Lehren und in der kirchlichen Praxis nach und nach hinzugekommen ist. Dass der Papst zum Beispiel der Stellvertreter Christi und der oberste und alleinige Leiter aller Christen sei oder etwa, dass es sieben von Jesus Christus selbst eingesetzte Sakramente gebe, dass die Messe nicht nur das gemeinsame heilige Mahl mit Christus und miteinander sei, sondern zugleich auch Jesu vergegenwärtigter Kreuzestod, der als unblutiges Opfer Gott dargebracht wird: das gehörte zur Glaubens-Tradition, die mit demselben Ernst und mit derselben Ehrfurcht angenommen und gelebt werden müsse wie das, was ausdrücklich in der Bibel steht. Auch die traditionelle Lehre von der Sündenschuld und vom Ablass, von Wallfahrten und Reliquienkult, von der Heiligenverehrung und von der Anbetung Christi in der Monstranz, von der Erbsünde, in der alle Menschen außer der Jungfrau Maria gezeugt und geboren wurden, vom großen Wert der guten Werke – alle diese Lehren und Gebräuche, die Luther in Frage gestellt und weitgehend schon abgeschafft hatte, wurden wieder neu und eindeutig als Glaubensgut für alle Katholiken formuliert.

Die Hoffnung, das Konzil würde zur Annäherung zwischen den evangelischen und den katholischen Christen in Deutschland beitragen oder sogar die Tür zu ihrer Wiedervereinigung öffnen, musste endgültig begraben werden, denn die Protestanten konnten unmöglich die lutherischen Reformen aufgeben, mit denen sie die Kirche von Grund auf wieder heiliger, katholischer und apostolischer zu machen begonnen hatten – und die Katholiken konnten sich ihre Vorstellungen von einer heiligen, katholischen und apostolischen Kirche nicht nehmen lassen, wie sie in den Tridentiner (= Trienter) Konzilstexten mit viel Liebe zur alten ehrwürdigen Kirche und unter großer jahrelanger Anstrengung formuliert worden waren.

Die Jesuiten im Dienst des Papstes

Die Reformbeschlüsse des Konzils von Trient und die aufs neue verbindlich gemachten Glaubensaussagen sollten gegen die immer noch stark um sich greifende Reformation so schnell wie möglich in die Praxis umgesetzt werden. Für diese Reformarbeit innerhalb der katholischen Kirche stellten in jenem 16. und im folgenden 17. Jahrhundert zahlreiche große Männer und Frauen ihre ganze Kraft zur Verfügung. Unter den Frauen war es vor allem Theresia von Avila, die in Spanien mehrere Klöster gründete und mit strengem christlichen Geist erfüllte, wie es einst die Reformer von Cluny getan hatten, sowie Angela Merici von Brescia, die sich in Italien mit ihrem Ursulinen-Orden vordringlich der Mädchenerziehung widmete. – Bei den Männern war es neben vielen anderen Kardinal Karl Borromäus: Er sorgte sich in seinem Bistum Mailand beim Volk und beim Klerus um ein vorbildliches, am Evangelium orientiertes Leben. Seine Reformschriften wurden über ganz Norditalien, über die Schweiz und über weite Teile Deutschlands verbreitet. In Frankreich gehörte zu den tridentinischen Reformern Vinzenz von Paul. Er zog mit Freunden durch Paris und die armseligen Pariser Vorstädte, wo sie in »Volks-Missionen« zu den einfachen

186

Leuten predigten, mit ihnen beteten und sie zu Umkehr und Besinnung aufriefen. Auf Vinzenz von Paul – und auf Louise de Marillac – geht der Orden der Vinzentinerinnen zurück, der sich aufopferungsvoll der zentralen christlichen Aufgabe der Armen- und Krankenpflege widmete.

Die herausragende katholische Persönlichkeit jener Zeit aber war Ignatius von Loyola, der noch vor dem Konzil – im Jahre 1534 – den Jesuiten-Orden, die »Gesellschaft Jesu« gründete. Ignatius war Offizier in der spanischen Armee gewesen und in einem Kampf schwer verwundet worden. Auf seinem Krankenlager las er viele religiöse Bücher, besann sich und gab

Papst Paul III. bestätigt im Jahre 1540 den Jesuiten-Orden. Vor ihm kniet der Gründer der »Gesellschaft Jesu«, Ignatius von Loyola.

schließlich das menschenverachtende Kriegshandwerk auf. Er studierte in Paris Theologie, wurde Priester und tat sich mit sechs Freunden zu einer kleinen Ordensgemeinschaft zusammen. Sie gingen nach Rom, um Papst Paul III. ihre Dienste anzubieten. Mit dem damals schon auf 1000 Mitglieder angewachsenen Orden stellte er sich ganz und ohne jede Einschränkung dem Papst als Werkzeug für die Reformarbeit zur Verfügung. Die Jesuiten trugen keine Mönchskutte und lebten nicht in Klöstern, sondern bildeten so genannte Kleriker-Gemeinschaften. Sie befolgten die drei Ordensgelübde der Armut, des Gehorsams und der Keuschheit. Darüber hinaus schworen sie, jedem Befehl ihrer Oberen und des Papstes ohne Zögern zu folgen. In ihrer Regel heißt es: »Jeder, der unter dem Ordensgehorsam steht, muss darin einwilligen, dass seine Oberen nach Gottes Vorsehung so mit ihm umgehen können, wie wenn er ein lebloser Körper wäre, das heißt, dass er sich überall hinschicken und auf jede Weise behandeln lässt.« Für das Wort lebloser Körper steht im lateinischen Originaltext »cadaver«; daher kommt das Wort Kadavergehorsam, das oft verächtlich für das Leben der Männer im Jesuitenorden benutzt wird.

Hundert Jahre nach Reformation und Konzil hatte der Jesuitenorden 20 000 Mitglieder. Alle hatten, wie es bei den Jesuiten üblich ist, ein abgeschlossenes Studium (oder sogar mehrere Studiengänge) an einer Universität absolviert. So waren sie für Aufgaben, die klares Denken, rasches Auffassen, zähes Diskutieren und eine überdurchschnittliche Redegabe erforderten, wohl gerüstet. In welchem geistigen Wettstreit auch immer sie auftraten: stets waren sie die Sieger. Sie wirkten in der Seelsorge der Pfarreien mit, engagierten sich aber auch in den großen Domen und den viel besuchten Wallfahrtskirchen als Prediger; viele waren berühmte Theologieprofessoren, die Tausende von Studenten zu traditionstreuen oder auch zu kritischen Priestern erzogen, die in die Zukunft der Kirche blickten. Andere kümmerten sich um die vom Konzil geforderten Visitationen, organisierten sie in großem Stil oder führten sie selber durch. An Fürsten- und Königshöfen waren sie als Erzieher der Prinzessinnen und Prinzen angestellt, wieder andere verfassten Lehrbücher über den Glauben und Kampfschriften gegen die Reformation oder gegen Häretiker. Ein wichtiges Arbeitsgebiet der Jesuiten waren die Schulen, die sie gründeten oder leiteten. Der erste (aus dem heute holländischen Nimwegen stammende) deutsche Jesuit war Petrus Canisius. Er nahm die schwierige Arbeit auf sich, einen katholischen Katechismus zu verfassen. Ähnlich wie es Martin Luther getan hatte, brachte er ihn in mehreren, unterschiedlich umfänglichen und anspruchsvollen Ausgaben heraus: Für Höhere Schüler in Gymnasien und für ältere Volksschüler, sowie einen so genannten Kleinen Katechismus für den Unterricht mit neun- oder zehnjährigen Kindern. Mit den im Lauf der Zeit nur wenig veränderten Katechismen des Petrus Canisius haben in Deutschland Priester und Lehrer im katholischen Religionsunterricht noch bis zum Jahre 1955 gearbeitet.

Der Barock:
Ein himmlisches Schauspiel für alle Sinne

Doch nicht nur auf Unterricht und Erziehung, Gottesdienst und Predigt haben die Jesuiten Jahrhunderte lang Einfluss genommen, sondern auch auf die Kunst und den Kirchenbau. Damals löste in der Malerei und Musik, in der Bildhauerkunst und der Architektur gerade der Barockstil das Kunstzeitalter der Renaissance ab. Die erste Kirche im Barockstil überhaupt war eine Jesuitenkirche: Il Gesù in Rom. Im darauf folgenden Jahrhundert entstanden dann nach den vielen berühmten Barockkirchen Roms auch im Süden Deutschlands und in Österreich großartige barocke Kirchenbauten: Melk an der Donau, der Salzburger Dom, die Theatinerkirche und die Johannes-Nepomuk-Kirche der Künstler- und Architektenbrüder Asam in München, der Dom zu Fulda, die Wieskirche in Oberbayern, das Kloster Banz am Main und die Wallfahrtskirche Vierzehnheiligen, die Balthasar Neumann, der bedeutendste Barockbaumeister Deutschlands, erbaut hat.

Es war ein langer Weg von der viereckigen schmucklosen Halle der frühchristlichen Basiliken zu den Gottesburgen der Romanik mit den Westtürmen und den dicken Schutzmauern, von den lang gestreckten Kirchen-Schiffen der gotischen Kathedralen zu den Kirchen des Barock. Die Barockkirchen waren häufig kreisrunde oder auch elliptische Zentralräume, die umlagert waren von weiteren halbrunden Seitenkapellen. Alle Mauern und Wände waren durchbrochen und ließen durch die (nicht far-

bigen) Fenster viel Licht herein, das von draußen zwischen den Säulen in die Mitte strahlte. Über den mächtigen Raum wölbte sich eine Kuppel mit

Der so genannte Gnadenaltar in der barocken Wallfahrtskirche Vierzehnheiligen.

Deckengemälden. Die Szenen waren perspektivisch so geschickt ausgeführt, dass sie den Blick anzogen und höher und höher bis zu dem gewaltig dargestellten Thron Gottes oder zu einer Dreifaltigkeitsgruppe oder einer in den Himmel erhobenen und gekrönten Muttergottes leiteten. Alles war mit echtem oder mit täuschend imitiertem Marmor ausgestattet, überall wo es möglich war, glänzte Gold. Waren die protestantischen Kirchen kahl und kühl und sollte kein Zierrat Herz und Auge ablenken vom Wort des Evangeliums und der Predigt, so sollten die katholischen barocken Kirchen ein berauschendes Schauspiel sein für die Augen bei Tages- und Kerzenlicht, ein Genuss für die Ohren, wenn die Orgel ertönte, für die Sin-

189

ne, wenn Weihrauchduft durch die gewaltigen runden Räume zog und wenn im »Hochamt« die Priester in ihren prächtigen Gewändern den Altarraum füllten. Auf dem Altar wurde bei festlichen Gelegenheiten »das Allerheiligste ausgesetzt«: die in der Messe zum Leib Christi gewordene Hostie, die man ehrfürchtig anbetete. Engelfiguren und Heiligenstatuen bevölkerten das Innere der Kirche bis in jede Nische hinein.

Nicht von ungefähr nennt man den Barock den Jesuiten-Stil. Die Jesuiten trugen den Baumeistern und Künstlern auf, das Innere der Kirchen so prachtvoll zu gestalten, dass die Frommen den Eindruck gewinnen

Kolumbus notierte bei seiner Landung auf der mittelamerikanischen Insel Guanahani: »Ich glaube, dass man sie leicht zum Christentum bekehren kann. Ich werde zur Rückreise sechs von ihnen mitnehmen, damit sie Spanisch sprechen lernen.«

mussten: So wie nicht der protestantische Kirchenbau, sondern der katholische fraglos der schönere ist, so ist auch nicht die evangelische Kirche Martin Luthers, sondern die katholische mit ihrem Oberhaupt, dem Papst, die bessere und überhaupt die einzig wahre.

Die Missionierung in Mittel- und Südamerika

Mit der Landung des Kolumbus auf den Karibischen Inseln Mittelamerikas (Kolumbus war ein Italiener aus Genua und fuhr unter spanischer Flagge) war die Seefahrt nach Amerika eröffnet. Zusammen mit den nach Heldentaten und Soldatenehre dürstenden spanischen Eroberern, die unvorstellbar große gestohlene Gold- und Silberschätze heim an ihren Königshof brachten, zusammen mit den geschäftstüchtigen Kaufleuten, die auf dem neuen Kontinent den größten Gewinn ihres Lebens machten – zusammen mit all diesen von Neugier und Besitzgier Ergriffenen fuhren auf den Hochseeschiffen katholische Missionare mit zu den fernen und fremden Völkern, um sie für das Christentum zu gewinnen. Der spanische König ordnete an, dass künftig mit jedem Schiff, das Spanien verließ, Priester und

Ordensleute mitfahren und in den eroberten Gebieten bleiben müssten. Und so sollten die Spanier in Mittel- und Südamerika vorgehen: »Ehe ihr die Götzendiener in jener Gegend mit dem wirklichen und weltlichen Schwert angreift, sollt ihr das geistliche Schwert gebrauchen, nämlich die Verkündigung des Evangeliums und der Ermahnungen und Forderungen der Kirche. Sollten die Heiden aber widerspenstig sein, dann sollt ihr sie mit Feuer und Schwert bekämpfen und einen grimmigen Krieg gegen sie führen.«

Die ersten Gebiete, die von den Spaniern erobert wurden, waren Mexiko und Peru; Mexiko wurde von Anfang an »Neu-Spanien« genannt,

Bild von de Bry, um 1590. Der letzte Indianer-Fürst auf Haiti wird von den spanischen Eroberern auf dem Scheiterhaufen verbrannt. Ein Pater mit einem Kreuz in der Hand sucht ihn im letzten Augenblick noch zu bekehren.

Peru erhielt den Titel eines spanischen »Vize-Königreichs«. Danach eroberten die Spanier – die damals die bedeutendste Großmacht in Europa waren – ganz Mittel- und ganz Südamerika, mit Ausnahme von Brasilien, das von Portugal in Besitz genommen wurde. Die Konquistadoren, wie man die Eroberer nennt, sahen es als selbstverständliche Aufgabe an, zugleich mit ihren militärischen und wirtschaftlichen Zielen die Ausbreitung des Christentums unter den besiegten Völkern zu betreiben. Sie bezogen sich auf die Worte, die in den Nachträgen zu den so genannten synoptischen Evangelien Jesus in den Mund gelegt werden, nach denen ihm »alle Gewalt gegeben ist im Himmel und auf Erden« und nach denen sie »hinausgehen und alle Völker zu Jüngern machen und taufen« sollten – notfalls, so hatte ihnen ja der König geraten, mit »Feuer und Schwert und einem grimmigen Krieg«.

Die spanischen Missionare, hauptsächlich Dominikaner und Franziskaner, arbeiteten stets mit den Konquistadoren Hand in Hand. Ein solches Hand-in-Hand-Arbeiten von Staatsgewalt und Kirche hatte schon in den Zeiten der Reichskirche in Europa nicht immer Gutes bewirkt; hier, bei den Völkern, die zum ersten Mal mit dem Christentum in Berührung kamen, wirkte es sich besonders schädlich aus. Alle Gewalt – so mussten sie es empfinden – die sie zu spüren bekamen, war zwar spanische, aber eben zugleich auch »christliche Gewalt«. Alle Brutalitäten, mit denen die spanischen Soldaten in ihren Kriegs- und Raubzügen vorgingen, sahen die Indianer als christliche Brutalitäten; wo die Spanier beim Geschäftemachen logen und betrogen, wo sie raubten und stahlen, wo sie mordeten und vergewaltigten, sagten die südamerikanischen Indianer zu einander: Das sind die christlichen Lügner und Betrüger, die christlichen Räuber und Diebe, die christlichen Mörder und Frauenschänder!

Um die Indios (wie die Indianer von den Spaniern genannt wurden) zu Christen zu machen, gingen die Konquistadoren von Anfang an so ähnlich vor, wie 800 Jahre vor ihnen die Benediktinermönche in Germanien ans Werk gegangen waren. Wie Bonifatius das hessische Kultsymbol der Donareiche gefällt und Karl der Große die den Sachsen heilige Irminsul zerstört hatte, so vernichteten jetzt die spanischen Krieger und ihre Missionare überall im Land die Totempfähle und Götterbilder, die Kultfiguren und die großartigen Tempel, die von den indianischen Stämmen der Inkas und Mayas erbaut worden waren, um ihnen zu zeigen, dass der Christengott der stärkere und letzten Endes der Einzige sei. Auf diese Herrschaftsdemonstration der Christen folgte dann die Unterwerfungsgeste der eingeschüchterten Indianer – die Taufe. Allein in Mexiko sollen auf diese, man darf wohl sagen: primitive Weise in den ersten 14 Jahren der Eroberungsgeschichte mehr als neun Millionen Indianer von franziskanischen Missionaren getauft worden sein. Wenn auch diese Zahl in den Erfolgsmeldungen, die von den Spaniern an ihren König geschickt wurden, sicher zu hoch angesetzt ist, so lässt sich doch daraus ablesen, dass Massenbekehrungen und Massentaufen allenthalben am Anfang der Missionierungsgeschichte in Amerika standen.

In den küstennahen Gebietsstreifen und in den Flusstälern ging die Christianisierung verhältnismäßig rasch vonstatten, weil das Land dort übersichtlich war und es Straßen und Wege gab. In den Städten kamen neue Christen auch dadurch hinzu, dass die Siedler, die aus Spanien herüberkamen, Indiofrauen heirateten, die sich vor der Trauung taufen lassen mussten, und deren Kinder dann die Zahl der mexikanischen und peruanischen Christen vermehrten. In den Gebirgen und den Urwaldregionen indessen schlugen die Anstrengungen der Missionare meistens fehl, weil dort nur wenige und verstreut wohnende Menschen lebten, die zudem sehr selbstbewusst waren und sich nur schwer für den christlichen Glauben gewinnen ließen. Nicht selten gingen auch die Missionare mit Zwang und Härte vor, wenn sich die Indianer nicht schnell genug dem Willen der Weißen beugten. Strenge und Gewalttätigkeit, Grausamkeit und Folter hielt man damals für gerechtfertigt: Wir tun den Indios letzten Endes nur

Gutes, sagten sie, wir wollen ihnen das Beste geben, was ein Mensch erwerben kann: das ewige Leben, das ewige Glück im Himmel, das ihnen durch die Taufe zukommt.

Die Orden richteten in den Gebieten, in denen sie missioniert hatten, allgemeine Schulen und spezielle Katechismus-Schulen ein, in denen die Neugetauften mit der Bibel vertraut gemacht und in der Lehre der katholischen Kirche unterrichtet wurden. Gegen Mitte und zu Ende des 16. Jahrhunderts, also etwa um die Zeit, als in Europa der Augsburger Religionsfriede geschlossen wurde und der Dreißigjährige Krieg vor der Tür stand, gab es im neu entdeckten Amerika 250 Klöster, davon allein 170 franziskanische in Mexiko. Im Jahre 1521 wurde im heutigen Pueblo das erste Bistum auf amerikanischem Boden errichtet; in ganz Mexiko gab es zu dieser Zeit 500 Pfarreien, die alle von abendländischen Ordensleuten geleitet wurden; einheimische Priester gab es erst viel später. In Lima, der Hauptstadt von Peru, wurde 1551 eine Universität gegründet, in der über Tausend junge Männer Theologie studieren konnten. Fast zu derselben Zeit, in der in Deutschland die Katechismen von Martin Luther und Petrus Canisius erschienen, wurden auch in Mexiko und in Peru große und kleine Katechismen für den Unterricht gedruckt.

Las Casas auf der Seite der Indianer

Nicht alle Christen, die aus Europa in die eroberten Gebiete herüberkamen, waren mit den Methoden der Konquistadoren einverstanden, mit denen sie die hemmungslose Ausbeutung des Landes und die rasche Missionierung der Indianer betrieben. Zu ihnen gehörte vor allen der in Sevilla geborene Dominikanermönch Bartolomé de las Casas. Er lebte seit 1502 im mittelamerikanischen Haiti und hatte die christlichen Eroberer von Anfang an als Despoten und Unterdrücker aus nächster Nähe kennen gelernt. Las Casas setzte sich zum Ziel, die Indianer gegen die europäischen Kolonisten zu schützen. Sieben Mal machte er die mehrere Wochen dauernde gefährliche Seereise über den Atlantik, um dem König in Madrid von den Gräueltaten der Herren in Übersee zu berichten. Der König erließ daraufhin Gesetze zum Verbot der Versklavung und gegen das Eintreiben zu hoher Steuern von den Indios. Er stattete las Casas mit Vollmachten aus, mit denen er die Erlasse des Königs zum Wohle der Indianer hätte verwirklichen können. Doch immer wieder scheiterte diese an den Beamten in Neu-Spanien, die missachteten, was las Casas ihnen im Namen des

Königs vortrug. Vor allem die Geschäftsleute und die zu Großgrundbesitzern gewordenen Siedler setzten dem rechtschaffenen Dominikanermönch (der inzwischen Bischof von Chiapas in Mexiko geworden war, aber schon bald sein Bischofsamt wieder abgab) sehr zu, weil sie um ihren Reichtum fürchteten, den sie vor allem dadurch erworben hatten, dass sie den Indianern das Land abgenommen hatten und sie als Sklaven für sich arbeiten ließen. Die reichen Konquistadoren waren schließlich stärker als er. Sie versperrten, wenn er kam, die Türen seiner Kathedrale und der Kirchen im Land und ließen die Leute auspeitschen, die zu ihm in den Gottesdienst kommen wollten. Las Casas musste sich schließlich, zweiundneunzig Jahre alt geworden, der Übermacht der Indianerschinder beugen und den Kampf aufgeben.

Las Casas machte in seinen letzten Lebensjahren einen schweren Fehler, den er auf seinem Sterbelager, zur besseren Einsicht gekommen, unter vielen Tränen bereute. Als er mit ansehen musste, dass viele seiner Indianer unter der harten Zwangsarbeit zerbrachen, für den Rest ihres Lebens krank wurden und frühzeitig starben, machte er den spanischen Behörden den Vorschlag, sie sollten doch an Stelle der kleinen, körperlich schwächlichen Indios starke, dunkelhäutige Männer aus Afrika nach Amerika holen. Mit dieser Empfehlung trieb er unbedacht den Sklaven-Handel voran: Von da an wurden Millionen schwarzer Menschen zum Teil mit Hinterlist, zum Teil mit Gewalt in Afrika eingefangen und nach Amerika verschleppt. Mit dem Verkauf von Sklaven machten die Portugiesen meistens noch gewinnbringendere Geschäfte als die Spanier mit der Ausplünderung der Gold- und Silberschätze Mexikos.

Missionierung in anderen Ländern und Erdteilen

Abgesehen von Brasilien, haben die Portugiesen kein amerikanisches Land erobert. Sie haben sich mehr – wegen des einträglichen Sklavenhandels und um sich Stützpunkte für ihre Ost-Asien-Seefahrt zu sichern – auf die Randländer Afrikas konzentriert, sind aber dann vor allem in die asiatischen Gebiete Indien, Japan, China und auf die Südseeinseln vorgedrungen. Die portugiesischen Missionare haben dabei, anders als die Spanier in Amerika, nicht Hand in Hand mit den Herrschenden ihres Mutterlandes gearbeitet. Sie haben nicht, wo sie hinkamen, die bodenständigen Religionen zerstört; sie sind vielmehr besonnen und mit weiser Zurückhaltung mit den einheimischen Bewohnern umgegangen. Zwei jesuitische

Missionare haben besonders nachhaltig in Indien gewirkt: Franz Xaver und Robert de Nobili. Sie lebten und kleideten sich fast wie die indischen Hindu-Mönche und redeten mit den Hindus in der alt-ehrwürdigen religiösen Sanskritsprache. Von Goa aus, wo ihr Zentrum war, zogen sie in wenigen Jahren fast durch das ganze große Indien und bewirkten, dass viele Inder den Christenglauben annahmen. Sie trieben den Leuten nicht ihre uralten hinduistischen Bräuche aus, sondern ließen sie in ihren Gewohnheiten und nach ihren alten Formen den christlichen Glauben leben. Die Hindus hatten vier »Veden« als Glaubensbücher: Lieder- und Spruch-

Der Kölner Jesuitenpater Schall von Bell, der sich mit seinen Methoden und seiner Lebensweise den Chinesen anpasste. Hier: Als Präsident des Observatoriums von China.

sammlungen, Gebete und Lebensregeln. Die Jesuiten sagten nicht, sie müssten die vier Veden abschaffen, sondern sie sollten das Neue Testament als fünften Veda hinzutun und krönend über die anderen vier stellen. Doch dann kam, nach ungefähr hundert Jahren, der Rückschlag. Papst Benedikt XIV. verbot die Akkomodation (die Anpassung des Christlichen an das Hinduistische) und zerstörte damit alle Mühen der Missionare. Heute spielt das Christentum in dem von 200 Millionen Indern bewohnten Kontinent zahlenmäßig nur noch eine geringfügige Rolle.

Ähnlich erging es der Mission in China. Der jesuitische Gelehrte Matteo Ricci war ein bedeutender Mathematiker und Sternkundiger und wurde der Freund und Ratgeber des Kaisers von China. Durch seine hohe Stellung bei Hofe konnte er in der führenden Oberschicht von Peking 2000 Männer für das Christentum gewinnen, die großen Einfluss auf die chinesische Bevölkerung hatten. Ein anderer Jesuit, der Kölner Adam Schall von Bell, erhielt sogar das hohe Ministeramt eines Mandarins und wurde vom Kaiser zum »Direktor des astronomischen Reichsdienstes« ernannt. Etwa um die Zeit, als in Deutschland der Westfälische Frieden geschlossen wurde, hatten Ricci und Schall von Bell schon fast 300 000 Chinesen getauft und in die katholische Kirche aufgenommen. Ähnlich wie in Indien, so gestatteten auch in China die Missionare den Neugetauften, ihre alten religiösen Bräuche weitgehend beizubehalten; sie mussten jedoch bei der Taufe bekennen, dass der, den sie bisher etwas unbestimmt und ungenau als den »Herrn des Himmels« verehrten, Jesus Christus sei, den Gott in die Welt gesandt habe, um die Menschen vom Bösen zu befreien und zum einen, wahren Gott zu führen. Papst Benedikt XIV., der in Indien die Akkomodation verworfen und verboten hatte, sprach nun auch im selben Jahre 1742 über China das endgültige Verbot der Anpassung aus. So kam auch in China durch die mangelnde Weitsicht des Papstes die Mission zum Erliegen. – Anders verlief die Missionierung in Japan. Dort hatten die Jesuiten noch unter Franz Xaver Fuß gefasst und waren anfangs mit der Verkündigung des Evangeliums gut voran gekommen. Dreißig Jahre lang. Dann begannen die Priester des Schintoismus, der japanischen Götter- und Geisterreligion, die immer zahlreicher werdenden japanischen Christen blutig zu verfolgen. Um alle Verbindungen nach Rom abzuschneiden, verweigerten sie künftig jedem Europäer die Einreise, es sei denn, er trat zum Zeichen der Ablehnung des Christentums bei der Landung ein am Boden liegendes Kruzifix mit Füßen.

Die Länder im nördlichen Afrika, die an das Mittelmeer grenzen, waren von alters her teilweise von so genannten Diaspora-Juden bewohnt. Durch getaufte Juden mochte im ersten Jahrhundert, kurz nach dem Tod des Jesus, wohl auch einiges aus der christlichen Botschaft in Ägypten und Libyen bekannt geworden sein. In Ägypten gab es im dritten und vierten Jahrhundert zahlreiche Wüstenmönche; um 400 war Augustinus Bischof von Hippo im heutigen Tunesien. Als im 7. Jahrhundert die arabischen Krieger über Nordafrika zur Meerenge von Gibraltar vorstießen, wurden alle diese Gebiete islamisch, das Christentum geriet in Vergessenheit. Zu Beginn der Neuzeit versuchten Jesuiten-, Dominikaner- und Kapuzinermissionare in Afrika aufs Neue zu missionieren, doch hatten sie kaum Erfolg, vor allem weil die Nachschubverbindungen zu Europa überaus schlecht waren. Erst im 19. Jahrhundert kamen wieder katholische und vermehrt auch evangelische Missionare nach Afrika. Dadurch, dass viele afrikanische Länder Kolonien der Europäer waren (und dadurch, dass die schnellen, geräumigen und sicheren Dampfschiffe erfunden worden waren), hatten auch die Afrikamissionare ständigen Rückhalt in ihren europäischen Heimatländern. Dabei waren die katholischen Missionare im Vorteil: Sie kamen aus geschichtsträchtigen katholischen Orden, die ausschließlich in den Zeiten vor der Reformation gegründet worden waren und die über Grundbesitz und Geld verfügten, mit dem sie die Arbeit ihrer Missionare großzügig unterstützen konnten. Hinzu kam, dass bei den Katholiken nach dem römischen Gesetzbuch »die gesamte Missionssorge einzig und allein Sache des Apostolischen Stuhls«, also des Papstes war. Damit war ein ständiger Überblick über die Situation des Christentums in allen Ländern der Welt möglich und eine straffe Organisation und Koordination der Missionstätigkeit aller Orden gegeben – Stützen, die der evangelischen Kirche fehlten. Die Missionsmethoden der evangelischen Prediger waren notgedrungen lockerer, freier und verschiedenartiger; meist war die evangelische Mission mehr von den Gemeinden an Ort und Stelle getragen, die schon früh von einheimischen evangelisch Gewordenen geleitet wurden. Im Erdteil Afrika, der heute ungefähr 680 Millionen Einwohner hat, zählt man über 200 Millionen Christen, denen 280 Millionen Muslime gegenüberstehen. An der Ostküste Afrikas leben viele Hindus. Die Übrigen gehören Stammes- oder Naturreligionen an.

Vor den Herausforderungen der modernen Welt

Bei den Olympischen Spielen, bei der Fußball-Weltmeisterschaft und beim Formel-I-Rennen hört man, wenn die Mannschaften begrüßt oder die Sieger geehrt werden, die Nationalhymnen, und die Fahnen der Länder, aus denen die Siegerinnen

Eugène Delacroix malte später (1830) wohl auch in Erinnerung an die Französische Revolution – sein berühmtes Bild: »Die Freiheit führt das Volk an«.

und Sieger kommen, werden gehisst. Handelt es sich um Frankreich, erklingt die »Marseillaise« und am Mast zieht man die »Trikolore« hoch.

Beides, National-fahne und Nationalhymne sind in den Jahren der Französischen Revolution entstanden. Am 14. Juli 1789 wurde von den Revolutionären die Bastille erstürmt, das alte Wahrzeichen der Königsherrschaft. General Marie-Joseph La Fayette trug die blau-rote Stadtfahne auf seinen Armen in den Königspalast, und der König musste den Sieg der Bürger anerkennen. Zum Zeichen nahm er die Fahne an und legte ein Band in der Königsfarbe Weiß auf die blau-rote Pariser Fahne. Von da an waren die drei Farben Blau-Weiß-Rot die Staatsfarben von Frankreich. Die Dreifarbenfahne heißt Trikolore, von lateinisch tres colores.

Und so ging es mit der Marseillaise: Die Marseillaise war zunächst nur ein wenig bedeutsames Soldatenlied, das ein Straßburger Offizier mit Namen Delisle gedichtet und vertont hatte. Als dann aber ein Bataillon Kriegsfreiwilliger von Marseille aus durchs Land marschiert war und im Juli 1772 zur Verstärkung der Revolutionsheere in Paris einzog, sangen die Marseiller Soldaten ihr Kriegslied, das zur Nationalhymne wurde, die Marseillaise: »Allons enfants de la Patrie, le jour de gloire est arrivé!«, zu Deutsch etwa: »Vorwärts, Kinder des Vaterlands, der Tag des Ruhms ist gekommen!« – Der revolutionäre General La Fayette übrigens war es, der in der französischen Nationalversammlung zum ersten Mal in Europa die »Erklärung der Menschenrechte« vorlas.

Das Jahrhundert der Aufklärung

In den Jahrhunderten des Umbruchs vom Mittelalter zur Neuzeit hatte jenseits der Alpen der Humanismus eine Rückbesinnungen auf das Menschenbild der Antike gebracht; zugleich feierten die Menschen der Renaissance in großer Pracht die Wiedergeburt des alten Künste der Griechen und Römer. Rund dreihundert Jahre danach, im achtzehnten Jahrhundert, kam diesseits der Alpen eine philosophische Richtung zum Zuge, die nicht rückwärts gewandt ins Altertum blickte, sondern vorwärts in die Welt der modernen Menschen, und die ungeahnte Folgen für das politische, gesellschaftliche und religiöse Leben haben sollte: die Aufklärung.

Jahrhunderte lang war »im Namen Gottes« Gewalt über die Menschen gekommen: Gewalt zwischen Juden und Christen, Gewalt gegen die orientalische Religion des Islam und gegen die neu entdeckten Indianervölker Amerikas. Ketzerverfolgungen hatten in Europa zahllose Menschen das Leben gekostet, Frauen wurden im Namen des Glaubens zu Hexen erklärt, gefoltert und getötet. Die Inquisition lieferte Andersdenkende an staatliche Gerichte zur Bestrafung aus; in den Hussiten- und Hugenottenkriegen, in den Albigenserfeldzügen, in den blutigen Auseinandersetzungen mit den Täufern und zuletzt noch im sinnlosen Dreißigjährigen Krieg hatten die Konfessionen durch ihr engstirniges, menschenunwürdiges Verhalten ihre Glaubwürdigkeit verspielt. Es wurde immer offenkundiger, dass der christliche Glaube nicht länger die tragende Grundlage des Zusammenlebens der Menschen bilden konnte. »Die ganze Religion ist ein einziger Betrug, ist eine Erfindung der Priester, sie muss unter staatliche Kontrolle gestellt werden«, forderte der englische Philosoph Thomas Hobbes, der früheste und zunächst auch wohl bedeutendste Vertreter der Aufklärung.

Einige Männer, die den Gedanken von Hobbes nahe standen und eine Religion ohne Bindung an Kirchen und Konfessionen wollten, gründeten im Jahre 1717 in London eine so genannte Loge (= eine »Bauhütte«) und gaben sich den Namen Freimaurer. Ihre Idee war, eine

199

Art von geistigem Dom der Menschheit zu bauen, in dessen Mauern Toleranz und Liebe das oberste Gebot war, in dem man frei von jeglichem Angst machenden Aberglauben lebt, frei auch vom (ihrer Meinung nach) törichten Wunderglauben der Bibel und frei von allem Über-Natürlichen, das in den Kirchen gelehrt wird. Nur drei Dinge gebe es, so sagten die Freimaurer, welche die einzig anerkennenswerte Religion ausmachten: Erstens den Glauben an Gott, den Schöpfer und Baumeister der Welt; zweitens die Vernunft im Denken und drittens die vorurteilsfreie Humanität im Handeln. – Die kleine Londoner Loge hat sich inzwi-

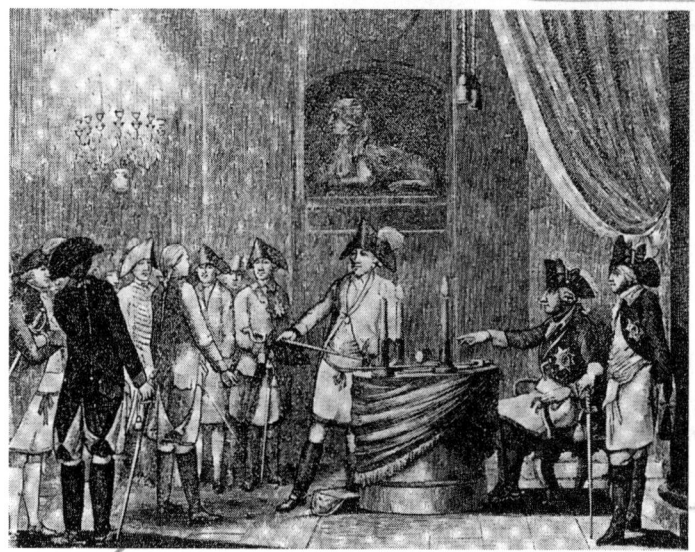

Zu den Freimaurern gehörten und gehören berühmte Männer. In Berlin war der Preußenkönig Friedrich der Große Vorsitzender einer Loge und führte den Titel »Meister vom Stuhl«. Der Stich zeigt ihn bei der Aufnahmefeier für ein neues (gräfliches) Mitglied.

schen zur weltweiten Bewegung der Freimaurerei mit mehr als 7 Millionen Mitgliedern entwickelt.

Von England aus kam die Aufklärung herüber auf das europäische Festland. Frankreich war das erste »aufgeklärte« Land, das die Hexenverfolgungen und die Ketzerprozesse abschaffte, das den Juden die gleichen Rechte wie den Nicht-Juden zuerkannte, das die Folter im Gerichtswesen verbot und die Diskriminierung Andersgläubiger unter Strafe stellte. Als religiöse Grund-Idee übernahmen französische Denker von England zunächst den »Deismus« (von Deus, Gott): Zum Glauben eines vernünftigen Menschen, so lehrten sie, gehöre nichts weiter als das Wissen um ein höchstes Wesen und die Annahme, dass es ein Leben nach dem Tode gebe, in welchem die Guten für das Gute belohnt und die Bösen für das Böse bestraft würden.

Wenige Jahre darauf ging der französischen Philosoph Jean-Jacques Rousseau noch über die Deisten hinaus: Man müsse nicht an ein höheres Wesen, an einen Gott glauben; die echte, wahre Religion sei einzig und allein die »Natur-Religion«, die in der Liebe zu allem Guten und Schönen bestehe. Um die Mitte des Jahrhunderts erschien dann in

200

Frankreich nach zwanzigjähriger Forschungsarbeit ein Lexikon der Künste und Wissenschaften in 35 großformatigen Bänden und in einer Auflage von 30000 Exemplaren, eine für die damalige Zeit noch nie da gewesene Zahl. Diese »Enzyklopädie« enthielt alles, was in der damals bekannten Welt jemals gedacht und gelehrt, entdeckt und erfunden worden war, und galt als eine Art Über-Bibel, die nicht auf der göttlichen Offenbarung fußte, sondern allein der menschlichen Vernunft zu verdanken war.

Schon immer hatten christliche Denker versucht, das Verhältnis von Glauben und Vernunft zu klären. Als Lösung hatten – zum Beispiel – die Scholastiker vorgeschlagen, die christliche Religion durch einen Blick auf andere Religionen und auf die philosophischen Schriften des Aristoteles zu bereichern. »Ich glaube, damit ich mit dem Verstand erkennen kann«, hieß der Satz, auf den sich die Scholastiker gern bezogen. Die Aufklärer aber gingen einen entscheidenden Schritt weiter. Ihre Überlegungen fingen nicht mehr mit dem Wort »Ich glaube« an; die christliche Religion und die Lehren anderer Religionen sollten nicht mehr am Anfang stehen und das eigene Denken von vornherein blockieren und gängeln. Man machte vielmehr allein die menschliche Vernunft zum Ausgangspunkt und zum Maßstab für die Richtigkeit aller Überlegungen. Wahr sei, so sagten sie, was man entweder durch konkrete Erfahrungen belegen könne, oder aber was man durch eigenständiges, unbeeinflusstes Denken gewonnen habe. Etwas zu glauben, was der menschlichen Vernunft widerspreche, sei eines Menschen unwürdig. »Ich denke – also bin ich« (= cogito, ergo sum) hieß der Satz, den der französische Philosoph René Descartes schon etwa hundert Jahre zuvor formuliert hatte und den sich die Aufklärer zu eigen machten: Dass der Mensch denken könne, dass er sich seines Verstandes ungehindert bediene – das mache seine Freiheit und seine Würde aus. Menschenunwürdig hingegen sei: Kritiklos für wahr zu halten, was irgendwann irgendjemand für wahr erklärt hat; kritiklos etwas zu glauben, weil »alle« es glauben, ohne zu prüfen, ob sich nicht vielleicht »alle« irren; widerspruchslos der staatlichen oder kirchlichen Obrigkeit zu gehorchen, wenn sie sich nicht in Frage stellen lässt, sondern ihre Autorität mit Macht aufrechterhält und durchsetzt.

Offenbarung   *Seele – Persönlichkeit*
Vernunft
Glaube   *Glaube*

201

1789: Der Beginn der Französischen Revolution

In Frankreich gab es von alters her mehrere Stände. Zu den beiden oberen Ständen gehörten die »Aristokraten« (die Adligen) und die hohen Geistlichen, die Erzbischöfe, Bischöfe und Prälaten. Den Dritten Stand bildeten die Bauern und die Bürger, zu denen auch die niederen Kleriker zählten, die einfachen Priester in den Städten und Dörfern. Die Angehörigen des Dritten Standes waren die einzigen im Lande, die Steuern bezahlen mussten, alle Höhergestellten waren vom Steuerzahlen befreit. Während die

Auf einer bissigen französischen Karikatur sieht man, wie der König und die beiden oberen Stände (Klerus und Adel) den »Dritten Stand« unterdrücken und erniedrigen.

Armen von Tag zu Tag ärmer wurden, gingen die adligen Großgrundbesitzer, allen voran aber das Königshaus und die vielen königlichen Hofleute immer verschwenderischer mit dem Steuergeld um, das die Finanzbeamten vom Volk eintrieben. König Ludwig XVI. ging täglich mit prunkvollem Gefolge auf die Jagd, selbst in den bedrückendsten Notzeiten. Für seine Gemahlin Marie Antoinette baute er ein Lustschloss, in dem sie sich nachts mit ihren Edelleuten vergnügte und immer erst am Morgen heimkam. Einmal wagten die Armen, sich bei Hofe zu beklagen: Sie seien nahe am Verhungern, weil die Steuerlasten sie erdrückten und weil zudem in jenem Jahr eine Dürre die Ernte vernichtet hätte, so dass man kaum noch Brot backen könne. Da antwortete die Königin: Wenn sie kein Brot haben, sollen sie doch Kuchen essen! Das gefühllose Verhalten und die Teilnahmslosigkeit des Königshauses verbitterte die Armen aufs höchste. Je mehr die aufklärerischen Gedanken unters Volk kamen, desto heftiger fingen die Menschen an, auf den Straßen von Paris über ihre missliche Lage und über die Ungerechtigkeit der traditionellen Ständeordnung zu diskutieren.

Inzwischen hatten die Regierenden das Land völlig heruntergewirtschaftet: die Staatskasse war leer. Der König wusste sich keinen anderen Rat, als eine große Versammlung einzuberufen; die Versammlung trug die Bezeichnung »die Generalstände«. Eine solche Versammlung hatte es seit 180 Jahren nicht mehr gegeben, 180 Jahre lang hatten die Könige das Volk links liegen gelassen und am Volk vorbei regiert. Am 5. Mai 1789 wurde die Sitzung der Generalstände zu Versailles bei Paris eröffnet. Die oberen Stände verfügten zusammen über 600 stimmberechtigte Abgeordnete; der Dritte Stand (zu dem zahlenmäßig die meisten Französinnen und Franzosen gehörten) hatte ebenfalls 600 Stimmen. Es herrschte also zu Beginn der Versammlung Stimmengleichheit zwischen den Reichen und den Armen. Bei der Abstimmung aber zeigte sich, dass 153 aufrechte Abgeordnete aus den oberen Ständen mit dem leidenden Volk sympathisiert und für den Dritten Stand gestimmt hatten, so dass die Armen die absolute Mehrheit erhielten. Da löste sich die Versammlung auf und alle, obere Stände und niedere Stände, bildeten eine »Nationalversammlung«, die von nun an die Rechte des französischen Königs an sich zog, im Namen und in der Vollmacht des Volkes eine Verfassung erarbeitete und Gesetze erließ, die den Geist der Aufklärung spüren ließen. Damit hatte begonnen, was man seitdem die Französische Revolution nennt.

Zwei Monate später – am 14. Juli 1789 – setzten revolutionäre Truppen mit dem »Sturm auf die Bastille«, auf das königliche Staatsgefängnis, ein Zeichen, dass die absolute Alleinherrschaft des Königs zu Ende war und die Herrschaft des Volkes begonnen hatte. Der Tag des Sturms auf die Bastille wurde zum Nationalfeiertag erklärt und mehrere Tage lang als eindrucksvolles und ausgelassenes Volksfest gefeiert. Auf dem größten Platz von Paris versammelten sich mehrere Hunderttausend begeisterte Menschen. Man hatte einen Altar des Vaterlands errichtet, an dem ein Bischof zusammen mit 360 Priestern, die breite blau-weiß-rote Schärpen um den Leib trugen, den Festgottesdienst hielt. Drei Tage und drei Nächte lang wurde in allen Straßen getanzt, Soldaten tanzten mit Hofdamen, vornehme Bürgerinnen mit Arbeitern, Mönche mit Straßenmädchen. Am letzten Tag öffnete man die Käfige von 3000 gefangenen Vögeln, an deren Füßen blau-weiß-rote Bänder hingen mit der Aufschrift »Wir sind frei – tut es uns nach!«

»Liberté – Egalité – Fraternité!«

In der Verfassung, die von der Nationalversammlung erarbeitet worden war, wurden die Menschenrechte zum Staatsgesetz erhoben. Alle Bürger Frankreichs wurden für »vor dem Gesetze gleich« erklärt, alle Standesunterschiede wurden abgeschafft. Niemand durfte mehr unterdrückt werden, der in seinen Reden, ja sogar in seinen Gedanken aus seinem Gewissen heraus anderer Meinung war als die Obrigkeit. Alle erhielten ein Recht auf

Eigentum – das war nicht selbstverständlich, weil bis dahin nur die Wenigen in den Oberen Ständen Eigentum besaßen und die von ihnen abhängigen Armen in ihrer Gewalt hielten. Die Rechte der Adligen und der Höheren Geistlichkeit wurden beschnitten, die Rechte der Armen wurden gestärkt. Das Privat- und Familienleben aller wurde durch die Verfassung unter den Schutz des Staates gestellt: Wem Unrecht geschah, durfte ungehindert vor Gericht gehen; wer angeklagt war, hatte das Recht auf einen Verteidiger und das Recht, das Gerichtsurteil in einem erneuten Prozess anzufechten. Die Folter und jede unmenschliche oder auch nur erniedrigende Behandlung oder Strafe wurden abgeschafft. Das Volk erhielt das Recht, in freien und geheimen Wahlen seine Regierung selbst zu bestimmen. Auch die Versammlungs- und Demonstrationsfreiheit gehörte zu den neuen Rechten. Jedem wurde zugestanden, die ihm richtig erscheinende Religion frei auszuüben. Alle diese völlig neuen Rechte der Bürger von Frankreich waren gemeint, wenn die Menschen sich auf den Plätzen von Paris versammelten oder wenn sie durch die Straßen der großen Städte Frankreichs vom Mittelmeer bis zum Atlantik, von den Alpen bis zu den Pyrenäen zogen und die Revolutionsparole »Liberté – Egalité – Fraternité!« ausriefen: »Freiheit – Gleichheit – Brüderlichkeit!«

Die ehemaligen Oberen Stände erschraken, wenn sie die Freiheitsrufe der Revolutionäre hörten. Sie versuchten, sich gegen die neue Verfassung zu wehren, sie abzulehnen und rückgängig zu machen, weil die Aristokraten um ihren Reichtum und ihr Wohlleben und weil die Kirche um ihre Macht und ihren Einfluss fürchete. Doch die Regierenden waren nicht gewillt, die alten Verhältnisse wieder herzustellen. Alle Männer in staatlichen Diensten und auch die höheren und niederen Kleriker mussten einen Treu-Eid auf die Verfassung leisten. Die meisten Priester begrüßten die neue Verfassung und leisteten den Verfassungseid. Sie fanden in vielen Forderungen die Forderungen des Evangeliums, vor allem der Bergpredigt, wieder: Auch Jesus hatte sich gegen falsche herkömmliche Auslegungen alter Gesetze gewandt, wenn sie nicht gut für den Menschen waren, sondern sich gegen die Bedürfnisse und Nöte der Menschen richteten; auch Jesus hatte Besitz und Reichtum verurteilt, wenn dadurch die Augen gegen die Armen verschlossen und das Herz gegen sie verhärtet wurde; auch in den Texten des Neuen Testaments war der Streit zwischen Oben und Unten, zwischen »guten Plätzen« und »schlechten Plätzen«, zwischen den Ersten und den Letzten, zwischen den Herrschenden und den Dienenden zu Gunsten der jeweils Schwächeren entschieden worden. Wurde in der Botschaft des Neuen Testaments nicht schon die Fraternité, die Liebe zum Nächsten, die Liebe zum Fremden und Obdachlosen, zum Hungernden und Dürstenden, zum Kranken und Gefangenen, ja sogar zum Feind an die erste Stelle aller Gebote und Gesetze gestellt und zum Maßstab des Gerichts am Jüngsten Tag gemacht? War nicht die demokratische Staatsform, die aus der Aufklärung und aus der Revolution hervorgehen konnte, eher im Sinne des christlichen Evangeliums als eine von reichen und mächtigen Aristokraten und von absolutistisch regierenden Königen ausgeübte, in der die »Kleinen« keine Rechte hatten?

Viele Priester aber sperrten sich gegen die demokratische Verfassung und leisteten den Eid nicht. Wer den Eid nicht leistete, Adlige wie Priester, wurde ohne Zögern festgenommen und vor Gericht gestellt. Trotz der gerade erst verkündigten Religions- und Gewissensfreiheit wurden 3600 Widerstand leistende Priester in Gefängnisse gesperrt oder auf die vor Südamerika liegende Sträflingsinsel Cayenne deportiert; fast 40000 flohen aus Frankreich. Wer offen gegen den Staat rebellierte, wurde zum Tod verurteilt. Auch an manch andere erklärten Menschenrechte hielten sich die Revolutionäre lange Zeit nicht: Als sie darangingen, den Staatshaushalt »gesund« zu machen, wurde nicht nur das Eigentum der Adligen beschlagnahmt und in die Staatskasse überführt, sondern auch der gesamte Besitz der Kirche wurde saekularisiert, das heißt: verweltlicht und zum Eigentum des Staates gemacht. Alle Männer- und Frauenorden wurden aufgelöst – mit Ausnahme derer, die sich um Alte und Kranke kümmerten. Die Mönche und Nonnen der übrigen Orden sollten, so entschieden die neuen Regierenden, ihre Zeit und ihre Kraft dem Wohl des Volkes zur Verfügung stellen, anstatt sich hinter den Klostermauern mit nutzlosem Zeug zu befassen, womit man das Beten und Gottesdienstfeiern, das Studieren und Schreiben von Büchern meinte. Die katholische Kirche – evangelische Christen waren seit der Hugenottenvernichtung kaum noch in Frankreich vertreten – wurde offiziell von Rom getrennt und rechtlich und organisatorisch den staatlichen Behörden unterstellt. Von den ehemals 135 Bistümern wurden 50 abgeschafft; was durch diese Maßnahme eingespart wurde und was man durch Verkauf der bischöflichen Güter gewann, ging an den Staat.

Obwohl sich die Revolution zunächst nicht ausdrücklich gegen die Kirche richtete, musste doch die Kirche außer den finanziellen Einbußen viel Gewalt und viele Übergriffe hinnehmen, weil sie grundsätzlich gegen den Fortschritt war, den die Revolutionäre in die Wege geleitet hatten.

Zwar wurde – angeregt durch die Lehren der Deisten und der Freimaurer – der Satz »Es gibt ein höchstes Wesen, das verehrt werden soll« in die auf den Menschenrechten fußende Verfassung aufgenommen; der christliche Glaube jedoch, der Glaube, dass Jesus der Sohn Gottes sei, und der ganze christliche Kult wurden verboten. Die kirchlichen Feiertage wurden aus dem Kalender gestrichen, der Sonntag wurde abgeschafft. Die Monate bekamen neue Namen, aus dem Jahr 1789 wurde das »Jahr 1«. Das Christentum wurde durch die so genannte Religion der Vernunft ersetzt, die nun als Staatsreligion galt. Einen großen Frevel begingen Fanatiker in der Kathedrale Notre Dame zu Paris: An die Stelle der Monstranz mit der geweihten Hostie, die von den angeblich vernunftlosen und wundergläubigen Priestern Leib Christi genannt wurde, setzten Bürger eine Schauspielerin auf den Altar und feierten sie mit Spottliedern auf den Aberglauben der Katholiken als »Göttin Vernunft«. Aus den zunächst friedlichen und schätzenswerten Anfängen in der Nationalversammlung wurde mehr und mehr eine wilde, unkontrollierte Raserei. Mit ihrem Kampflied »Los! Los! Hängt die Aristokraten an die Laternenmasten!« zogen zügellose Horden durchs Land, brannten Schlösser und Güter nieder, plünderten Klöster aus und richteten großen Schaden an Kirchen und Kathedralen an, indem sie den Heiligenfiguren und den Königsstatuen an den Portalen und Fassaden die Köpfe abschlugen.

Französische Revolutionsheere marschierten über die Grenzen, besetzten die Niederlande, Belgien, Luxemburg und die Schweiz und die linksrheinischen Gebiete Deutschlands und führten überall die neue Verfassung ein. Schließlich drangen sie nach Italien vor, eroberten Rom und ergriffen den Papst. Sie erpressten ihn und versprachen, ihn gegen die Übergabe von vatikanischen Schätzen im Wert von 35 Millionen Franken freizulassen. Auf 500 Wagen – so berichten Geschichtsschreiber aus jenen Tagen – wurden Möbel und Geräte, Teppiche, Skulpturen und Gemälde und andere Kunstgegenstände nach Paris geschafft. Trotzdem wurde der Papst nach Valence in Südfrankreich verschleppt, wo er mit 82 Jahren starb. Die Drangsalierung der Kirche ging erst im Jahre 1801 zu Ende, nachdem der Franzosenkaiser Napoleon zwischen Frankreich samt den eroberten Gebieten auf der einen und den römischen Päpsten auf der anderen Seite Kirchenverträge, so genannte Konkordate, abgeschlossen hatte, mit denen die Rechtsansprüche von Kirche und Staat geregelt wurden. Kurz darauf wurde auch angeordnet, dass die Kirche für allen verlorenen Besitz entschädigt wurde. In Deutschland bezahlt zum Beispiel der Staat als Wiedergutmachung bis heute die Gehälter der Priester und Theologieprofessoren und bezuschusst kirchliche Bildungs- und Sozialeinrichtungen.

Erst jetzt beginnt die Neuzeit

Etwa zeitgleich mit der Französischen Revolution ereignete sich – ohne Königsmord und kriegerischen Terror, ohne Fahnen und Hymnen und Siegesfeiern – eine noch tiefere Umwälzung, die unter dem Begriff Industrielle Revolution in die Geschichte eingegangen ist. Sie begann mit dem Jahr 1765, dem Jahr, in dem der Engländer James Watt die Dampfmaschine erfand. Nur wenige Jahre später wurde sie bereits in Fabriken, vor allem in Spinnereien und Webereien eingesetzt; maschinenbetriebene Förderanlagen in Steinkohle- und Erzbergwerken folgten. Das erste Dampf-Schiff fuhr auf dem Hudsonfluss in Nordamerika, kaum zehn Jahre danach überquerte ein Dampfer in 26 Tagen den Atlantik. 1814 erfand der Engländer Stephenson die Dampflokomotive, 1835 fuhr in Deutschland erstmals ein Eisenbahnzug, von Nürnberg nach Fürth. Die USA jenseits des Ozeans, sowie England, dann auch Deutschland und Frankreich wurden weltweit die ersten großen Industrienationen.

Die Entwicklung der Industrie ging im 19. Jahrhundert mit atemloser Schnelligkeit vorwärts. Knapp fünfzehn Jahre nach der ersten Eisenbahnversuchsfahrt waren in Deutschland bereits 6000 Kilometer Eisenbahnschienen verlegt worden; zehn Jahre später waren es doppelt so viele, schon 1880 waren die Schienenstränge länger als der Erdumfang, und am Ende des Jahrhunderts hatte das deutsche Eisenbahnnetz eine Länge von mehr als 50 000 Kilometern. Wie viele Arbeitstage mussten in dieser relativ kurzen Zeitspanne allein auf den Ausbau des Eisenbahnnetzes – mit all seinen Brücken und Tunnels, mit den aufragenden Dämmen und den tief in die Berge schneidenden Schluchten – verwendet werden, mit den Hunderten von Bahnhöfen und Rangierplätzen, mit den Nachladestationen für Kohle und Wasser! Tausende gingen in die Steinbrüche, um Felswände zu sprengen und Steinbrocken zu zertrümmern, die tonnenweise als Schotter für den Unterbau der Gleise benötigt wurden; Tausende auch arbeiteten in den Wäldern und Sägewerken, wo die vierkantigen Schwellen produziert wurden, auf denen die Schienen ruhten. Ganze Wälder waren bis zum Ende des Jahrhunderts in mehr als 100 Millionen Schwellen verwandelt worden.

Auch für den Straßen- und Wasserstraßenausbau wurden Arbeiter gebraucht, erst recht für die von Jahr zu Jahr steigende Förderung von Kohle und Erz zur Eisen- und Stahlerzeugung. Zuerst war noch bitter zu beklagen, dass viele Menschen ihren Arbeitsplatz verloren, die in ihrem Haus oder in einem kleinen Betrieb an ihren Spinnrädern und Webstühlen schafften und sich nun gegen die rentabler arbeitenden Fabriken mit ihren Dampfmaschinen nicht behaupten konnten. Doch dann begann schon bald die große Landflucht: Scharen von Männern gingen von ihren Familien fort, verließen ihre Dörfer und zogen in die Industriestädte. Doppeltes Elend brach herein: Den Familien, die zu Hause geblieben waren, fehlte oft Wochen und Monate lang der Mann und der Vater – die Männer lebten ohne Frauen in der Fremde in Massenquartieren, wo es Mietskasernen mit 400 Räumen für 2500 Menschen gab. Viele waren überhaupt nicht sesshaft, weil sie »auf Montage gingen«, das heißt auf wechselnden Arbeitsstellen eingesetzt

In ihren Grafiken zum Aufstand der Schlesischen Weber im Jahr 1844 zeigt Käthe Kollwitz Elend, Verzweiflung und Zorn der Armen in der Industriellen Revolution.

wurden und in Bauwagen, Hütten oder großen Zelten hausen mussten. Manche blieben für immer von ihren Familien fort und zogen in die großen Städte im Ruhrgebiet und im Saarland; wieder andere ließen ihre Familien nachkommen, damit auch noch ihre Frauen und Kinder mit arbeiten konnten.

Dass ein Werktag 14 bis 18 Arbeitsstunden hatte, war die Regel. Pausen gab es nicht; an ihren »Hund« gelehnt, den kleinen eisernen Kohlenwagen, aßen die Bergleute unter Tage hastig ihr Brot oder die Suppe, die sie in ihren Trägerkesselchen mitgebracht hatten. Die gefährlichen Arbeitsplätze, vor allem in den Erz- und Kohlezechen, waren oft unzureichend abgesichert; wer deswegen bei der Arbeit verunglückte oder wer vor Überanstrengung zusammenbrach, wurde weggetragen – und entlassen. Eine Unfall- oder Krankenversicherung gab es nicht, und schon gar keine Arbeitslosenversicherung. Die Stundenlöhne waren himmelschreiend gering; mancherorts bekamen die Arbeiter an Stelle ihres Lohns weitgehend kein bares Geld sondern Gutscheine, gegen die sie in den Geschäften (die den Bergwerks- und Fabrikbesitzern gehörten) das Nötigste zum Essen und Trinken und zum Anziehen eintauschen konnten – und, immer wieder: für Bier und Schnaps und Tabak. Nur wenige konnten regelmäßig einen kleinen Betrag an ihre Familien zu Hause schicken. Viele verloren ihr Geld an den arbeitsfreien Sonntagen beim nächtelangen Kartenspielen oder trugen es in eines der Bordelle, die überall da, wo es Arbeiter gab, wie Pilze aus dem Boden schossen. Diebstahl und Raub, Schlägereien und jede andere Art von Kriminalität, vor allem aber das ständige hilflose Gefühl des Ausgeliefertseins an die unnahbaren »Bosse« machte die aus ihrer Heimat herausgerissenen Männer seelisch und allzu oft auch körperlich zu Krüppeln. Wer vierzig Jahre alt war, war ein Wrack, zu nichts mehr zu gebrauchen.

Die Päpste und die Soziale Frage

Der Staat hätte die Arbeiter und ihre Familien schützen, sich für ihre Rechte stark machen und gegen die menschenverachtenden Ausbeutungsmethoden der Besitzenden einschreiten müssen. Aber vor dem Jahre 1870 gab es einen solchen Staat noch nicht, es gab noch nicht das alle Länder umfassende Deutsche Reich, durch dessen Regierung die Missstände mit Hilfe entsprechender Gesetze hätten behoben oder verkleinert werden können. Ein preußisches Gesetz hätte im Königreich Sachsen, ein bayerisches in der Rheinprovinz keine Gültigkeit gehabt. – Auch Parteien, die sich der Nöte der Arbeiter hätten annehmen können, gab es in der ersten Hälfte des 19. Jahrhunderts noch nicht; erst ab 1848 entstanden eine liberale und die sozialdemokratische Partei, eine katholische Zentrumspartei und, seit Kriegsende 1918, die kommunistische Partei Deutschlands. – Gewerkschaften, die heutzutage nicht mehr weg zu denken sind, weil sie sich nachhaltig um die Belange der Arbeitnehmer kümmern, kamen ebenfalls erst um die Mitte des Jahrhunderts auf; ihr Einfluss wuchs allerdings schnell und ständig. – Und die christlichen Kirchen? In den evangelischen Gebieten Deutschlands gab es die Regelung, dass die Landesherren gewöhnlich auch die Leitung der Kirche innehatten; sie gingen ganz in der Regierungs- und Verwaltungsarbeit ihrer Landeskirchen auf und arrangierten sich dabei oft eher mit den herrschenden denn mit den unterdrückten Menschen. In den katholischen Gebieten legten die Nachwehen der

Saekularisation immer noch die Arbeit der Kirche lahm, und die Streitereien um die Klärung der alten und neuen Besitzrechte waren aufreibend und dauerten endlos.

Von den Päpsten war bis in das späte 19. Jahrhundert in der Sozialen Frage keine Antwort und keine Hilfe zu erwarten. Ähnlich wie schon zur Zeit der Revolution der Papst nach Valence verschleppt wurde, so wurde auch sein Nachfolger fünf Jahre lang gefangen gehalten. – Auf ihn folgte ein Papst, der von Hause aus ein Graf war, auf einem Schloss bei Spoleto in Oberitalien geboren. Mit allen Mitteln ging er gegen die Errungenschaften der Aufklärung vor; jeden Schritt nach vorn bremste er. Statt die unselige Inquisition abzuschaffen, erneuerte und verstärkte er sie. Er billigte aufs neue die Judenverfolgungen, anstatt überall da, wo er Einfluss hatte, sie zu unterbinden. In Bologna ließ er durch einen besonders kaltblütigen seiner Kardinäle unter italienischen Freiheitskämpfern Massenhinrichtungen durchführen. Durch alle seine Maßnahmen, die sich gegen die gerade erst beginnende weltweite Achtung der Menschenrechte wandten, weckte er den Hass der Armen und Rechtlosen gegen die klerikale katholische Kirche. – Der nächste Papst drehte das Rad der Entwicklung noch weiter zurück: Er verdammte kirchliche und politische Versammlungen und Kongresse, weil er die Einflüsse des denkenden Volkes fürchtete. Die Erfindung der Eisenbahn verurteilte er: Die schnelle Fortbewegung durch Maschinen erachtete er als Teufelswerk. Er regierte im Vatikan durch Korruption, Nepotismus, Bestechung und andere undurchsichtige Machenschaften. Sozialreformen, von denen ihm erzählt wurde, lehnte er aufs schärfste ab, weil sie die von Gott gewollten Ordnungen durcheinander brächten.

Der Papst mit der längsten Regierungszeit in der ganzen Kirchengeschichte – nämlich von 1846 bis 1878 – war wiederum ein Graf: Pius IX., ein gütiger Mann und ein frommer Priester. Wie seine Vorgänger, musste auch er in politisch wirren Zeiten aus Rom fliehen und zwei Jahre im Exil leben. Die politischen und gesellschaftlichen Umwälzungen, die in der ersten Hälfte des 19. Jahrhunderts vor sich gegangen waren, wusste er bis kurz vor seinem Tod nicht richtig einzuschätzen. Nach seiner Meinung war an den Übeln in der Welt nur der Unglaube der Menschen schuld, nicht das menschenunwürdige Verhalten der Mächtigen gegenüber den Ohnmächtigen, die Überheblichkeit der Höheren über die Niederen, der Reichen über die Armen. Den entwurzelten Menschen in der Zeit der Industriellen Revolution wäre es ein hilfreiches Zeichen gewesen, wenn der Papst Stellung zur Sozialen Frage genommen hätte, wenn er zum Beispiel in einem Schreiben an die Arbeitgeber an das Wort im Neuen Testament erinnert hätte, wo es heißt, es sei eine himmelschreiende Sünde, wenn den Arbeitern nicht der ihnen zustehende gerechte Lohn ausbezahlt würde. Der Papst äußerte sich aber nur zu Glaubens-Fragen: Im Dezember 1854 verkündigte er feierlich ein Dogma darüber, dass »Maria ohne Erbsünde empfangen« worden sei, dass sie also nicht erst von ihrer Geburt an, sondern seit dem Augenblick ihrer Zeugung keinen Makel von Sünde an sich getragen hätte. Die frommen Katholiken freuten sich über die Verkündigung dieses Dogmas sehr; die Marienverehrung kam in den katholischen Gegenden zu hoher Blüte. Die meisten Protestanten aber, soweit ihnen das Dogma zu Ohren kam, schüttelten die Köpfe, und die aufklärerisch Gesonnenen nannten es – mitten im neunzehnten Jahrhundert – einen Anachronismus, was so viel wie eine Unzeitgemäßheit bedeutet. Zehn Jahre später verschickte der Papst an alle katholischen Bischöfe der Welt ein weiteres Schreiben, den so genannten Syllabus, in dem 80 »Zeit-Irrtümer« aufgeführt waren, vor denen sich die katholischen Christen zu hüten hätten. Unter anderem ging es im Syllabus um Themen, die durch die Aufklärung und die Französische Revolution aufgekommen waren: Um die Menschenrechte, die Gleichwertigkeit aller Religionen, die Freiheit des Einzelnen, die Gleichheit vor dem Gesetz und den Vorrang der menschlichen Vernunft vor der göttlichen Offenbarung. – Dann – im Jahre 1870 – kamen zum dritten Mal in der Amtszeit Pius' IX. Verlautbarungen aus Rom: Der Papst hatte ein Konzil einberufen (zum ersten Mal wieder, nachdem es 300 Jahre lang kein Konzil mehr gegeben hatte). Auf diesem »Ersten Vatikanischen Konzil« wurde erklärt: »Wenn der Papst als Amtsperson für die ganze Kirche endgültige Entscheidungen über eine Sache des Glaubens oder der Sitte trifft, so sind diese Entscheidungen aus sich unabänderlich, ohne dass sie der Zustimmung der Kirche bedürften.«

Das Unfehlbarkeitsdogma schuf große Verwirrung. Viele Bischöfe sahen ihre Mitsprache in der Kirche eingeschränkt, manche sprachen von einer willkürlichen Macht-Geste, andere von Selbst-Verherrlichung des Papstes. Bevor noch das Dogma unterschrieben war, reisten 55 Bischöfe vorzeitig aus Rom ab. Zahlreiche Theologieprofessoren forderten in Schriften und in Versammlungen die Katholiken auf, die neue Erklärung des Papstes abzulehnen und zum alten katholischen Glauben zurückzukehren; sie gründeten die Altkatholische Kirche. Die politische Führung in Deutschland, an ihrer Spitze Reichskanzler Otto von Bismarck, stellte sich auf die Seite der Altkatholiken. Es kam zu erbitterten Auseinandersetzungen, zum so genannten Kulturkampf, in dessen Verlauf der katholischen Kirche viele herkömmliche Rechte abgesprochen wurden. Die Jesuiten wurden aus Deutschland vertrieben; ähnlich wie zur Zeit der Revolution in Frankreich wurden fast alle Klöster geschlossen und die Ordensleute ausgewiesen; die finanziellen Zuwendungen, die den Katholiken nach der Säkularisation vertraglich zugesichert worden waren, wurden gesperrt, jedoch nicht für die Altkatholiken. Als der Papst 1878 starb, hatte er sich unter den traditionalistischen Katholiken viele Freunde erworben, unter den fortschrittsbewussteren anderen jedoch auch viele Feinde. Zornige Römer, die in ihm einen Gegner der italienischen Freiheitsbewegung sahen, trieben den Begräbniszug auseinander und hätten seinen Leichnam in den Tiber geworfen, wenn nicht mutige Studenten herbeigeeilt wären und die Aufrührer in die Flucht geschlagen hätten. – Nach Pius IX. wurde ein progressiverer Mann zum Papst gewählt, der sich Leo XIII. nannte. Unter ihm kam es zwischen dem Vatikan und den Verfechtern des Kulturkampfs in Deutschland zu Verträgen und zur Aussöhnung. Heute gibt es hierzulande etwa 25 000 Altkatholiken mit nach römischem Recht gültig geweihten Bischöfen und Priestern. Sie lehnen das Amt des Papstes ab und verwerfen alle Konzilien, die nach dem Ost-West-Schisma von 1054 stattgefunden haben, als ungültig.

Antwortversuche der Kirchen auf die Soziale Frage

In den Jahren der Industriellen Revolution haben sich da und dort christliche Männer aus eigenem Antrieb beherzt an Lösungen der Sozialen Frage herangemacht. In Deutschland waren es unter anderen der evangelische Theologe Wichern und der katholische Bischof Ketteler. Johann Hinrich Wichern, der selbst ein Kind armer Leute war, nahm sich in Hamburg verwaister und verwahrloster Jungen an, die in der Großstadt kein Zuhause mehr hatten, hungerten und bettelten und sich oft ihr Geld für ein Stück Brot durch Diebstahl oder Raub beschafften. Er gründete 1833 das »Rauhe Haus«, in dem er mit seinen Mitarbeitern für zweihundert Jungen sorgte, die allesamt aus Ehen kamen, die zerrüttet oder durch die Landflucht auseinander gebrochen waren. Im Rauhen Haus entstand durch die engagierte Arbeit Wicherns das, woraus sich später die staatliche Einrichtung der Fürsorge-Erziehung entwickelt hat. Er beschränkte aber seine Arbeit nicht auf die Jugendlichen im Haus, sondern kümmerte sich auch um Seeleute und Flussschiffer, die im Hamburger Hafen oft nicht wussten, wo sie bleiben konnten, und um Auswanderer, die übers Meer nach Amerika wollten oder enttäuscht und verzweifelt wieder zurückkamen. An vielen Orten sorgten er und seine Mitarbeiter dafür, dass »Arbeiterkolonien für die Brüder der Landstraße« eingerichtet wurden, für wandernde Handwerker oder für Arbeitslose, die eine Stelle suchten. Auf dem ersten Kirchentag in der Geschichte der evangelischen Kirche, der 1848 in Wittenberg stattfand, hielt Wichern eine eindrucksvolle lange Rede zur Sozialen Frage. Auf diese seine Rede hin wurden alle Einrichtungen und »Anstalten der christlichen Liebestätigkeit der evangelischen Kirche Deutschlands zu einem Centralausschuss der Inneren Mission« zusammengefasst. In den Satzungen der Inneren Mission (die seit 1957 »Diakonisches Werk« heißt), werden als Ziele genannt: Beseitigung der wirtschaftlichen Not und Besserung der sozialen Zustände. Im Grundgesetz der Evangelischen Kirche in Deutschland (EKD) gilt die Innere Mission noch heute als die »Zentrale Lebensäußerung der Kirche«. Die evangelische Kirche darf sich nur dann Kirche nennen, heißt es dort, wenn sie eine Kirche zum Dienst am Volke ist.

Der katholische Bischof Wilhelm Emmanuel Ketteler

Der evangelische Theologe Johann Hinrich Wichern

Zur selben Zeit wie Johann Hinrich Wichern lebte Wilhelm Emmanuel Freiherr von Ketteler. Obwohl er dem Adelsstand angehörte, stellte er sich auf die Seite der Arbeiter. Zusammen mit Ferdinand Lassalle (der die Vorläuferpartei der SPD gegründet hatte) trat er für die Rechte der Unterdrückten ein. Für den preußischen Staat war er ein unbequemer Mann und hatte manche Benachteiligung zu erleiden. Und weil er zu den Bischöfen gehörte, die sich in Rom gegen das päpstliche Unfehlbarkeitsdogma gewandt hatten, galt er auch bei der Kirche als unzuverlässig. Ketteler ließ sich nicht beirren. In seiner Schrift »Die Arbeiterfrage und das Christentum« machte er im Jahre 1864 warnend darauf aufmerksam, dass Deutschland dabei wäre, sich in zwei Hälften aufzuteilen: in »die reichen Börsenmänner und Spekulanten mit all ihren Schmarotzern – und in die Proletarier, die von ihnen abhängigen Arbeitermassen. Gibt es dagegen«, fragte er anklagend, »keine Mittel mehr? Müssen wir zusehen, wie unser deutsches Volk dieser neuen Sklaverei entgegen geht, von der man ihm vorschwindelt, das sei der Fortschritt, die Freiheit, die Aufklärung, die Glückseligkeit? Die Aufgabe der Christen ist es, die Welt mit der Kraft Gottes von dieser neuen Sklaverei zu befreien!«

Im Jahre 1848 – dem Jahr, als in Frankfurt zum ersten Mal eine große gemeinsame deutsche Nationalversammlung tagte – hielt Ketteler die in aller Welt berühmt gewordenen »sechs Adventspredigten«, in denen er seine früheren Mahnungen und Warnungen noch einmal aufgriff und verschärfte. »Mit bloßer karitativer Mildtätigkeit kann die Soziale Frage nicht gelöst werden«, sagte er von der Kanzel des Mainzer Doms herab. »Es genügt nicht, wenn wir einige Arme mehr speisen und kleiden als bisher. Wir müssen vielmehr die ungeheure Kluft, den tief eingewurzelten Hass zwischen Reichen und Armen ausgleichen.« Ähnlich wie Papst Pius IX. gesagt hatte, so sagte auch Ketteler, dass der Unglaube »die Quelle des ganzen Verderbens« sei. Mit Unglaube meinte er aber nicht, dass sich die Christen

Die Anstalten von Bethel (bei Bielefeld) wurden 1867 von evangelischen Christen gegründet und von Friedrich von Bodelschwingh geleitet. Er rief danach viele ähnliche Häuser ins Leben: für geistig und seelisch Kranke, für Körperbehinderte und auch für Obdachlose und Nichtsesshafte, in Westdeutschland und in Berlin.

zu wenig in der Bibel auskennten, dass sie nicht an das eine oder andere biblische Wunder und an das eine oder andere kirchliche Dogma glaubten, oder dass sie zu wenig beteten oder die Messe besuchten. Er erklärte seinen Zuhörern vielmehr, dass die »ungläubigen Christen« das Evangelium zwar hörten, aber nicht nach dem Evangelium lebten und handelten und erinnerte sie an das Wort aus einem Brief des Neuen Testaments: »Wenn einer die Güter dieser Welt besitzt und seinen Bruder Not leiden sieht und sein Herz vor ihm verschließt, wie kann der in der Liebe Gottes leben? Wer seinen Bruder, den er vor Augen hat, nicht liebt, der vermag Gott, den er nicht gesehen hat, erst recht nicht zu lieben. Wer Gott liebt, der muss seinen Bruder lieben.«

In den Jahren Wicherns und Kettelers gab es an vielen Orten immer mehr engagierte und verantwortungsbewusste Christen, die nicht länger warten wollten, bis sie »von oben« – von Rom oder von ihren evangelischen Landesherren – aufgefordert würden, sich der Sozialen Frage anzunehmen. Sie gründeten die ersten Privat-Genossenschaften, um zu erreichen, dass die Arbeiterinnen und Arbeiter an den riesigen Gewinnen der Fabrik- und Werksbesitzer, der Unternehmer und der Großindustriellen beteiligt würden. Es entstanden Arbeitnehmer-Vereine, die sich für die Rechte der Proletarier einsetzten, vor allem für kürzere tägliche Arbeitszeiten bei Frauen und Kindern. Um die Belange der Handwerker kümmerten sich Gesellen-Vereine, die von Adolf Kolping, einem Priester aus Kerpen gegründet wurden und bei seinem Tod bereits 25000 Mitglieder hatten. Im ganzen Land wurden von einzelnen verantwortungsbewussten Christen, von Wohltätigkeitsvereinen und von Ordensleuten Krankenhäuser errichtet: Im neunzehnten Jahrhundert waren es mehr als in allen früheren Jahrhunderten zusammen. Es entstanden Alten- und Pflegeheime, Einrichtungen für psychisch Kranke wie etwa die des Friedrich von Bodelschwingh in Bethel bei Bielefeld; Armenhäuser und Obdachlosenunterkünfte wurden gegründet, Säuglings- und Kinderheime, Waisenhäuser und Wohn- und Arbeitsstätten für allein erziehende Mütter, die man damals abschätzig gefallene Mädchen nannte. Noch vor Ende des Jahrhunderts rief, angeregt durch die vorbildliche Arbeit der Inneren Mission, auf katholische Seite Lorenz Werthmann den Deutschen Caritasverband ins Leben. Bereits nach wenigen Jahren betreuten Schwestern, Ordensbrüder und Laien mehr als die Hälfte aller deutschen Fürsorge-Einrichtungen, wozu besonders Krankenhäuser und Heil- und Pflegeanstalten für Behinderte zählten, Kindergärten, Bahnhofsmissionen und Pflegestationen in den katholischen Pfarreien. Heute hat die Caritas an die 700000 hauptamtliche und ehrenamtliche Mitarbeiterinnen und Mitarbeiter. Damals entstanden auch der Borromäusverein und der Deutsche Katecheten-Verein, zwei Vereine, die sich um eine zeitgemäße christliche Bildung in der Familie und in der Schule bemühten. In Kaiserswerth wurde die ordensähnliche evangelische Genossenschaft der Diakonissen gegründet, deren Schwestern heute 32 Mutterhäusern angehören. Heimatloser Jugendlicher nahm sich der Christliche Verein Junger Männer (CVJM) an; in Trier wurde die erste christliche Gewerkschaft gegründet. Die Christen hatten sich darauf besonnen, dass Kirche nicht allein und nicht in erster Linie Sache der Kirchen-Oberen ist, sondern vor allem Sache des Volkes. Doch so groß und ehrenwert auch alle diese Bemühungen waren: Die Kluft zwischen den Proletariern, den Arbeitern aus den unteren sozialen Schichten, und der Kirche, von der Bischof Ketteler in seinen Predigten gesprochen hatte, wurde unaufhaltsam breiter. Die Lehren des Sozialwissenschaftlers und Philosophen Karl Marx, nämlich die Verelendung der Massen durch Gewalt und Revolution zu verhindern, anstatt den Ausgebeuteten erst zu helfen, wenn es ihnen schlecht ging, stießen bei der Arbeiterklasse auf offene Ohren. Als im Jahre 1878 Graf Pocci von Carpentino Papst wurde – er nannte sich Leo XIII. – und als erstes katholisches Kirchenoberhaupt in einer Enzyklika deutliche und strenge Worte zwar auch an die Arbeiter, aber eben auch an die Arbeitgeber richtete, war es zu spät. Die Kirchen hatten die Arbeiter verloren, die längst ihr Heil bei anderen Heils-Anbietern suchten.

Die christlichen Kirchen heute

In der Norddeutschen Tiefebene liegt nahe beim Dortmund-Ems-Kanal, an der Bahn-
linie Köln-Hamburg und an der Autobahn 1 die Stadt Münster in Westfalen. Schon
vor dem Jahr 800 hatte auf Geheiß Karls des Großen dort der Missionar und spätere Bischof Liudger ein Mönchs-Kloster, ein »monasterium« erbaut, aus dem sich
nach und nach der heutige Dom entwickelte. Aus dem Wort monasterium leitet sich

> *Im Dom zu Münster, in dem Kardinal Graf von Galen*
> *seine mutigen Predigten gegen die Menschen verachtenden*
> *Maßnahmen Hitlers hielt, kann man sein Grab mit dem*
> *Wappenspruch »Nec laudibus – nec timore« besuchen.*

der Name Münster her. Bei einem Gang durch die
Stadt kann man in der Nähe des schönen Prinzi-
palmarktes drei Gebäude anschauen, die an drei
bedeutsame mittelalterliche und neuzeitliche kirchengeschichtliche Ereignisse erinnern: die Lambertikirche, das Rathaus und den Dom.

Am Turm der Lambertikirche sieht man die eisernen Käfige, die dort zur Abschreckung der Gläubigen aufgehängt wurden; in den Käfigen wurden die
Leichname der Wiedertäufer zur Schau gestellt, die
1535 in Münster hingerichtet worden waren. Die Käfige erinnern an die heute kaum noch vorstellbaren
Zeiten, in denen Glaubensstreitigkeiten zwischen
Christen voller Hass bis zum gewaltsamen Tod aus-
getragen wurden. – Auch das Rathaus von Münster erinnert an schlimme Jahre, die
jedoch in eben diesem Rathaus friedlich beendet wurden: Hier (und in Osnabrück)
wurde 1648 der »Westfälische Frieden« geschlossen, nachdem – bald religiös, bald
politisch begründet – der Dreißigjährige Krieg getobt und über Deutschland Leid und
Elend gebracht hat. – Im Dom schließlich kann man das Grab des Kardinals
Clemens August Graf von Galen besuchen. Er war von 1933 bis 1946 Bischof vor
Münster, in der Zeit, da in Deutschland Adolf Hitler mit unvorstellbarer Willkür regierte. Bischof von Galen trat als einer der ganz wenigen hohen Kirchenmänner gegen Hitler auf und hielt im Dom Predigten, in denen er die Schandtaten des Dikta-
tors öffentlich verurteilte. Seine Predigten wurden damals von mutigen Christen

aufgeschrieben, vervielfältigt und unter Lebensgefahr unters Volk gebracht. Auf der Grabplatte im Dom kann man den Bischofsspruch des »Löwen von Münster«, wie man ihn schon zu seinen Lebzeiten nannte, lesen: Nec laudibus – nec timore, das heißt: Weder durch Lobreden noch durch Angstmachen lasse ich mich beeinflussen.

Die Anfänge der Hitler-Diktatur

In der Regierungszeit des deutschen Kaisers Wilhelm II. brach im Jahre 1914 ein großer Krieg aus, den man – weil so viele Staaten einschließlich Japan und Amerika daran beteiligt waren – den »Ersten Weltkrieg« nennt. Der Krieg dauerte vier Jahre. Deutschland und die mit Deutschland Verbündeten verloren den Krieg; Frankreich, England, Russland und die USA waren die Sieger. Der Krieg endete mit Revolutionen: Der russische Zar wurde ermordet, der deutsche Kaiser floh nach Holland ins Exil. In Russland kamen marxistisch-sozialistische Kräfte an die Macht; in Deutschland entstand die Weimarer Republik: eine Demokratie, die von einem Parteien-Parlament regiert wurde. Eine der Parteien, die in der Zeit der Weimarer Republik gegründet wurden, war die National-Sozialistische-Deutsche-Arbeiter-Partei, die NSDAP. Ihr Vorsitzender war seit 1920 Adolf Hitler.

Als Hitler in München der NSDAP beitrat, bekam er die Mitgliedsnummer 7. Zehn Jahre später hatte seine Partei bereits die meisten Sitze im Deutschen Reichstag. Er wurde Reichskanzler und nannte sich Führer. Ein Führer! Das war genau das, was die Leute in der Not jener Tage suchten. Noch im selben Jahr der so genannten Machtergreifung von 1933 sagten bei einer Volksabstimmung 92 % aller wahlberechtigten Deutschen Ja zur Politik des Führers.

Hitler hatte, bevor er sich aktiv politisch betätigte, während einem Gefängnisaufenthalt ein Buch geschrieben, das »Mein Kampf« hieß. Darin stellte er seine politischen Ideen und Zukunftspläne ausführlich dar. Seitenlang ließ er sich über die so genannte Nordische Rasse aus: Groß gewachsene Männer und Frauen mit blonden Haaren und blauen Augen, edle Nachkommen der Germanen; aus ihnen wollte er den neuen deutschen Herrenmenschen heranzüchten, der dazu ausersehen war, alle anderen Menschen in Europa zu Sklaven zu machen. Polen und Russen bezeichnete er in seinem Buch als Untermenschen, in deren Land die deutschen Herrenmenschen eindringen müssten – »von Finnland bis zum Schwarzen Meer«, wie man später in einem Kampflied sang – um es zu erobern und in Besitz zu nehmen. Deutschland, so hieß Hitlers Parole, sei ein »Volk ohne Raum« und habe das Recht, sich im Osten gewaltsam Raum zu verschaffen. Noch tiefer als die Untermenschen standen in Hitlers Vorstellungen die Juden. Sie waren in seinen Augen überhaupt keine Menschen, sondern Ungeziefer, das er zertreten werde.

Hitlers »Machtergreifung« war am 30. Januar 1933. Von da an ging er Schritt für Schritt daran, seine Kampf-Pläne zu verwirklichen. Als erstes verbot er alle Parteien, sie waren ihm bei der raschen Durchführung seiner Pläne im Wege. Die Demokratie war abgeschafft. Gestützt von seiner uniformierten »braunen Truppe« und der Geheimen Staatspolizei, der allge-

Feldgottesdienst für die SA bei den Feiern am 1. Mai 1933.

genwärtigen GESTAPO, regierte er das Deutsche Reich, das er wie ein biblischer Prophet das »Tausendjährige Reich« nannte. Die Deutschen, jedenfalls die meisten, schauten zu ihm auf wie zu einem Erlöser.

Die Kirchen und der teuflische Tyrann

Nachdem die Parteien verboten und bald darauf auch alle Verbände und Vereine zerschlagen waren, blieben nur noch die christlichen Kirchen übrig, die es zu entmachten galt. Hitler ging geschickt ans Werk. Zunächst tat er so, als achte und respektiere er die Kirchen. »Die Rechte der Kirchen sollen nicht angetastet werden«, sagte er in seiner ersten Regierungserklärung. »Die Reichsregierung sieht im Christentum die unerschütterlichen Fundamente des sittlichen und moralischen Lebens unseres Volkes. Die Regierung legt größten Wert darauf, die freundschaftlichen Beziehungen zum Heiligen Stuhl (das heißt: zum Papst) weiter zu pflegen und auszugestalten.« Der damalige Papst, die deutschen Bischöfe und die meisten der deutschen Katholiken und mit ihnen eine große Zahl von Protestanten fielen auf die ehrlich klingenden Versprechungen Hitlers herein. Der Vorsitzende der Deutschen Bischofskonferenz erklärte, die Katholiken sollten auf die Worte Hitlers vertrauen. Niemand dürfe der Regierung zuwiderhandeln oder gar einen Umsturz planen: »Für die Katholischen Christen, denen die Stimme ihrer Kirche heilig ist, bedarf es auch im gegenwärtigen Zeitpunkt keiner besonderen Mahnung zur Treue gegenüber der rechtmäßigen Obrigkeit und zur gewissenhaften Erfüllung der staatsbürgerlichen Pflichten – unter grundsätzlicher Ablehnung allen rechtswidrigen oder umstürzlerischen Verhaltens.« Am deutlichsten formulierten es wohl die Bischöfe von Freiburg und München. »Ich stelle mich restlos hinter die neue Bewegung und das neue Reich«, sagte der Freiburger Erzbischof Gröber, und der Münchner Kardinal Faulhaber lobte den »staatsmännischere Weitblick Seiner Exzellenz, des Herrn Reichskanzlers« in einem Brief, der mit den Worten endete: »Uns kommt es aufrichtig aus der Seele: Gott erhalte unserem Volk unseren Reichskanzler!« Erst viel später erkannte Kardinal Faulhaber seinen Irrtum und bereute, was er gesagt hatte.

In der evangelischen Kirche gab es sowohl Ablehnung als auch Zustimmung. Ablehnend verhielt sich die Bekennende Kirche, eine 1934 in (Wuppertal-) Barmen gegründete Gruppe von evangelischen Christen, zu der von Anfang an die prominenten Pfarrer und Theologen Karl Barth, Martin Niemöller und Dietrich Bonhoeffer gehörten. Sie riefen die Christen zur Besinnung auf die Ursprünge und Grundlagen des Glaubens im Geiste Martin Luthers und zum Widerstand gegen die Übergriffe des Nationalsozialismus auf.

Im scharfen Gegensatz zur Bekennenden Kirche stand die Bewegung der Deutschen Christen, die schon um 1930 entstanden war. Die Deutschen Christen wollten alle 28 evangelische Landeskirchen zu einer einzigen Reichskirche vereinigen und wählten zu ihrem Vorsitzenden den Militärpfarrer Ludwig Müller, der sich Reichs-Bischof nannte. Die Deutschen Christen verhielten sich zustimmend zur nationalsozialistischen Politik. Während die Bekennende Kirche von Hitler nicht anerkannt, sondern vielmehr an ihrer Arbeit gehindert und, wo immer es möglich war, unterdrückt wurde, wurden die Deutschen Christen, die zahlenmäßig gegenüber der Bekennenden Kirche in der Mehrheit waren, von Hitler voll unterstützt. Dadurch hatte Hitler sowohl die Mehrheit der Katholiken mit ihren Bischöfen als auch einen großen Teil der Protestanten mit ihrem Reichsbischof hinter sich. Alles war für ihn wie ein Uhrwerk gelaufen, er konnte seine begonnene Arbeit fortsetzen, ohne von den Kirchen gehindert zu werden. Niemand wusste freilich damals, dass er in einem Gespräch mit seinen engsten Mitarbeitern gesagt hatte: »Nichts wird mich davon abhalten, mit Stumpf und Stiel, mit allen seinen Wurzeln das Christentum aus Deutschland auszurotten. Man ist entweder Christ oder Deutscher. Beides kann man nicht sein.«

Hitlers Vernichtungskampf gegen die Juden

Bevor Hitler daran gehen konnte, das Christentum »mit Stumpf und Stiel auszurotten«, begann er seinen systematischen Kampf gegen alle, deren Parteien er verboten hatte: gegen ehemalige Zentrumsleute, gegen Kommunisten und Sozialdemokraten und gegen andere Kritiker seines Regimes, darunter viele evangelische Pfarrer und katholische Priester. Sie wurden unter fadenscheinigen Gründen vor nationalsozialistisch eingeschworene Gerichte gestellt oder auch gleich ohne Urteil und Prozess in ein KZ, ein Konzentrationslager gesperrt. Auch solche, die dem Herrenmenschen-Ideal nicht entsprachen, endeten in den Lagern: Homosexuelle und Zigeuner, wie man damals die Sinti und Roma nannte; Zeugen Jehovas, die als Feiglinge galten, weil sie den Fahneneid und den Wehrdienst verweigerten; Freimaurer, die man in einem Atemzug mit Juden zu nennen pflegte.

Besonders infam war Hitlers Vorgehen gegen körperlich und geistig Behinderte. Sie wurden nicht in Lager, sondern in spezielle Anstalten gebracht und getötet. Dadurch sollte verhindert werden, dass das »lebensunwerte Leben« sich in Deutschland weiter vermehrte und verbreitete. Weit über hunderttausend Kranke fielen den Giftspritzen der so genannten Euthanasie-Ärzte zum Opfer. Spätestens von da an, stellenweise aber auch schon sofort nach 1933, sprachen hier und da mutige Christen gegen die menschenverachtende Politik des Hitler-Regimes. Auf evangelischer Seite war es vor allem der württembergische Landesbischof Theophil Wurm, der als Wortführer der evangelischen Opposition furchtlos, wenn auch leider ergebnislos gegen die Nationalsozialisten vorging. Es war Dietrich Bonhoeffer, der in einem Aufsatz über die Kirche und die Judenfrage die Machtpolitik Hitlers mit einem eisernen Rad verglich. »Wir dürfen nicht tatenlos zusehen und nur die Wunden derer verbinden, über die das Rad hinwegrollt. Wir müssen dem Rad in die Speichen fallen. Ein Christ, der nicht aufschreit gegen das Unrecht, das den Juden angetan wird, darf nicht sonntags in die Kirche gehen und im Gottesdienst beten und fromme Lieder singen.« Bonhoeffer wurde zusammen mit anderen, zu deren Widerstandsgruppe er gehörte, im KZ Flossenbürg am Galgen aufgehängt. Gegen den Bischof von Münster, Kardinal Clemens August Graf von Galen, der mutig und mit deutlichen Worten wider den Naziterror, vor allem wider die Euthanasiepraktiken predigte, wagte Hitler aus Furcht vor den deutschen Katholiken nichts zu unternehmen, obwohl seine Mitarbeiter ihn drängten, den Bischof umbringen zu lassen. – In München hatten sich die Geschwister Hans und Sophie Scholl mit katholischen und evangelischen Studenten und Professoren zu einem kleinen Widerstandskreis zusammengetan, der sich »Die Weiße Rose« nannte. Sie vervielfältigten Auszüge aus den Predigten des Kardinal von Galen und sorgten dafür, dass sie in möglichst viele deutsche Städte gebracht und dort verteilt wurden. Als sie eines Morgens in der Universität Flugblätter gegen Hitler und für die Freiheit verteilten, wurden sie gefasst und zum Tode durch das Beil verurteilt.

Noch weniger als die Behinderten passten die Juden in das Tausendjährige Reich der Herrenmenschen. In seinem Buch »Mein Kampf« hatte Hitler die Ausrottung der Juden in Deutschland unverhohlen angekündigt und dabei komplizenhaft die lange Tradition des Antisemitismus in den Kirchen herangezogen: »Ich tue nur«, schrieb er, »was die Kirche seit 1500 Jahren tut – allerdings gründlicher.« Um die Deutschen gegen die Juden zu stimmen, mobilisierte er alle Mittel der Propaganda. Er schickte so genannte Gau-Redner von Stadt zu Stadt, von Landkreis zu Landkreis, die in Wirtshaussälen oder auf Marktplätzen die Bevölkerung gegen die Juden aufhetzten. Sie lasen den Evangelischen vor, was Martin Luther vor einem halben Jahrhundert einmal über die Juden geschrieben hatte: Man solle »ihre Synagogen oder Schulen mit Feuer anstecken und was nicht brennen will, mit Erde überhäufen, und solches soll man tun unserm Herrn und der Christenheit zu Ehren, damit Gott sehe, dass wir Christen seien!« Wenn sie vor Katholiken sprachen, zitierten sie den Beschluss eines Konzils von 1179: »Christen, die sich erdreisten, mit Juden zusammenzuleben, sind dem Kirchenbann verfallen.« Oder aber sie hielten ihnen vor, was vor kurzem der Bischof von Linz gesagt hatte: »Es ist strenge Gewissenspflicht eines jeden Christen, das entartete Judentum zu bekämpfen!« Wenn die Leute solche Worte hörten, sagten sie zueinander: Wenn ein Konzil so gesprochen hat, und Martin Luther und ein Bischof in unseren Tagen, dann hat der Führer wohl Recht, dass er gegen die Juden ist. Da brauchen wir nicht zu zweifeln, da müssen wir mitmachen.

Auf Plakaten und Flugblättern, vor allem aber auf der Titelseite der SS-Zeitung »Der Stürmer« sah man unflätige Karikaturen von Juden mit dicken, krummen Nasen, fleischigen Lippen und entweder blöde oder hinterlistig dreinblickenden Maus-Augen. Ganze Schulklassen wurden in die Kinos geführt: Die Kinder mussten sich Filme anschauen, in denen es entweder um Blut-Schande ging, das hieß, dass ein unsympathischer Jude ein schönes unschuldiges Mädchen verführte, das schwanger wurde und in seiner Verzweiflung sich in einem Fluss ertränkte – oder um Wucher, und das hieß, dass ein jüdischer Geschäftsmann sich gnadenlos am geringen Besitz armer Leute bereicherte. Ab dem Jahre 1937 mussten sich alle Jüdinnen mit zusätzlichem Vornamen Sara, alle Juden Israel nennen; sie durften nicht aus dem Haus gehen ohne den gelben »Davidsstern«, den sie deutlich sichtbar auf ihrer Kleidung tragen mussten. Auf die Schaufenster jüdischer Geschäfte schrieben SA-Männer in großen weißen Kalkbuchstaben »Jude!«

In der Pogromnacht vom 9. November 1938 hatten die Ausschreitungen gegen die Juden in Deutschland ihren Höhepunkt. In zahlreichen Städten brannten die Synagogen.

und hängten ein Schild »Deutsche, kauft nicht bei Juden!« an die Ladentür. Orte, aus denen die letzten Juden ausgewandert oder hinausgeekelt worden waren, nannten sich stolz »judenfrei«, andere schrieben an den Ortseingang: »Juden sind hier unerwünscht!« Schon die kleinen Jungen und Mädchen, die in ihren Hitlerjugend-Uniformen hinter der Fahne mit dem Hakenkreuz hermarschierten, riefen »Juden raus!« und »Juda verrecke!« und sangen ihr Hasslied auf die Juden: »Wir schlagen euch sämtliche Knochen entzwei und räuchern die Tempel euch aus!«

Wie sie sangen, so kam es. Am 9. November 1938 wurden in den Städten und in allen Orten, in denen es jüdische Gemeinden gab, die Synagogen angezündet und »ausgeräuchert«. Es war seit Jahrhunderten der erste große offene Pogrom in Deutschland. Am Morgen nach der gewalterfüllten Nacht, an die bis heute unter dem Namen »Reichskristallnacht« erinnert wird, waren die Straßen übersät mit den Glasscherben jüdischer Häuser und Geschäfte und mit den Trümmerstücken aus jüdischen Synagogen. Von ganz wenigen Ausnahmen abgesehen, wo mutige Männer und Frauen Klage und Anklage erhoben, ließen die Deutschen geschehen, was geschah. Der Oberleutnant Wilhelm Krützfeld, Leiter eines Polizeireviers in Berlin, gehörte zu diesen couragierten rühmenswerten Männern: Er trat den marodierenden SA-Männern, die bereits Feuer in die Synagoge geworfen hatten, mit seiner Dienstwaffe entgegen, trieb sie hinaus und rief die Feuerwehr (obwohl ihm das ausdrücklich verboten worden war). So verhinderte er, dass die Synagoge ausgeplündert und vollends niedergebrannt wurde.

Und auch der Ruf »Juda verrecke!« und das Lied vom Entzweischlagen sämtlicher Knochen wurde zur unvorstellbar bitteren Wahrheit: Als Hitler 1939 Polen überfiel und den »Zweiten Weltkrieg« entfesselte, wurden nicht mehr nur in Deutschland die Juden drangsaliert und eingekerkert; in allen Ländern Europas, die Hitlers Armeen eroberten und besetzt hielten, wurden die jüdischen Männer, Frauen und Kinder zusammengetrieben, in Wäldern erschossen oder in Konzentrationslager gebracht. Dort mussten sie sich, so lange ihre Kräfte reichten, zu Tode arbeiten und zu Tode hungern, oder aber sie wurden in Vernichtungslager abtransportiert und in Gaskammern meuchlings ermordet. Niemand hatte damals den Mut, offen für die Juden einzutreten. Und auch nach dem verlorenen Krieg dauerte die Halbherzigkeit in der Judenfrage an. Die deutschen Politiker brauchten mehr als 55 Jahre, bis sie sich auf ein Mahnmal für die ermordeten Juden einigen konnten.

Ökumenische Bemühungen nach dem Zweiten Weltkrieg

Nach dem Ende des »Tausendjährigen Reiches«, das zwölf schreckliche Jahre gedauert hatte, wurden nicht nur die zerstörten Städte wieder aufgebaut; auch die beiden christlichen Kirchen machten neue Schritte in die Zukunft. Eine der dringendsten Aufgaben, vor die sich die Christen gestellt sahen, war die Wiedervereinigung der getrennten Kirchen, die Ökumene. Zaghafte Schritte zu ökumenischem Verhalten hatte es bereits im 19. Jahrhundert gegeben: Der CVJM und der Christliche Studentenweltbund von 1895 waren zum Beispiel Vereine, denen protestantische und katholische junge Christen gemeinsam angehörten. Eine erste große ökumenische Weltkirchenkonferenz fand dann 1910 im schottischen Edinburgh statt. Doch die Fronten zwischen den Protestanten und den Römisch-Katholischen waren seit der Verkündigung des Dogmas von der »Unfehlbarkeit des Papstes in Glaubens- und Sittenfragen« so sehr verhärtet, dass offizielle Gespräche zwischen römisch-katholischen und nicht römisch-katholischen Christen ganz und gar unmöglich schienen. Als kurz nach Ende des Zweiten Weltkriegs im Jahre 1948 in Amsterdam der »Ökumenische Rat der Kirchen« – vereinfacht Weltkirchenrat genannt – gegründet wurde, fanden große und kleine christliche Kirchen zueinander: die Orthodoxen und die Protestanten, die Anglikaner und die Altkatholiken, Hugenotten und Mormonen, Mennoniten und Adventisten, Baptisten und Zeugen Jehovas, Neuapostolische und Pfingstler, Herrnhuter und Quäker, die Heilsarmee und viele andere – insgesamt 250, die nach der Satzung des Weltkirchenrats »den Herrn Jesus Christus als Gott und Heiland bekennen und darum gemeinsam zu erfüllen trachten, wozu sie berufen sind«. Die römisch-katholische Kirche war – und ist bis heute – nicht dabei. Der damalige Papst Pius XII. verbot in einer Enzyklika allen Katholiken jegliche Unterstützung und Mitarbeit bei der ökumenischen Bewegung. »Es gibt nämlich keinen anderen Weg, die Vereinigung aller Christen herbeizuführen«, hieß es in der Enzyklika, »als den, die Rückkehr aller getrennten Brüder zur einen wahren Kirche Christi zu finden, von der sie sich ja einst unglückseligerweise getrennt haben.« So blieben also die 250 christlichen Kirchen im Weltrat unter sich. Die Frage von Trennung und Vereinigung sahen sie anders: Nicht die Evangelischen hätten sich unter Martin Luther von der »wahren Kirche Christi getrennt«, wie Pius XII. sagte, sondern sie hätten die wahre katholische und apostolische Kirche zum Guten reformiert und weitergeführt – während sich die Katholischen im Lauf der Zeit, vor allem im Lauf des Mittelalters, unter den römischen Päpsten immer weiter weg von dem entwickelt hätten, was man die wahre Kirche Christi nennen kann. Erst viel später führte Papst Johannes XXIII. eine Wende in der Haltung der katholischen Kirche zur ökumenischen Bewegung herbei. »Wir sind alle an der Trennung mit schuldig«, verkündete er 1959. »Wir wollen nicht aufzuzeigen versuchen, wer Recht oder Unrecht hatte. Die Verantwortung ist geteilt. Wir wollen nur sagen: Kommen wir zusammen! Machen wir der Spaltung ein Ende!«

Papst Johannes XXIII. öffnet das Fenster zur Welt

Im 20. Jahrhundert wurde die katholische Kirche von neun Päpsten geleitet. Am Anfang stand Leo XIII., dessen Amtszeit – oder Pontifikat, wie man auch sagt – vom alten Jahrhundert in das neue herüberreichte; der letzte war Johannes Paul II. Sein Pontifikat ging bis ins 21. Jahrhundert. Der bedeutendste unter den neun Päpsten war wohl Johannes XXIII.

Er regierte nur fünf Jahre, denn als man ihn zum Papst wählte, war er schon 77 Jahre alt. In diesen fünf kurzen Jahren ist es ihm gelungen, der Kirche auf dem Weg ihrer fast 2000-jährigen Geschichte eine neue Richtung zu geben. »Die Kirche muss danach trachten«, sagte er am Beginn seines Pontifikats, »mit herzhaftem Schwung ihr Leben und ihren Zusammenhalt wieder zu stärken, auch im Hinblick auf alle Gegebenheiten und Anforderungen des Tages. Wir dürfen uns nicht einzig und allein dafür interessieren, was alt ist, sondern wir wollen jetzt freudig und furchtlos ans Werk gehen, das unsere Zeit erfordert.« Die Aufforderung, im Hinblick auf »alle Gegebenheiten und Anforderungen des Tages ans Werk zu gehen, das unsere Zeit erfordert«, wurde als Leitsatz für die Erneuerung der katholischen Kirche in dem italienischen Wort aggiornamento zusammengefasst. In dem Wort aggiornamento steckt »giorno«, der Tag; man könnte sagen: Das Wort aggiornamento erinnert daran, dass die Kirche am heutigen Tag und alle Tage, dass sie jetzt und hier und immer den Menschen in der Welt zu dienen hat. – Das Anliegen und die Forderung, dass die Kirche Dienst zu tun hat an allen Menschen, findet sich in geradezu verwandten Worten im Evangelischen Erwachsenenkatechismus. Dort wird – noch offener – nicht »Kirche« gesagt, wenn man von denen spricht, die sich am Evangelium Jesu Christi orientieren, sondern »Christenheit«. Diese Christenheit ist nicht in der einen oder der anderen Kirche, nicht in der einen oder anderen Konfession festgelegt, sondern sie ist das eine Christentum in vielen Formen und Ausprägungen. Die Christen können darum »das Evangelium nicht in gleichbleibender und einförmiger Gestalt weitergeben. Sie müssen es in vielfältigen und immer neuen Formen verkündigen – auch wenn das die bestehende Einheit in Frage zu stellen droht.« – In einer Anekdote wird erzählt, jemand habe den Papst gefragt, wie denn die Kirche das aggiornamento vollziehen könnte. Da sei der Papst an das Fenster seines Arbeitszimmers getreten, habe es geöffnet und gesagt: »So denke ich mir das: Sich nicht einschließen. Sich der Welt öffnen. Frische Luft hereinlassen.«

Der siebenundsiebzigjährige Papst überraschte alle. Er stärkte das Ansehen und die Zuständigkeiten der Bischöfe, indem er sich selbst als Ersten unter Gleichen im Kollegium aller Bischöfe der Welt bezeichnete. Er sagte nie: »Ich und die Bischöfe«, sondern stets: »Wir Bischöfe«. Immer wieder rief er Bischöfe zur Übernahme von Arbeiten auf, mit denen bislang ausschließlich die in Rom ansässigen und angestellten Kardinäle befasst waren. Bei der Ernennung neuer Bischöfe waren von nun an regelmäßig Priester aller Hautfarben und aus allen Kontinenten dabei. Dem traditionellen europa-orientierten Denken machte er, was die Missionen betraf, ein Ende;

226

die früheren päpstlichen Verbote der »Akkomodation« hob er nahezu ohne Einschränkung auf. Gebete, durch die sich Juden gekränkt fühlen mussten, strich er aus dem katholischen Messbuch. Auf die Juden, unsere Brüder, und auf die getrennten Brüder und Schwestern in den Reformationskirchen und in den orthodoxen Ostkirchen dürfe man nicht, gleichsam in einem Turm sitzend, warten, sondern man müsse ihnen entgegengehen. Was die Ökumene betraf, so war bei Johannes XXIII. von Nicht-Mitmachen-Dürfen nicht mehr die Rede, im Gegenteil: Er richtete in Rom ein eigenes ständiges Sekretariat für die Einheit der Christen ein.

Das Zweite Vatikanische Konzil

»Vom Konzil erwarte ich einen frischen Luftzug. Es gilt, den kaiserlichen Staub, der sich seit Konstantin auf den Stuhl des heiligen Petrus abgesetzt hat, abzuschütteln« (Papst Johannes XXIII.).

Am 11. Oktober 1962 eröffnete Papst Johannes XXIII. im Petersdom zu Rom vor 2540 stimmberechtigten Konzilsvätern und zahlreichen Gästen aus anderen Religionen das II. Vatikanische Konzil. Jahrelang hatten Bischöfe, Ordensobere und Theologieprofessoren in der ganzen Welt an die 3000 Fragen gesammelt, von denen sie meinten, dass sie auf dem Konzil behandelt werden sollten. Aus diesem gewaltigen Fragenkatalog wurden 70 »Vorlagen« zusammengestellt, die schließlich nach intensiven Beratungen und zum Teil hitzigen Debatten der Väter in 16 »Konzilsdokumenten« festgeschrieben und veröffentlicht wurden.

In der ersten Vorlage, die vom Konzil beraten und verabschiedet wurde, ging es darum, wie die Gläubigen bewusster und aktiver am Gottesdienst teilnehmen könnten. Die Zeit, da der Priester am Altar in lateinischer Sprache die »Messe las«, während hinter ihm das Volk betete und fromme Lieder sang, sollte dem Ende zugehen: Es wurde gestattet, dass der Priester dem Volk zugewandt und gemeinsam mit dem Volk die Messe in der Muttersprache halten durfte. Auch der alte Wunsch vieler Reformatoren, den schon vor Luther die Böhmischen Brüder und der Märtyrer Jan Hus zu ihrer Zeit an den Papst gerichtet hatten, nämlich dass nicht nur die Kleriker, sondern auch die Laien die Kommunion unter den beiden Gestalten von Brot und Wein empfangen dürften, wurde erfüllt – freilich mit der Einschränkung, dass ein außergewöhnlicher Anlass vorliegen müsse, zum Beispiel eine Trauung.

In einer weiteren Vorlage berieten die Väter über die Kirche. Inzwischen war Papst Johannes XXIII. gestorben, und das Konzil wurde durch seinen Nachfolger Paul VI. fortgesetzt. Hatte Johannes eben noch die Stellung des Bischofskollegiums gestärkt und als gleichrangig dem Papst zur Seite gestellt, so hob Paul VI. die neue Hochschätzung der Bischöfe zwar nicht auf, schickte aber dem Konzilsbeschluss ein »erklärendes Vorwort« voran, in dem er eben doch wieder die überragende Stellung des Papstes ausdrücklich betonte. Dieser Eingriff Pauls VI. in die Arbeit des Konzils sorgte für große Verstimmung bei den fortschrittlich Denkenden.

Die längste Zeit nahmen die Beratungen, die Debatten und der Streit zur Erklärung über die Religionsfreiheit in Anspruch. Schon im Jahrhundert der Aufklärung, besonders aber seit der Französischen Revolution, als in Europa erstmals die allgemeinen Menschenrechte verkündet und eingefordert wurden, tat sich die katholische Kirche schwer, das Recht auf Religions- und Gewissensfreiheit anzuerkennen. Auch jetzt, auf dem II. Vatikanischen Konzil, fürchteten viele Väter, die katholische Kirche könne an Rang und Wertschätzung verlieren: Wenn das Konzil sich für Religionsfreiheit ausspräche – hieße das dann nicht, jeder Mensch könne nach seinem freien Willen entscheiden, welche Religion und welche Kirche er für die richtige halte, da ja alle Religionen, Konfessionen und Kirchen den gleichen Wert besäßen – wo doch die katholische Kirche angeblich die einzig wahre sei? Waren also die unter Druck und Furcht erfolgten Massentaufen etwa der Sachsen zur Zeit Karls des Großen ein Verstoß gegen die menschliche Freiheit gewesen? Waren die Zwangsbekehrungen bei der Eroberung Mittel- und Südamerikas durch die christlichen Spanier nicht ein himmelschreiendes Unrecht? War im Augsburger Religionsfrieden, nach dem die Untertanen die Konfession ihres Landesherren annehmen – oder das Land verlassen – mussten, nicht das Recht auf freie Religionsausübung auf den Kopf gestellt? Mussten sich die Christen nicht der Kreuzzüge schämen, in denen sie Muslime zu Tausenden umbrachten, weil sie »andersgläubige Hunde« waren? Durfte man Jahrhunderte lang mit dem Werkzeug der Inquisition Ketzer verfolgen und umbringen? Durch die Bejahung der Religionsfreiheit würde die Kirche womöglich dastehen, als habe sie im Lauf ihrer Geschichte mehr falsch als richtig gemacht! – Andere Konzilsväter fürchteten, durch die Erklärung der Religionsfreiheit würde die Missionsarbeit gefährdet: Wenn in jeder Religion ähnlich wie im Christentum die göttliche Wahrheit zu finden sei – warum sollten Missionare denn noch Menschen, die an Götter und Geister glaubten, oder Muslime, Hindus und Buddhisten bekehren, taufen und zu Christen machen? Die Entscheidung für oder gegen Religions- und Gewissensfreiheit fiel schwer und erforderte von den Vätern mehr Mut und Verantwortung als jede andere Konzilsvorlage. Als dann doch nach hartem Ringen schließlich die Vorlage mit 2308 Ja-Stimmen (gegen nur 70 Nein-Stimmen) angenommen wurde, war ein anderthalbtausend Jahre alter Zustand beendet. Es war »frische Luft hereingelassen« worden für eine moderne, zeit- und menschengerechte Einstellung zum »Recht auf religiöse Freiheit, die in Wahrheit auf der Würde der menschlichen Person begründet ist«, wie es an einer Stelle im Konzilstext heißt.

In dem Dekret über den Ökumenismus, das den Aussagen über die Religionsfreiheit inhaltlich nahe steht, wurden die Katholiken erstmals ausdrücklich aufgefordert, sich von jetzt an »mit Eifer an ökumenischen Gesprächen zu beteiligen«. Ein besonderes Signal des Friedens- und Vereinigungswillens ging an die orthodoxe Ostkirche: Der Papst kündigte an, er werde nach Jerusalem reisen, um auf Golgota zusammen mit dem Patriarchen Athenagoras zu beten. Während das Konzil noch tagte – man könnte sagen: als Bestandteil des Konzils – fand diese Versöhnungsreise denn auch wirklich statt. Kurz darauf tat Paul VI. ein weiteres: Er erstattete das Haupt des Apostels Andreas, das die Kreuzfahrer 750 Jahre zuvor aus Konstantinopel geraubt hatten und das die Orthodoxen als Reliquie hoch verehren, feierlich der griechisch-orthodoxen Kirche zurück. – In dem Dekret über das Verhältnis der Kirche zu nichtchristlichen Religionen verurteilte das Konzil, dass die Kirche lange Zeit selbst geglaubt und den Glauben verbreitet habe, das jüdische Volk trage die Schuld am Tode Jesu. Deutlich wurde ausgesprochen, dass das Christentum aus dem Judentum erwachsen sei und die Christen mit den Juden gemeinsame Wurzeln des

Glaubens hätten. Es wurde zugegeben und »beklagt«, dass auch im Namen der Kirche durch die Jahrhunderte Juden »verfolgt, gequält und ermordet« worden seien. – Im selben Dekret fand man neben solchen Feststellungen und Eingeständnissen, wie man sie schon vor dem Konzil aus dem Mund von Johannes XXIII. kannte, auch ganz neue Aussagen über nichtjüdische und nicht-christliche Religionen: »Mit Hochachtung« wird vom Islam gesprochen, mit dem die Christen »die Anbetung des alleinigen Gottes, die Verehrung der Propheten und Jesu sowie seiner Mutter Maria« gemeinsam haben; auch die »Handlungs- und Lebensweise« im Hinduismus und Buddhismus nennt das Konzil »Ausdruck jener Wahrheit, die alle Menschen erleuchtet«.

Die Kirchen in der Welt von heute

Heute ist die Zahl der christlich orientierten Kirchen, Konfessionen und Glaubensgemeinschaften (von denen einige zu recht oder zu unrecht mit dem abwertend klingenden Wort »Sekte« bezeichnet werden) im Weltkirchenrat auf über 300 angestiegen. Was manche dieser christlichen Gruppen und was manche Einzelne innerhalb solcher christlichen Gruppen im Geist des Evangeliums für Gerechtigkeit, Menschenwürde und Frieden getan haben und tun, bleibt oft im Verborgenen – nicht zuletzt deshalb, weil sie im Vergleich mit den Aktivitäten der großen Kirchen in den Medien kaum vorkommen. Eine der wenigen Ausnahmen ist Dr. Martin Luther King: Was er getan hat, lernen weltweit die Kinder in der Schule; dass sein Vater und seine beiden Großväter Pfarrer in evangelischen Baptistengemeinden gewesen sind und dass er selbst Doktor der Philosophie und Pastor in zwei US-Amerikanischen Städten war, wissen dagegen nur wenige.

Martin Luther King hatte in den USA von Kind an erfahren müssen, was es heißt, unter Weißen ein Farbiger zu sein, ein »Nigger«, wie er oft zu hören bekam. Eines Tages, als er 26 Jahre alt und Pfarrer in Montgomery war, wurde eine schwarze Arbeiterin verhaftet, weil sie im Bus einem Weißen ihren Sitzplatz nicht überlassen hatte. Da versammelten sich 50 Männer in der Kirche. Pastor King las ihnen vor, was in der Amerikanischen Unabhängigkeitserklärung steht: »Alle Menschen sind gleich geschaffen und von ihrem Schöpfer mit den gleichen Rechten ausgestattet, die ihnen niemand nehmen darf, darunter das Recht auf Leben, das Recht auf Freiheit, das Recht auf Glück.« Die Männer beschlossen, gegen die bevorstehende Verurteilung der Arbeiterin zu protestieren, indem sie die städtischen Busse nicht mehr benutzten, was für die Stadt ein erheblicher finanzieller Verlust war. An dem Bus-Protest nahmen 5000 Schwarze teil. Als King sah, dass einige von ihnen Waffen bei sich trugen, beschwor er sie: »Die Waffen weg! Jesus hat gesagt: Liebet eure Feinde – und das wollen wir tun!« Die Schwarzen hörten auf ihn. Bald weiteten sich ihre gewaltfreien Proteste über das ganze Land aus. Durch das Fernsehen erfuhr die Welt von dem Kampf der Farbigen für »das Recht auf Leben, Freiheit und Glück«. Obwohl die folgenden Protestmärsche immer wieder von der Polizei brutal niedergeschlagen wurden, obwohl King mit Steinen beworfen und ins Gefängnis gesperrt und obwohl seine Frau Coretta Morddrohungen erhielt, erreichte er schließlich, dass die Regierung begann, die ungerechten Rassengesetze zu lockern. »Ich habe einen Traum«, rief Martin Luther King bei einem der Protestmärsche aus, »dass meine vier kleinen Kinder eines Tages in einer Nation leben werden, in der man sie nicht nach ihrer Hautfarbe, sondern nach ihrem Charakter beurteilen wird. Ich habe einen Traum, dass sich kleine schwarze Jungen und Mädchen die Hände reichen mit kleinen weißen Jungen und weißen Mädchen, als Brüder und Schwestern. Das ist mein Traum.« Am 4. April 1968 wurde Pastor King von einem bezahlten Killer erschossen.

Papst Johannes Paul II.

Durch das Zweite Vatikanische Konzil war tatsächlich viel neues Leben in das katholische Kirchenvolk gekommen. Neben den Priestern übernahmen immer mehr Nicht-Priester, Laien genannt, Verantwortung in kirchlichen Gremien und Organisationen: von den örtlichen Pfarrgemeinderäten angefangen, wo sie sich mit dem Priester die Arbeit teilten, bis hinauf in leitende Stellungen in den Diözesen. Viele kirchliche Arbeitsbereiche konnten nun endlich auch von Frauen wahrgenommen werden, die bis dahin üblicherweise »in der Kirche zu schweigen hatten«. Die oberste Kirchenführung in Rom zeigte aber immer wieder unmissverständlich auf, wo die Grenze war: Das priesterliche Amt eines Diakons, eines Pfarrers und eines Bischofs kam nach wie vor für Frauen nicht in Frage – im Gegensatz zu den evangelischen Kirchen, in denen es ganz selbstverständlich den Beruf der Pfarrerin und der Bischöfin gibt. Die einflussreichsten Berater des Papstes hätten am liebsten das Konzil ungeschehen gemacht; sie sahen im aggiornamento eine gefährliche Anpassung an die Welt. Ihr stellten sie die Treue zur Tradition gegenüber, die Unantastbarkeit der alten

Glaubensfundamente. Die »Fundamentalisten« sorgten dafür, dass nach dem Konzil schon bald wieder Rechtsfragen und Lehrformulierungen vor den Lebensfragen der Menschen in den Vordergrund traten. Sie bewirkten zum Beispiel, dass Papst Johannes Paul II. als eine der ersten Maßnahmen seines 1978 begonnenen Pontifikats die Paragraphen des Katholischen Kirchenrechts neu bearbeiten ließ. In einem Rundschreiben schärfte er den Laien ein, dass sie zwar sehr wohl zur Heiligkeit und zum Dienst am Menschen berufen seien, sich aber stets unter die Autorität der Bischöfe und des Papstes zu stellen hätten. Er wiederholte und bekräftigte die bestehenden

Am 27. Oktober 1986 versammelten sich Vertreter vieler christlicher Kirchen in Assisi, der Stadt des heiligen Franziskus, mit Papst Johannes Paul II. zum gemeinsamen Friedensgebet.

Vorschriften zur Empfängnisverhütung und Geburtenkontrolle, zu Abtreibung und Homosexualität und zum Ausschluss der wieder verheirateten Geschiedenen von der Kommunion. Viele Christen waren enttäuscht und kehrten Papst und Kirche den Rücken, weil die unaufgeklärte und weltfremde Behandlung dieser Themen eine Zeit lang geradezu der Mittelpunkt aller päpstlichen Verkündigung zu sein schien.

Hoffnungsvollere Akzente setzte der Papst immerhin bei der Ökumene und bei den vielseitigen Bemühungen um die Annäherung an die nichtchristlichen Religionen, zu der Johannes XXIII. und das Konzil den Anstoß gegeben hatten. Als sich 1983 zum 500. Mal der Geburtstag Martin Luthers jährte, betrat Johannes Paul II. als erster Papst nach all diesen 500 Jahren eine evangelische Kirche, die Christuskirche in Rom; dort hielt er eine Predigt, in der er Martin Luther als »einen tief gläubigen Christen« würdigte. Kurz darauf stattete er dem Weltkirchenrat einen mehrtägigen Besuch ab. 1986 und 2002 lud er alle Religionen nach Assisi zum Friedensgebet in die Kirche des heiligen Franziskus ein. Er begrüßte, dass katholische und evangelische Bischöfe zu einer ökumenischen Kirchenversammlung in Graz aufriefen; Abgeordnete aus Rom durften erstmals an einer gemeinsamen Weltkirchenkonferenz in Santiago de Compostela teilnehmen. Trotz solcher wohlmeinenden Beiträge zur Klimaverbesserung blieb Rom aber weiterhin bei der Weigerung, Mitglied des Weltkirchenrats zu werden mit der Begründung, dass »die Kirche Christi allein in der katholischen Kirche verwirklicht« sei. Die einfachen Gläubigen in den beiden Kirchen haben für solche nur schwer durchschaubare Entscheidungen nur wenig Verständnis; viele schütteln den Kopf darüber, dass angesichts des Hungers in der Welt sich die Kirchen nicht zusammentun, sondern beim Geldsammeln und Helfen getrennte Wege gehen. Auch dass evangelische Christen nicht in der katholischen Messe und katholische Christen nicht im evangelischen Gottesdienst den Leib und das Blut Christi sollen empfangen dürfen, will außer den kirchlichen Oberen in Rom kaum noch jemand so recht einsehen. Trotz solcher längst nicht mehr zeitgemäßen Streitigkeiten sind es jedoch begrüßenswerte Gesten des Papstes, dass er bei seinen Besuchen im jüdischen Staat Israel die Klagemauer und in den vorrangig islamisch geprägten Ländern Jordanien, Ägypten, Palästina, Libanon und Syrien auch Moscheen aufgesucht hat, um für Toleranz zwischen den Religionen und für den Frieden zwischen den Völkern zu beten, die einander unterdrücken oder gegeneinander Krieg führen.

Zwei viel beachtete Zeichen aus Rom

Johannes Paul II. hat mit mancher seiner Handlungen und Verlautbarungen das Fenster zur modernen Welt, das Johannes XXIII. aufgestoßen hatte, wieder mehr zugedrückt. Seine positiven Bemühungen wird man darüber aber nicht vergessen. Er hat als Papst viele einflussreiche katholische und nichtkatholische, christliche und nichtchristliche Politiker zu sich nach Rom in den Vatikan eingeladen, um sie an die Ausübung der Gerechtigkeit und die Bewahrung des Friedens zu erinnern. Über solche Rom-Einladungen hinaus hat er mehr als hundert Mal mit dem Flugzeug den Vatikan verlassen, um wie keiner seiner Vorgänger in der 2000 Jahre währenden Geschichte des Christentums nicht nur in der »Ewigen Stadt«, sondern auch überall dort, wo Christen leben, zu ihnen und mit ihnen zu sprechen und ihnen das beglückende Gefühl zu geben, als Christen zu einer der großen Glaubensgemeinschaften zu gehören, die sich von Gott geliebt wissen und seine Liebe weiterzugeben sich bemühen.

Ein äußerlich nicht gerade spektakuläres, aber mit Sicherheit eines der bedeutsamsten Ereignisse in der außergewöhnlich langen Amtszeit von Johannes Paul II. war die Veröffentlichung der Sozial-Enzyklika »Laborem exercens« (= Über die menschliche Arbeit) im Jahre 1981, also nur drei Jahre nach Beginn seines Pontifikats. In deutlicher und mahnender Sprache zieht sich wie ein Roter Faden die Aussage durch den Text, dass der Blick auf den arbeitenden Menschen den Vorrang haben muss vor dem Blick auf das erwirtschaftete Kapital: »Alles, was der Begriff ›Kapital‹ umfasst, ist nur eine Summe von Dingen. Der Mensch allein ist lebendige Person.« – Die Bischofskonferenzen von Österreich, England und den USA griffen das Sozialwort des Papstes auf und setzten es in Hirtenschreiben für die jeweilige Situation ihrer Länder um. In Deutschland geschah auf die Enzyklika aus Rom hin etwas damals geradezu Sensationelles: Vertreter der katholischen und der evangelischen Kirche setzten sich an einen Tisch und verfassten eine gemeinsame Denkschrift mit dem Titel: »Wort des Rates der Evangelischen Kirche in Deutschland und der deutschen Bischofskonferenz zur wirtschaftlichen und sozialen Lage Deutschlands: Für eine Zukunft in Solidarität und Gerechtigkeit.« Diese Erklärung war das erste gemeinsame Wort der beiden großen Kirchen – eine ökumenische Premiere, wie man damals sagte. Alle Parteien des Deutschen Bundestages sahen sich durch das gemeinsame Sozialwort der beiden Kirchen angesprochen und gemahnt.

Zwanzig Jahre später trug dann Johannes Paul II. etwas vor, das weltweit und nicht nur bei den Christen ein noch größeres Echo fand als sein Weg weisendes Wort in der Sozialenzyklika, in der er den arbeitenden Menschen über die erarbeiteten Dinge gestellt hatte: Am 12. März 2000 trat er während eines Gottesdienstes im Petersdom zu Rom vor die Öffentlichkeit und legte in »Reue und ehrlichem und tiefem Schmerz« ein Schuldbekenntnis ab für alle Untaten, die Christen in ihrer 2000 Jahre währenden Geschichte begangen haben.

In dem römischen Schuldbekenntnis spricht der Papst (wohl im Blick auf die Missionierungsmethoden bei der Eroberung Mittel- und Südamerikas durch die Europäer) davon, dass die Christen das Evangelium verleugnet und stattdessen zur Gewalt gegriffen haben. »In manchen Zeiten der Geschichte«, so formuliert er es, »haben die Christen bisweilen Methoden von Intoleranz zugelassen. Die Rechte von Stämmen und Völkern haben sie verletzt, deren Kulturen und Traditionen haben sie verachtet.« Man denkt an die Verfolgung von Häretikern, an das Verhalten gegen die Muslime und an die Kreuzzüge, wenn man den Papst sagen hört: »Manchmal haben sich die Christen leiten lassen von Stolz und Hass, vom Willen, andere zu beherrschen, von der Feindschaft gegenüber den Anhängern anderer Religionen und den schwächeren gesellschaftlichen Gruppen«, mit denen Johannes Paul (mit Blick auch auf die Gegenwart) die Fremden im Land meint, und »die Einwanderer« sowie überraschenderweise »die Zigeuner« mit Namen nennt. Ausdrücklich bezieht er die Juden in das Schuldbekenntnis ein; er bittet den »Gott unserer Väter« um Verzeihung für diejenigen, »die im Lauf der Geschichte deine Söhne und Töchter leiden ließen« und verspricht, sich dafür einzusetzen, »dass echte Brüderlichkeit herrsche mit dem Volk des Bundes«.

Ein Wort der Reue gilt auch dem Fehlverhalten in der Ökumene. Jesus habe, so sagt der Papst, am Abend vor seinem Leiden darum gebetet, »dass die Gläubigen in ihm eins seien«. Dann fährt er fort: »Doch sie haben seinem Willen nicht entsprochen. Gegensätze und Spaltungen haben sie geschaffen. Sie haben einander verurteilt und bekämpft. Wir rufen inständig dein Erbarmen an und bitten dich um ein reumütiges Herz, damit alle Christen sich in dir und untereinander aussöhnen.«

Ziemlich ausführlich spricht der Papst löblicherweise über die »Kleinen«, denen ja auch Jesus in seinen Zeichen und Lehren vom Reiche Gottes eine so zentrale, vorbildhafte Rolle zuweist. Unter die Kleinen zählt der Papst »die ungeborenen Kinder, die man im Mutterleib tötet«, die Minderjährigen und sogar die Embryonen, die »zu Forschungszwecken benutzt werden«. Doch dann weitet er den Begriff der Kleinen im Sinne des Evangeliums auf alle gering Geschätzten aus: »Wie oft haben dich auch die Christen nicht wiedererkannt in den Hungernden, Dürstenden und Nackten, in den Verfolgten und Gefangenen.« Er bittet um Vergebung »für alle jene, die Unrecht getan haben, indem sie auf Reichtum und Macht setzten und mit Verachtung die Kleinen straften, die dir so am Herzen liegen«. Schließlich heißt es im Schuldbekenntnis: »Lasst uns beten für die Frauen, die allzu oft erniedrigt und ausgegrenzt werden. Wir gestehen ein«, sagt der Papst, wenn auch sicher viel zu vage, »dass auch Christen in mancher Art Schuld auf sich geladen haben, um sich Menschen gefügig zu machen«. Darauf, dass die Rolle der amtlichen katholischen Kirche bei der Gleichberechtigung der Frau angesprochen wird, hofft man vergebens. »Auch die Christen«, heißt es vielmehr nochmals viel zu allgemein, »haben sich schuldig gemacht, indem sie Menschen ausgrenzten und ihnen Zugänge verwehrten«. Die Formulierungen in der Vergangenheitsform – ausgrenzten und verwehrten – hören sich an, als sei die Ungleichbehandlung von Männern und Frauen aus der Welt geschafft.

Hoffen auf einen neuen Weg in die Zukunft

Die christlichen Kirchen dürfen sich aber durch solche gelegentlichen »Glanzpunkte« in der Amtsführung des Papstes keinen Sand in die Augen streuen lassen. Große Scharen von Männern und Frauen sind in Deutschland und in manchen anderen europäischen Ländern aus den Kirchen ausgetreten, viele Ordensniederlassungen mussten wegen Nachwuchsmangels schließen, andere haben nur noch wenige Mönche und Nonnen in ihren Häusern. Tausende von katholischen Priestern gaben in den Jahren nach dem Konzil ihr Amt auf und heirateten, während die Zahl der neu Geweihten bis heute so spärlich geblieben ist, dass viele eigenständige Pfarreien aufgelöst oder zusammengelegt werden mussten. Die doppelte Berufstätigkeit der Eltern, die vor zwei Generationen noch undenkbar gewesen wäre, bringt es mit sich, dass das religiöse Leben, das religiöse Brauchtum und die religiöse Kindererziehung zu kurz kommt oder ganz erstirbt, so dass viele Kinder beim Eintritt in den Kindergarten und in die Schule mit Wörtern wie Gott und Jesus, wie Ostern und Pfingsten, wie Beten und Bibel so gut wie nichts anfangen können. Der Verkauf von kirchlichen Zeitschriften und christlich orientierten Büchern kann sich nur noch zu einem Bruchteil mit dem vergleichen, was gelesen und gekauft wurde, als die jetzt alten Leute noch jung waren (und es das Fernsehen noch nicht gab, das einen Großteil der Freizeit in Anspruch nimmt, in der man vor einem halben Jahrhundert noch zu lesen pflegte). Kinos und Fitness-Studios, Sportveranstaltungen und Urlaubsangebote für alle Gegenden der Welt, Freizeitparks und riesige Open-Air-Festivals laufen den früheren kirchlichen Veranstaltungen den Rang ab. Zwar strömen auf Katholikentagen, Evangelischen Kirchentagen oder entsprechenden katholisch-evangelischen Großveranstaltungen dann und wann Hunderttausende von Menschen zusammen, so dass bei Fernsehübertragungen der Eindruck entsteht, die christlichen Kirchen seien immer noch »Volkskirchen« und das öffentliche und private Leben der Menschen sei immer noch wie in den Jahrhunderten vor der Aufklärung vom Christentum durchdrungen und geprägt – doch die Wirklichkeit sieht bei nüchterner Betrachtung anders aus: Zwischen vielem, was die Kirchen wollen und lehren, und dem, was die zu den Kirchen zu zählenden Christen akzeptieren und praktizieren, klafft ein Riss, von dem offenbar niemand so recht weiß, wie er zu heilen wäre.

Ein anderer schmerzlicher Riss zwischen dem, was feierlich gesagt und gefordert, und dem, was in der Wirklichkeit praktiziert wird, klafft noch immer in der Ökumene und in den Fragen, die mit der Stellung der Völker in den außereuropäischen Ländern, der so genannten Dritten Welt zusammenhängen. Mit der Wahl von Karol Wojtyla, des Erzischofs von Krakau im Jahre 1978 hatte die katholische Kirche gewagt, eine alte Tradition aufzubrechen und nach 456 Jahren erstmals wieder einen Nicht-Römer, einen Nicht-Italiener, einen Polen zum Papst zu machen und damit den Blick wenigstens vom nur-westlichen auf den auch-östlichen Teil Europas auszuweiten. Jetzt, am Anfang des dritten Jahrtausends, hoffen viele darauf, dass die Kirche (mit einer neuen Papst-Reihe, vielleicht sogar mit einem neuen, richtungweisenden Konzil) die Fenster des Vatikan wieder weiter aufmacht: für den Blick über das alte christliche Abendland hinaus zum Blick für die außereuropäische Welt. Heute lebt die Hälfte der insgesamt 1,04 Milliarden Katholiken in Amerika; in Europa sind es nur noch knapp 25 Prozent. Müssten nicht schon heute dementsprechend 132 der 175 Kardinäle Amerikaner sein, Asiaten, Australier, Ozeanier, Afrikaner?

Müsste in einem Zukunfts-Konzil an Stelle von nur geduldeten Beobachtern nicht gleichberechtigte, mit-sprechende Teilnehmer aus allen christlichen Kirchen sitzen? Was würde – um einen Augenblick lang der kühnen Phantasie ihren Lauf zu lassen – einen künftigen aufgeklärten Papst daran hindern können, in jenes Zukunfts-Konzil außer den hochrangigen Klerikern eine gehörige Anzahl Laien zu berufen, die ja in der Taufe denselben heiligen Geist empfangen haben und also aus demselben heiligen Geist heraus reden können wie die Bischöfe und Äbte, und die – wie es im Neuen Testament in einem Brief heißt – ein »königliches Priestertum« bilden, das die »Großtaten dessen verkünden soll, der sie aus der Finsternis in sein wunderbares Licht gerufen hat«? Müssten dann in einer solchen Idealbesetzung nicht die Hälfte aller Stimmberechtigten Frauen sein, da ja doch die Hälfte der gesamten Erdbevölkerung aus Frauen und Mädchen besteht? Könnten dann nicht endlich – dafür würden ohne Frage die Frauen sorgen – alle Christen sich gemeinsam für die Durchsetzung der Menschenrechte einsetzen, für die ausgleichende soziale Gerechtigkeit zwischen Armen und Reichen, zwischen Habenden und Habenichtsen, zwischen Satten und Hungernden? Könnte ein solches universales Konzil nicht »Reich-Gottes-Konzil« heißen? Könnte es nicht den Anstoß dazu geben, dass (vielleicht sogar eines nicht mehr fernen Tages in Gemeinschaft mit den Muslimen und den Juden, die an denselben Gott glauben wie die Christen) in der ganzen Welt Kriege und Kriegsvorbereitungen unmöglich gemacht würden? Könnten wir nicht hoffen, dass die Menschen guten Willens wahr machten, was wir die Botschaft der Engel bei der Geburt des Jesus von Nazaret nennen: »Friede den Menschen auf Erden«?

Bildnachweis

Mehr lesen von Josef Quadflieg

Josef Quadflieg
Sie bewegten die Welt
240 Seiten mit 50 s/w Fotos
ISBN 3-491-79534-6
Patmos

Sie haben ihr Leben in den Dienst für andere gestellt: freiwillig, mutig, in einer zutiefst menschlichen, glaubwürdigen und außergewöhnlichen Weise. An äußerem Ruhm lag ihnen dabei nicht viel; wichtig allein war, dass ihr Ruf in aller Welt gehört wurde: Verwundeten zu helfen, für die gleichen Rechte aller Menschen zu kämpfen, sich für Frieden und Gerechtigkeit weltweit einzusetzen …

Die Menschen, von denen Josef Quadflieg erzählt, waren und sind Persönlichkeiten aus den Bereichen Politik und Wissenschaft, Religion und Gesellschaft, die ihre Zeit auf je eigene Weise prägten und so zum Vorbild für unsere Gegenwart und Zukunft werden können.

Mehr lesen von Josef Quadflieg

Josef Quadflieg
Jesus. Geschichte eines Lebenden
240 Seiten
ISBN 3-491-79525-7
Patmos

Dieser spannende Jugendroman über die Geschichte Jesu und seiner Freunde stellt einen gänzlich neuen, zeitgeschichtlichen Zugang zum Leben und Wirken Jesu sowie zur Wirkung auf seine Mitmenschen dar. Was könnte damals wirklich passiert sein? Was war an diesem Mann so ungewöhnlich, dass er schon zu Lebzeiten beobachtet und zum Stein des Anstoßes für viele wurde? Worin lag seine Faszination – und worin seine Bedrohung, die zu seiner Ermordung am Kreuz führte? Warum folgen ihm so viele – bis über den Tod hinaus – und erzählten von ihren Erfahrungen mit dem »Auferstandenen«?

Josef Quadflieg erzählt die Jesusgeschichte für Jugendliche neu und so anders, dass dem Leser klar wird, warum Jahrzehnte nach dem Sterben des Mannes aus Nazaret die Evangelien als Glaubensbotschaften geschrieben werden mussten …